Le piège du célibat

Publié pour la première fois en Grande-Bretagne en 2009 par Bloomsbury sous le titre *The Single Trap*

Traduit de l'anglais par Sylvie Del Cotto

Avec la collaboration de Pierre Chavot

Andrew G. Marshall

Le piège du célibat

Guide en deux étapes pour échapper
au célibat et trouver l'amour durable

Marabout

À Kate.

Merci d'être ma muse et ma première lectrice.

Sommaire

Introduction

Et si vous en aviez assez de faire croire que les bains parfumés aux agrumes, les moelleux au chocolat et les draps sentant le propre séduisent la personne la plus importante de votre vie : vous-même ? Et que manger dans sa boîte un curry à emporter ou regarder des rediffusions de football toute la nuit n'a plus rien de nouveau pour vous ? Rassurez-vous, vous n'êtes pas seul dans ce cas. Parfois, être célibataire se justifie, en particulier après une rupture difficile. Mais ça ne devrait être que provisoire. Les êtres humains sont des créatures sociales. Nous avons un besoin presque animal, donc naturel, de faire partie d'un duo que l'amitié, si forte soit-elle, ne peut satisfaire. Une relation aimante, sensuelle et sexuelle, est le meilleur refuge dans les périodes difficiles, un tremplin vers l'épanouissement personnel et une source de forces qui améliorent notre état de santé général. À l'ère des contrats d'affaires à court terme, des craintes quant à la sécurité individuelle et des changements technologiques rapides, nous avons plus que jamais besoin d'un partenaire. Cependant, trouver la bonne personne s'avère de plus en plus difficile. Mais ce n'est pas impossible !

En qualité de conseiller conjugal, j'aide depuis vingt-cinq ans mes patients à entretenir de bonnes relations amoureuses. La plupart d'entre eux sont des couples qui désirent mieux communiquer et reconstruire des ponts cassés. Malgré tout, une proportion importante et croissante est représentée par des célibataires qui, en dépit de leurs efforts, ne parviennent pas à trouver le bon partenaire. Je reçois également beaucoup de divorcés qui craignent de passer seuls le restant de leur vie. Nombreux sont ceux qui, parmi ces personnes, m'ont demandé de leur recommander un livre qui les aiderait à trouver quelqu'un. Je me suis donc mis à lire des guides de développement personnel, mais j'ai fait chou blanc. La plupart de ces ouvrages se concentrent sur les jeux et les astuces de séduction, ce qui ne peut en aucun cas constituer la base solide d'une relation durable. Et, pendant des années, je n'ai eu aucun titre à conseiller. C'est pourquoi j'ai finalement décidé d'écrire mon propre livre, avec l'ambition de répondre aux questions que mes patients me posent : comment être suffisamment ouvert pour laisser entrer l'amour tout en se protégeant efficacement de la souffrance, du rejet et de l'amertume éventuels ? Quelle est la meilleure façon de faire une rencontre ? Comment savoir si vous vous trouvez face à un partenaire potentiel ou si le désir et l'aveuglement vous ont précipité dans une impasse ?

Afin de concevoir ce programme d'aide aux célibataires, je me suis appuyé sur des recherches scientifiques effectuées dans divers pays, ainsi que sur mon travail de thérapeute. Le but ? Que vous appréhendiez différemment la quête de l'amour, que vous appreniez à faire de meilleurs choix et à trouver le partenaire idéal.

Je commencerai par ces changements qui, survenus dans nos sociétés occidentales ces cinq dernières années, ont compliqué la recherche de l'amour. Comprendre ces contraintes est important. Sans cela, les célibataires risquent d'avoir honte de leur solitude ou, pire encore, de se reprocher leur situation. Ce qui, comme on peut l'imaginer, ébranle la confiance en soi, rendant cette quête de l'amour d'autant plus difficile.

Ensuite, j'exposerai mon programme : trouver une relation amoureuse durable. La première étape, échapper au piège du célibat, vous permettra surtout de comprendre votre parcours, vos besoins et tous les obstacles personnels qui pourraient vous empêcher d'avancer.

Vous avez connu une série d'histoires courtes et peu satisfaisantes ? Vous venez de mettre fin à une longue relation de couple établi et vous craignez de ne plus jamais trouver quelqu'un d'autre ? Il existe une aide spécifique à votre situation. La seconde étape, trouver l'amour durable, traitera de la meilleure façon de rencontrer un partenaire de vie et de la marche à suivre pour passer d'un premier rendez-vous réussi à une histoire engagée sur le long terme.

Pour finir, j'aimerais insister sur un point : ce livre est optimiste. Mon message le plus important ? Quelqu'un existe pour chacun d'entre nous. Mon travail consiste à vous aider à le/la trouver.

L'épidémie du célibat

1

Pourquoi y a-t-il autant de célibataires ?

Ces cinq dernières années, j'ai remarqué un changement dans les attitudes entourant le célibat. Les journaux, les émissions de télé-réalité et les guides de développement personnel sont devenus de plus en plus critiques. Les histoires alarmistes à propos d'une génération de célibataires sont de plus en plus terribles ; les gourous de la télé font des commentaires de plus en plus personnels et souvent extrêmement humiliants. D'un autre côté, les livres de conseils ont commencé à attribuer aux célibataires la responsabilité de leur solitude : ils ne sont pas assez beaux, intelligents ou motivés pour trouver quelqu'un. Le sujet a pris une tournure désagréable. Du coup, la plupart des gens seuls ne voient plus leur condition comme une phase naturelle entre la fin d'une histoire et le début d'une autre. Ils se considèrent coincés quelque part et pour toujours. En bref, ils ont l'impression d'être tombés dans *Le Piège du célibat.* Mon but est non seulement de porter un regard neuf sur le statut du célibataire, mais de montrer comment trouver une relation d'amour durable.

Quand j'étais à la recherche de cas exemplaires, j'ai invité des groupes d'amis à se rassembler pour parler des avantages, des problèmes et des questions rencontrés durant la quête de l'amour. J'ai noté beaucoup de résistance. « Il y a quelques années, nous aurions passé notre temps à parler du célibat. Mais on s'est lassé du sujet. Comme si rien ne devait changer », a expliqué Anna, 35 ans. Pourtant, elle avait envie d'en discuter, mais seule. Si les participant se sentaient incapables de s'ouvrir réellement, même au milieu de leurs amis proches, la plupart avaient honte d'être seuls. Pis encore, certains le vivaient comme un échec. Il est vrai que, ces cinq dernières années, tous les problèmes de couple exposés dans mon cabinet sont devenus plus complexes et plus enracinés. Que les patients soient mariés, en concubinage ou seuls ne fait aucune différence. La vie moderne rend les rapports amoureux plus difficiles. Dans ce premier chapitre, mon but est donc de vous aider à comprendre les forces en jeu, à apprendre comment en atténuer l'impact et surtout à arrêter de vous accuser de tous les maux. La meilleure façon d'y parvenir est de prendre du recul pour vous concentrer sur les faits.

En France, les célibataires constituent près de 33% de l'ensemble des foyers et les statistiques montrent que près d'un quart des hommes âgés de 25 à 29 ans vivent chez leurs parents. Entre 1980 et 2006, le taux de célibataires de plus de 15 ans est passé de 29,2 à 39,9 % pour les hommes, de 22,4 à 32,8% pour les femmes. Malgré la popularité et la récente validation sociale des rencontres par Internet, des déjeuners arrangés, des petites annonces, du *speed dating* et des agences matrimoniales de la vieille école, le nombre de célibataires continue donc de croître, ce qui constitue un paradoxe, à l'image des adeptes du régime alimentaire, plus nombreux que jamais, alors que la population n'a jamais connu autant de personnes en surcharge pondérale. Les moyens de faire des rencontres se sont multipliés alors que la proportion de célibataires ne cesse d'augmenter !

Une partie du changement est due à des tendances bien ancrées dans la société : un divorce facilité, une espérance de vie plus longue et une richesse sociale accrue – ce qui donne en particulier aux femmes un choix nouveau dans l'Histoire, celui de vivre seule. Malgré tout, ces facteurs n'expliquent pas à eux seuls toutes les transformations. Nous devons donc continuer à creuser.

L'un des changements significatifs de ces cinq dernières années a été l'explosion du choix offert au consommateur. Là où, auparavant, nous pouvions opter soit pour le beurre soit pour la margarine, il existe désormais des pâtes allégées en graisse ou moins salées, du bio, du beurre enrichi en oméga 3 ou en huile d'olive, sans huiles saturées, et une myriade d'autres déclinaisons. Même si décider peut être difficile, nous sommes tous d'accord pour répéter qu'il vaut mieux avoir le choix. Les hommes politiques nous proposent d'ailleurs une plus grande diversité d'établissements scolaires pour nos enfants ou d'hôpitaux où se faire opérer, convaincus que leur élection en dépend pour partie. L'absence de choix signifie l'absence de contrôle sur nos vies, la suppression de la liberté et de l'autonomie personnelle. Ce serait intolérable ! Malgré tout, Barry Schwartz, professeur de théorie et d'action sociales au Swarthmore College en Pennsylvanie (États-Unis), pense que le choix illimité est aussi mauvais que l'absence de choix et qu'il pourrait être la cause des niveaux élevés de tristesse, d'insatisfaction et de dépression.

Cette idée, consignée dans son livre révolutionnaire *The Paradox of Choice* (Harper Collins, 2004), lui est venue en allant acheter un jean. Ayant usé son pantalon préféré, il voulait simplement le remplacer. Il s'est rapidement retrouvé face à des modèles *easy fit, relaxed fit, baggy* ou *extra baggy*. Le voulait-il *stone washed, acid washed* ou *distressed* ? s'est informée la vendeuse. Alors qu'il la regardait d'un air perdu, elle lui a demandé s'il préférait une fermeture Éclair ou à boutons, un tissu délavé ou normal. Cette anecdote montre que, s'il est facile de se moquer d'un universitaire qui ne connaît rien à la mode, en matière de relations amoureuses nous nous retrouvons face au même dilemme. Internet propose un choix quasiment infini, des sites de rencontres innombrables revendiquant chacun des milliers de membres, voire davantage. Si vous êtes prêt à voyager, des millions de personnes vous attendent. Notre instinct primaire nous dit que c'est une bonne chose, puisque nous augmentons nos chances. Mais cet instinct ne serait-il pas en train de nous tromper ?

POURQUOI FAIRE SIMPLE EST-IL VRAIMENT MIEUX ?

Quand j'étais enfant, dans les années 1960, tous mes camarades de classe m'enviaient. Ma grand-mère tenait un magasin de friandises. À côté des barres chocolatées traditionnelles, comme à la papeterie ou à l'épicerie du coin, nous trouvions dans sa boutique des rangées de bocaux de friandises qui atteignaient le plafond. Il y avait même une échelle pour accéder aux étagères du haut. Derrière des vitrines se trouvaient des animaux en pâte d'amandes, des pâtes de fruits et des chocolats individuels venus d'endroits éloignés comme la Suisse. Ma grand-mère vivait à Londres. Nous n'allions la voir que de temps à autre et entrer dans sa « boutique de bonbons », surnom que nous lui avions donné, était un réel plaisir. Encore mieux, ma sœur et moi pouvions nous servir comme il nous plaisait. Nous commencions par nos préférés, ceux des boîtes de Noël que Mamie vendait en vrac. Ensuite, je goûtais à ceux qui, fourrés à la crème de violette, étaient alignés dans une vitrine à part, puis je suçais un bonbon à la menthe. Malgré tout, au bout d'une demi-heure, je ne savais plus ce que j'avais envie de manger. Quand j'avais le droit de jouer au marchand, pesant les friandises des clients et encaissant leur argent, je passais rapidement de l'indécision à l'absence totale d'envie. Face à ce choix illimité, au lieu de manger plus de sucreries, j'en mangeais donc moins. Mon expérience a été reproduite en laboratoire. Des étudiants étaient priés de goûter et de noter une sélection de chocolats fins. La première moitié d'entre eux en reçurent trente, la seconde seulement six. Au final, les étudiants ayant moins de choix attribuèrent une note plus élevée à leurs chocolats. Et, en guise de remerciement pour leur participation, ils furent quatre fois plus enclins à préférer le chocolat à l'argent. Pourquoi étaient-ils plus satisfaits ? Le professeur Barry Schwartz pense qu'un choix large diminue notre plaisir. En effet, nous craignons que, parmi les options abandonnées, certaines aient pu mieux nous convenir.

En quoi ce constat peut-il se rapporter au nombre croissant de célibataires dans notre société ? Alan, 42 ans, était un habitué des bars de célibataires dans les années 1980. « Avant, ça ne servait à rien de draguer trop tôt dans la soirée parce qu'on ne s'engageait pas si rapidement. Quand la porte s'ouvrait, toutes les têtes se tournaient pour voir qui entrait. Si c'était un habitué, on pouvait presque sentir la déception dans la salle. » Tout semblait changer dans la dernière heure. « On commençait à se mettre par deux. Si on s'y prenait trop tard, la fille que vous aviez repérée se faisait attraper par un autre. Il fallait agir. Souvent, on se retrouvait à parler à quelqu'un qui ne nous plaisait pas vraiment une demi-heure plus tôt. Ça me faisait souvent penser à cette chanson country : "Pourquoi les filles sont-elles plus jolies quand vient l'heure de la fermeture ?" » Le chanteur devait probablement plaisanter sur les pouvoirs aphrodisiaques de la bière, mais il a mis le doigt sur une certaine vérité. Plus tôt dans la soirée, Alan comparait les filles entre elles mais aussi avec une fille imaginaire qui pourrait entrer. À l'heure de la fermeture, les filles qui étaient présentes devenaient plus attirantes. Avoir moins de choix poussait Alan à choisir. En réalité, il est nostalgique de ces bars de célibataires qui ont été largement tués par Internet. D'une certaine façon, les sites de rencontres d'aujourd'hui sont comme les bars de célibataires d'hier. Sauf qu'il n'y a pas d'heure de fermeture. Jamais

Non seulement le choix illimité rend la décision plus difficile, mais il nous fait croire que, quelque part, il existe un produit parfait. Mais revenons au professeur Schwartz et à sa quête du jean. La vendeuse consulta sa collègue pour tenter de définir ce qu'il entendait par un jean normal. « Vous savez, du genre de celui qui existait quand il n'y en avait qu'un », a-t-il répondu. Jusqu'ici tout allait bien. Mais le professeur Schwartz commença alors à se demander si l'un des autres modèles proposés ne serait pas plus agréable à porter, si les jambes ne seraient pas plus adaptées. Bref, s'il ne lui irait pas mieux en fin de compte. Parmi les piles de marchandises devait donc se trouver un jean plus désirable que celui qu'il avait entre les mains. Avant cet épisode, quand il achetait l'un de ses jeans « normaux », ils devenaient « parfaits ». L'usage atténuait la raideur du tissu qui, en se modifiant, finissait par épouser la forme de son corps. Or, il en va de même aujourd'hui lorsqu'il s'agit de sortir avec quelqu'un. On aimerait croire qu'il existe quelque part le partenaire « parfait », une âme sœur avec laquelle on pourra vivre pour toujours en harmonie. Contrairement au bon vieux partenaire « normal », il n'y aura pas de vilaines disputes ni de moments difficiles mais une union magique et immédiate. En réalité, les jeans et les relations amoureuses ont beaucoup en commun. S'il est rare que tout aille bien dès le début, avec le temps nous devenons un couple et, avant de s'en rendre compte, rien ne pourrait nous séparer.

LES TOUJOURS PLUS ET LES SATISFAITS

Dans les années 1950, l'économiste et prix Nobel Herbert Simon a étudié le comportement humain face à un choix. Déjà, à cette époque, le consommateur disposait d'un large éventail de produits. Les articles chers comme une voiture ou une machine à laver représentaient un gros investissement. Il s'est aperçu que la population se divisait en deux catégories : les « Toujours Plus » et les « Satisfaits ».

Le Toujours Plus ne s'arrête que sur ce qu'il y a de mieux. En faisant ses emplettes dans un premier magasin, il peut trouver un produit qui réponde à tous ses critères, disons un jean. Mais au lieu de l'acheter, il le cachera sous une pile (imaginons que quelqu'un d'autre le prenne, ce serait terrible !). Ensuite, le Toujours Plus court faire toutes les autres boutiques de la ville, éventuellement pour revenir déterrer le premier pantalon caché. Le Toujours Plus ne peut rien acheter tant qu'il n'a pas étudié tous les autres choix proposés. Certes, aspirer au meilleur est merveilleux, mais les doutes persistent toujours. Même en rentrant chez lui avec le précieux achat, le Toujours Plus reste inquiet. « J'aurais dû essayer un autre magasin. Et si j'étais allé voir dans une plus grande ville ? » S'il était difficile d'être un Toujours Plus dans les années 1950, la situation s'est compliquée avec les possibilités illimitées qu'offre Internet. De nos jours, un Toujours Plus a davantage de choix mais aussi davantage de points de vente. S'il a, éventuellement, trouvé le jean qu'il lui faut, il se demandera s'il n'existe pas quelqu'un qui, quelque part, lui proposera un prix inférieur. Malgré tout le stress généré, le Toujours Plus pense que tout ce qui n'est pas parfait est médiocre. De son côté, si le Satisfait trouve un bon jean dans le premier magasin visité, il évaluera la coupe, la qualité et le prix. Mais il choisira rapidement et sans changer d'avis. Si tous ses critères sont remplis, le Satisfait achètera le jean, un point c'est tout. Qu'importe s'il pouvait le payer moins cher ailleurs. Il ne s'embête pas à chercher. Car le Satisfait vise l'excellence, non le « mieux du meilleur ».

J'aimerais citer un exemple personnel afin de mieux expliquer la différence qui sépare les Toujours Plus des Satisfaits. Il y a longtemps, je suis parti en vacances avec un ami aux Canaries. Malheureusement, c'était en été. Et, comme la plupart des visiteurs s'y rendent en hiver, les bars étaient vides. Aussi mon ami se persuada-t-il que, dans l'île, il existait un endroit où l'on s'amusait mieux que nous. Un soir, après la plage, il insista pour traverser à pied les dunes de sable, grandes et sans fin, pour atteindre un bar où prendre l'apéritif. Le trajet, chaud et épuisant, nous donna l'impression d'être Lawrence d'Arabie, mais sans les chameaux. En arrivant à ce fameux bar, nous ne trouvâmes qu'une poignée de clients. Après avoir descendu un verre bien mérité, mon ami voulut immédiatement aller ailleurs. J'avais envie de rester pour profiter de la vue sur les dunes spectaculaires et me rafraîchir. D'accord, ce n'était pas le meilleur bar de l'île, mais il me suffisait. Je ne comprenais sincèrement pas ce qui poussait mon ami à changer de bar. « Si en rentrant quelqu'un te dit : “As-tu essayé tel bar, c'est l'endroit où il faut aller avec tous les gens intéressants”, tu serais terriblement désolé de l'avoir raté », expliqua-t-il. De toute évidence, j'étais le Satisfait (acceptant que nous étions hors saison et profitant au mieux de l'endroit) et il était le

Toujours Plus (décidé à courir après l'expérience de la haute saison). Que vaut-il mieux ? Si Herbert Simon avait entendu notre conversation des Canaries, il se serait sûrement mis plus de mon côté que de celui de mon ami. Il pensait que la quantité de temps, d'argent, d'énergie et de souffrance que nécessite l'acte de choisir, et dans notre cas d'arriver jusqu'au bar, est prise en compte, que la satisfaction est la stratégie optimale. Malgré tout, sans le comportement de mon ami, je n'aurais jamais atteint ce bar de début de soirée. J'aurais raté le coucher du soleil entre les dunes et, en plus, je n'aurais vu que la moitié de l'île.

Pour revenir à Alan et aux bars de célibataires, il fait de toute évidence partie des Satisfaits. « Souvent, si je parlais à une fille, que j'aimais bien mais qui ne m'avait pas fait d'effet particulier à l'approche de la fermeture, il se passait quelque chose entre nous et tout allait très bien. Je n'ai donc jamais envisagé cela comme un second choix. » Le professeur Schwartz est probablement un Satisfait lui aussi. Il n'a jamais eu l'impression de se faire rouler en n'ayant qu'un seul modèle de jean proposé. Malgré tout, cet achat l'a poussé à s'interroger sur ses vieilles habitudes. Il a fait son chemin jusqu'à aboutir à la conclusion de son livre : avoir un choix illimité fait de nous des Toujours Plus.

QUI A LE PLUS DE CHANCE DE TROUVER L'AMOUR DURABLE : UN SATISFAIT OU UN TOUJOURS PLUS ?

Face à des décisions importantes, personne ne dit : « Je veux une assez bonne école pour mes enfants » ou « Je veux un assez bon docteur pour soigner mon cancer. » Nous voulons la meilleure école et le meilleur médecin. Quand il est question de vie sentimentale, personne ne rêve de se mettre simplement en ménage, mais on rêve d'épouser le meilleur des partenaires. On entend parfois parler d'une personne qui, épuisée ou désabusée par le marathon amoureux, a fini par trouver quelqu'un avec qui « ça ira ». Peut-être une jeune mariée qui a opté pour un homme d'âge mûr et gentil même s'il ne fait pas battre son cœur ? Même si l'on peut comprendre cette logique de « satisfaite » qui préfère l'amitié à la passion, nous la soupçonnons de s'exposer à la déception, finissant par aller vers d'autres hommes et divorcer. En amour, nous voulons sans aucun doute être des Toujours Plus…

Cependant, il reste une question primordiale : nous voulons ce qu'il y a de mieux, mais comment le reconnaître ? Il doit être possible de trouver, disons, le meilleur réfrigérateur. On peut consulter une cinquantaine de sites Internet pour repérer le meilleur prix. Après tout, les prix sont faciles à comparer. Néanmoins, on peut également rechercher une moindre consommation d'énergie. Même si cette étude peut être réalisée en comparant un modèle à un autre, comment confronter les avantages du prix avec la consommation d'énergie ? Nous pouvons avancer d'autres critères : la contenance, la fonction distributeur de glaçons, l'aspect. Même si le calcul est ardu, il faut ternir compte d'un nombre limité de variables avant d'effectuer un achat. Comment opérer quand il s'agit de la meilleure école ? Nous pouvons consulter des tableaux de classement, mais que faire de la distance à parcourir, des activités après les cours, de la personnalité de nos enfants et de ce qui est proposé pour répondre à ses centres d'intérêt ? Que faire de la personnalité du professeur principal ? Des camarades de classe ? Il en ressort ce constat : il existe un nombre illimité de variables, mais chacune d'elles est impossible à utiliser. Comme pour le meilleur médecin, comment espérer trouver le moyen de juger ?

Que dire du meilleur partenaire ? Surtout quand il s'agit de le rechercher en ligne ou en *speed dating*. Comment classer les choix offerts ? Le problème est que maximiser augmente notre tendance à juger à partir des facteurs extérieurs qui peuvent être classés (le style, la taille, l'apparence et la richesse) et non pas à partir des qualités intérieures (personnalité, fiabilité, ouverture et générosité) qui ne peuvent pas l'être. Malgré tout, ces caractéristiques intimes s'avéreront des facteurs décisifs qui feront de ce couple un succès ou un échec.

Maximiser nous encourage également à comparer : sinon, comment être sûr d'avoir fait la meilleure affaire ? Dans certains cas, cette attitude entraîne une compétition amoureuse entre amis. Mais, le plus souvent, nous comparons notre possible conquête à d'autres partenaires potentiels. Ce comportement rend l'engagement plus difficile, car choisir d'épouser une personne exclut automatiquement toutes les autres, alors qu'il existe potentiellement mieux. En revanche, les Satisfaits font davantage confiance à leur jugement. Ils recherchent le « suffisamment bon », chacun ayant ses critères d'évaluation. Pour cette raison, un Satisfait a moins de raisons d'effectuer des comparaisons avec la personne qu'il aime. Passant moins de temps à regarder par-dessus son épaule, un Satisfait a plus de chances d'apprécier son partenaire et a donc moins de mal à s'installer en couple.

Les Toujours Plus rencontrent un autre problème : ils ont plus de chances de trouver des partenaires en dehors de leur catégorie. Les plus belles femmes ou les hommes les plus séduisants peuvent passer pour des promesses immédiates de bonheur. Cependant, ils augmentent par la même occasion leurs chances d'être rejetés. L'auteur et acteur comique Harvey Fierstein porte un regard amusant sur ce phénomène. Dans sa trilogie plusieurs fois primée, *Torch Song Trilogy,* son personnage principal donne un conseil : « Une personne laide qui court après une jolie personne n'obtient que des ennuis. Mais une jolie personne qui court après une personne laide obtient au moins une course de taxi. »

En fin de compte, en matière d'amour, être un Satisfait ou un Toujours Plus présente des inconvénients. Il est heureux que personne n'appartienne totalement à l'une ou à l'autre de ces catégories. On peut imaginer une balance entre : « Je n'accepterai que le meilleur » d'un côté, et : « N'importe quoi pourvu que je sois tranquille » de l'autre. Pour savoir où vous vous situez, reportez-vous à la partie Exercices. Le fait d'avoir un choix illimité conduisant la plupart d'entre nous à maximiser, vous trouverez également des conseils pour régler votre baromètre interne sur le juste milieu.

Oui, mais quel caractère a le plus de chances de trouver l'amour durable ? Au début, surtout si l'on considère une invitation à sortir ou durant les quelques premiers rendez-vous, il vaut probablement mieux être du côté des Satisfaits. Cela permet de garder les portes ouvertes et d'éviter un jugement trop rapide qui risquerait d'écarter un partenaire potentiellement merveilleux. Au moment où il est question de passer d'une relation naissante à l'étape suivante, tout le monde devrait pencher du côté des Toujours Plus et ne poursuivre que si tout se déroule bien.

POURQUOI EST-IL DE PLUS EN PLUS DIFFICILE DE FAIRE DES RENCONTRES ?

Les célibataires ne sont pas les seuls à se sentir isolés et déconnectés. Cette tendance générale affecte tout le monde dans notre société. Malgré tout, les célibataires sont probablement l'équivalent moderne des canaris que les mineurs descendaient au fond de la mine. Ces oiseaux étaient particulièrement sensibles au monoxyde de carbone produit par un tunnel bloqué ou un puits d'aérage. Si le canari venait à périr, tout le monde était évacué. De même, je me demande si l'explosion du nombre de célibataires n'est pas le signe qu'il se passe quelque chose de fondamentalement mauvais dans notre façon de vivre.

Les contraintes dominantes de notre culture sont en effet le matérialisme et l'individualisme. Nous insistons donc par-dessus tout sur l'autonomie, la liberté et l'accomplissement personnel. Résultat, nous semblons perdre le ciment social qui nous lie tous ensemble. Nous devenons plus facilement des étrangers pour nos voisins, et nous avons moins tendance à adhérer à des clubs. Les activités de groupe, sportives et bénévoles, ont perdu entre 10 et 20 % de leurs membres. De plus, le temps que ces derniers passent ensemble a été réduit de moitié en vingt ans. Le relais n'a pas été pris par les relations informelles, comme prendre un verre après le travail ou se réunir entre amis. Il y a vingt ans, des chercheurs basés à Duke University, en Caroline du Nord, se sont aperçus que les hommes avaient en moyenne 3,5 confidents avec qui partager des secrets. Ce chiffre est tombé à 2. Un quart des hommes n'ont personne à qui se confier, soit deux fois plus que dans les années 1980. Les femmes, que l'on pense traditionnellement mieux préposées à l'amitié, ne font guère mieux. Selon cette étude, elles ont plus d'amis que les hommes, mais le nombre de membres de leur famille à qui se confier a connu un déclin.

La société s'enrichit de capitaux physiques (l'argent et les ressources naturelles). L'État s'inquiète pour le capital humain (l'éducation et le bien-être physique). Toutefois, nous avons perdu le réseau dense de relations réciproques et sociales que les sociologues appellent le «capital social». C'est une combinaison de « *favour bank*[1] » (formule tirée du livre de Tom Wolfe *Le Bûcher des vanités*) : «tu me grattes le dos et je te gratterai le tien», et de l'idée traditionnelle de « vertu civique » selon laquelle nous faisons quelque chose pour le bien de tous. Ce phénomène est souligné par Robert D. Putnam, politologue et professeur à l'université d'Harvard. Dans son livre de référence *Bowling alone* (2000), il écrit : « Durant les deux premiers tiers du XXe siècle, une vague puissante a poussé les Américains vers un plus grand engagement mais il y a quelques décennies, en silence, sans prévenir, sans se faire remarquer, nous étions submergés par un courant inverse et traître nous séparant violemment. » Il résume l'idée avec une image frappante : dans le passé, les Américains allaient régulièrement jouer au bowling par équipes. Aujourd'hui, ils se rendent moins souvent au bowling, mais ils y vont soit avec quelques amis proches, soit totalement seuls.

1. Système où l'on ne prête pas de l'argent mais ou l'on rend des services qui finissent par vous revenir.

Ce n'est pas le temps passé avec d'autres personnes qui a changé, mais le type d'interaction sociale : nous cherchons à resserrer des liens intimes au lieu de créer de nouvelles relations. Les groupes intimes ont des liens forts, mais ils sont plus susceptibles d'être composés de personnes comme nous. Un bon exemple serait les quatre personnages de *Sex and the City* qui se retrouvent pour déjeuner et se donner des nouvelles. La clé caractéristique d'un groupe d'amis est qu'il est exclusif. En revanche, un groupe ouvert, destiné à créer des liens, est inclusif et ouvert à tous ceux qui paient leur cotisation et qui respectent les règles. On peut citer comme exemple un club de golf, une association de parents d'élèves ou l'une des ligues de bowling de Putnam. À l'intérieur du groupe, les liens sont faibles, mais les adhérents sont normalement variés. Les groupes d'amis permettent de passer un bon moment, les proches se rassemblant quand ça va mal, mais le capital d'ouverture vers de nouveaux liens est vital pour « passer à autre chose ». Les connaissances plus lointaines sont plus à même de nous offrir des pistes pour trouver un nouveau travail ou, plus important pour les célibataires, de rencontrer quelqu'un. Il n'y a rien d'étonnant à ce que les célibataires de longue date et les divorcés récents me demandent tous : « Comment s'y prendre pour faire des rencontres ? » Ces vingt-cinq dernières années ont vu le relâchement des liens sociaux et l'effondrement de nombreuses organisations qui offraient jusqu'alors des attaches et du soutien. Bien que tout le monde se sente plus seul, coincé entre les écrans d'ordinateur et de télé, les célibataires sont plus particulièrement vulnérables. Comme Putnam le dit en conclusion : « Des liens uniques et maigres, des interactions déferlantes remplacent progressivement des liens multiples et des groupes actifs. Plus de connectivité sociale est quelque chose d'exceptionnel, avec un but spécial et égocentrique. » Pour les célibataires, cela peut donner lieu à des événements particulièrement stressants comme le *speed dating*, qui remplacent ces rencontres dans un cadre social et décontracté où il est plus facile de faire réellement connaissance.

En résumé

• Il est important de saisir les contraintes sociales et les tendances cachées derrière l'épidémie de célibat, sous peine de finir par se reprocher d'être seul.

• Devant un choix illimité, il est plus difficile de choisir. Non seulement nous sommes plus enclins à viser le partenaire idéal (ce qui n'est pas forcément un problème) mais aussi à être un Toujours Plus qui refuse d'envisager comme possible tout ce qui n'est pas idéal (ce qui nous expose tous à la déception maximale, à la frustration et même au désespoir).

• Les Toujours Plus ont davantage tendance à se comparer aux autres. Ce qui les prédispose à se sentir mal avec eux-mêmes et avec le choix de leur partenaire.

• Les Satisfaits ont moins de mal à choisir parce qu'ils recherchent un produit suffisamment bon au lieu de rechercher le meilleur. Ils ont des facilités à faire des rencontres, mais ils risquent de s'installer dans des relations insatisfaisantes sans pouvoir rompre.

• La solution est d'apprendre à se situer quelque part entre ces deux extrêmes.

• Sur tous les plans, du vote aux élections à l'adhésion aux associations professionnelles, à des clubs de loisirs ou à des associations, nous avons moins tendance à nous engager. Tout le monde a souffert de la disparition du capital social (hausse de la criminalité, vandalisme, rage au volant). Mais les célibataires sont plus exposés.

EXERCICES

Le juste milieu entre un Toujours Plus et un Satisfait

Faites-vous vos choix rapidement et de façon décisive ou avez-vous besoin de soupeser chaque option avant de prendre une décision ? Vous pouvez évaluer si vous êtes un Toujours Plus ou un Satisfait en faisant le test suivant. Donnez une note de 1 à 5 à votre niveau d'acceptation de chaque affirmation. 5 signifie que vous êtes totalement d'accord avec la phrase, 1 que vous n'êtes pas du tout d'accord et 3 que vous êtes neutre.

1 Dans une soirée, je me surprends à regarder par-dessus l'épaule de la personne à qui je parle, même pendant une conversation intéressante, au cas où je raterais quelque chose.

2 Sortir avec quelqu'un est comme acheter des vêtements. Je me prépare à en essayer beaucoup avant de trouver ce qui me convient parfaitement.

3 Devant la télé, je passe souvent d'une chaîne à l'autre même si je suis en train de regarder quelque chose.

4 Je n'aime pas tellement m'engager pour une sortie entre amis trop longtemps à l'avance, au cas où j'aurais une meilleure proposition.

5 Après avoir fait du shopping, j'apprécie moins mes achats une fois que je suis rentré chez moi.

6 L'idée que les autres puissent faire une meilleure affaire que moi me déplaît. En vacances, j'aime savoir combien les autres ont payé ou j'évite ce genre de conversation parce qu'apprendre que les autres ont payé moins cher me déplairait.

7 Quand je suis au volant, je peux stresser à l'idée qu'il y ait moins de circulation sur d'autres trajets. Ou bien je me demande si j'aurais dû prendre le train ou un autre moyen de transport.

8 Je me surprends souvent à me demander ce qui se serait passé si j'avais fait d'autres choix, comme étudier une autre matière ou ne pas rompre avec quelqu'un.

9 Quoi qu'il arrive, j'ai des attentes élevées.

10 Je trouve Noël stressant parce qu'il est important de trouver les bons cadeaux pour tout le monde.

11 Le lundi matin, quand tout le monde parle de son week-end, je m'inquiète souvent à l'idée que les autres se soient plus amusés que moi, qu'ils aient des amis plus sympas ou une famille plus agréable.

12 Quand je dois renouveler mon assurance, je consulte généralement dix devis au minimum.

13 J'aime bien savoir ce que sont devenus mes anciens petit(e)s ami(e)s.

14 J'ai du mal à faire mon choix au restaurant, et, quand les assiettes des autres arrivent, j'ai souvent l'impression qu'ils ont mieux choisi que moi.

Faites le total de vos points et découvrez où vous vous situez sur l'échelle.

Moins de 35. Vous êtes un Satisfait. Quand vous trouvez quelque chose qui vous convient, vous êtes du genre à vous y tenir, que ce soit une marque de dentifrice ou une chanson sortant de l'autoradio (un Toujours Plus passerait d'une station à une autre au cas où une meilleure chanson passerait ailleurs). Pour le shopping, vous soupesez un nombre de choix raisonnable avant de vous arrêter sur quelque chose qui reste dans vos moyens, au lieu de courir après le meilleur des articles. En tant que Satisfait, vous risquez moins de souffrir des regrets de l'acheteur, votre identité n'étant pas attachée à l'idée de trouver l'article parfait au meilleur prix possible. Cependant, il y a un juste milieu entre ne pas se sentir contraint par le choix et choisir la solution de facilité. Nombre d'entreprises font leurs profits grâce aux Satisfaits qui restent, par exemple, au même niveau d'emprunt pendant des années alors que les Toujours Plus ont depuis longtemps changé pour un taux inférieur. Vous devez vous assurer que, pour les domaines importants de votre vie (travail, vie sentimentale et famille), vous ne vous contentez pas d'opter pour la vie tranquille. En maximisant dans ces domaines, vous pourriez obtenir une promotion ou tirer plus de joie de vos relations amoureuses au lieu de laisser les autres profiter de la situation et vous écraser.

35 à 45. La plupart des gens se situent au milieu de l'échelle des Toujours Plus et des Satisfaits. Dans certains domaines, vous viserez le meilleur et dans d'autres vous vous contenterez du convenable. Cela s'appelle « maximiser dans des domaines spécifiques ». Par exemple, vous pourriez aimer passionnément le bon vin et rechercher la bouteille idéale pour accompagner un plat. Mais vous n'êtes pas du genre à passer perpétuellement d'un fournisseur Internet à un autre, en quête du meilleur contrat. Pour les domaines essentiels, comme le travail et la vie sentimentale, vous voulez faire de votre mieux mais vous avez des attentes réalistes sur ce qui est possible. En revanche, les Toujours Plus ont des attentes élevées et entendent bien les atteindre. Comme cela est impossible, un Toujours Plus peut finir déçu, déprimé et totalement démotivé. Méfiez-vous que le choix illimité et le marketing intelligent ne fassent pas tout pour vous pousser vers l'extrémité « maximaliste » de l'échelle. Ne soyez pas tenté d'envisager plus qu'un nombre gérable de possibilités (environ six), puisque le choix illimité pousse plus facilement vers les mauvaises que vers les bonnes décisions.

46 et plus. Vous êtes un Toujours Plus. Vous n'êtes jamais satisfait du second choix, ce qui signifie que vous avez besoin de temps pour prendre une décision. En théorie, vous devriez être la personne la plus heureuse de ses choix. En réalité, vous éprouvez souvent des regrets. Si une décision s'avère juste, vous serez déçu si une autre option s'avère meilleure. Plus vous visez haut et plus vous vous exposez à évaluer ce que vous avez raté : l'emploi refusé, les vacances que vous n'avez pas prises, le ou la partenaire qui n'est plus là. C'est très bien d'être exigeant envers vous-même, mais il vaut mieux vous concentrer sur les quelques domaines essentiels (comme le travail, la moralité personnelle et les intérêts particuliers) que de chercher à exceller dans tout. Enfin, essayez de ne pas vous comparer aux autres, cela ne pouvant faire qu'augmenter votre sentiment d'insatisfaction envers votre propre vie. Il y aura toujours des gens devant vous. Mais même si la vie est une compétition, ce dont je doute, il vaut mieux voir loin. Cela vous aidera à constater toutes vos réalisations au lieu de vous arrêter sur une seule déception. En fin de compte, votre vie sera moins stressante si vous vous détachez du meilleur pour tendre vers l'accessible.

Réglez votre baromètre sur Toujours Plus

Si le choix illimité fait de nous tous des Toujours Plus, il est important de se concentrer sur quelques domaines à maximiser, sous peine de risquer l'épuisement et la frustration. L'exercice suivant vous aidera à acheter, en particulier des articles à petits prix. Changer de comportement face aux achats sans conséquence, non seulement vous libérera du temps et de l'énergie pour les choix importants, mais offrira une chance d'expérimenter la vie du Satisfait. C'est là que se trouve la clé puisque les Toujours Plus ont plus de mal à trouver et à garder un partenaire.

1 Considérez votre dernier achat important.

• Combien de sites Internet avez-vous consultés ?

• Combien de magasins avez-vous visités ?

• Quels autres éléments vous ont aidé à prendre la décision ?

2 Calculez les coûts.

• Combien de temps vous a-t-il fallu pour décider ? Même s'il ne s'agit que d'une estimation, notez un nombre.

• Combien d'argent avez-vous économisé ? Soyez réaliste avec cette somme. Au lieu de faire la différence entre la somme la plus élevée et le prix éventuel, prenez l'économie réalisée en maximisant, au-dessus et au-dessous de celle d'un acheteur prudent classique.

3 Êtes-vous satisfait de votre achat ?

• Avez-vous regretté votre achat ?

• Votre effort a-t-il été la source d'un plaisir plus grand, moins grand ou égal à celui de quelqu'un qui aurait investi moins de temps et d'énergie ?

4 Votre effort a-t-il impliqué de justifier la maximisation sur cet achat ?

• Demandez-vous ce que vaut une heure de votre temps. (Si vous êtes votre propre employeur, vous avez probablement un tarif à l'heure. Si vous travaillez pour quelqu'un d'autre, faites une estimation approximative en divisant votre salaire mensuel par le nombre de jours puis le nombre d'heures.)

• Comparez cette somme avec les économies réalisées en maximisant.

• Est-ce que maximiser a été un bon investissement de votre temps et de votre énergie ?

5 La prochaine fois que vous ferez un achat conséquent, imposez-vous une contrainte artificielle.

• Ne demandez que trois devis.

• Ne consultez que six sites Internet.

• N'allez que dans deux magasins.

• Ne vous octroyez qu'une demi-heure.

• La contrainte exacte ne dépend que de vous et peut changer d'un achat à un autre. Malgré tout, posez la limite à l'avance et tenez-vous-y.

6 Réévaluez votre façon de faire des achats.

• Quelles sont les différences entre vos expériences de Satisfait et vos expériences de Toujours Plus ?

• Est-ce que ça a mieux marché ? Si c'est le cas, dans quel sens ?

• Comment pourriez-vous intégrer ces avantages dans d'autres domaines de votre vie ?

7 Faites un pacte avec vous-même.

• Pour résister aux tentations concoctées par la publicité. Si quelque chose est « nouveau et amélioré », vos amis le recommanderont certainement.

• Comparez vers le bas plutôt que vers le haut. Les styles de vie des gens riches et célèbres vous donneront toujours des complexes. Préférez plutôt vous comparer à vos contemporains ou, encore mieux, à des gens moins fortunés.

• Soyez Satisfait au lieu de maximiser.

Resserrer les liens ou créer des liens ?

L'idée de cet exercice est de découvrir de quelle façon vos amitiés sont connectées entre elles et si vous tirez votre capital social de vos amis proches ou d'un cercle de connaissances élargi.

1. Passez en revue votre carnet d'adresses et notez chaque membre de votre famille, ami ou connaissance sur un Post-it.
2. Marquez votre nom sur un Post-it d'une couleur différente et collez-le au milieu d'un mur blanc ou d'un grand morceau de carton.
3. Placez votre meilleur(e) ami(e) au plus près de vous.
4. Si vous avez rencontré des amis moins proches ou des connaissances par son intermédiaire, placez-les près de votre meilleur ami mais en les éloignant du centre.
5. Continuez jusqu'à ce que vous ayez placé tous vos amis sur la carte, montrant ainsi de quelle façon une amitié en entraîne une autre.
6. Si des noms de votre carnet d'adresses proviennent d'une adhésion à un club ou une association, écrivez-les sur des Post-it de différentes couleurs et déployez de la même façon les amitiés qui y sont liées.
7. Continuez jusqu'à ce que tous les noms soient collés au mur, les amis les plus proches au centre et les connaissances les plus éloignées en périphérie.
8. Reculez afin d'observer votre carte de l'amitié. Quels sont les schémas qui se dessinent ? Vos amitiés sont-elles toutes fermées (proches et avec des gens comme vous) ou vous est-il possible d'élargir ce cercle (de connaissances venant d'un large éventail de gens différents) ?
9. Remarquez-vous des personnes clés qui ouvrent sur d'autres contacts, des amis qui vous ont présenté à toute une variété de gens ? Si c'est le cas, appelez-les pour leur parler d'amitié. Vous verrez que ces personnes qui possèdent des connexions ont une approche différente. Elles appellent probablement leurs amis plus souvent, font transférer des courriels humoristiques, aiment organiser des fêtes ou participer à de nombreuses activités. Qu'avez-vous à apprendre d'eux ?
10. Quels changements aimeriez-vous opérer ? Que pourriez-vous faire pour y parvenir ?

Première étape

Échapper au piège du célibat

2

Les avantages d'un travail sur soi avant de chercher l'amour

Ce livre comporte une idée centrale. Elle est particulièrement importante dans cette première étape pour trouver quelqu'un avec qui construire une relation aimante et durable. Elle est également sous-jacente dans la seconde étape, dans tous les exercices et étaie ma philosophie en matière de relations amoureuses. Heureusement, cette idée est facile à comprendre. Malheureusement, beaucoup de monde aimerait qu'elle soit fausse. Quelle est donc cette idée ? ***Qui se ressemble s'assemble.*** Par cela j'entends que si nous nous trouvons dans un état de fragilité émotionnelle, nous avons tendance à attirer d'autres personnes en crise.

ASSEMBLAGE ET RESSEMBLANCE

Un bon exemple vient illustrer l'idée de cette attraction mutuelle. C'est celui de Christina, 32 ans, dont la dernière histoire d'amour s'est achevée dans l'amertume. « J'étais émotionnellement épuisée par toutes ces disputes et je n'avais qu'une envie, être serrée, caressée et qu'on me fasse sentir que tout irait bien. » Moins de six mois après sa rupture avec le père de ses deux enfants, elle a rencontré Mitchell qui traversait le même type de problèmes avec son ex-épouse. « Au lit, c'était merveilleux et je croyais vraiment que nous nous comprenions et que nous pourrions nous apporter du soutien », a-t-elle expliqué. Hélas, après une brève période de lune de miel, ils se sont aperçus que leurs problèmes s'étaient multipliés. « Une fois la passion apaisée, je trouvais ses geignements terriblement frustrants. J'avais passé une belle journée alors qu'il avait reçu une lettre de son avocat. Non seulement il était d'humeur sombre, mais ses divagations ramenaient certains de ses problèmes vers mon cas. C'était comme s'il ne se contentait pas de gratter ses plaies mais les miennes aussi. » Quand ils sont venus chercher de l'aide auprès de moi, j'ai immédiatement pensé : qui se ressemble s'assemble. Malgré cela, quand j'ai souligné leurs points communs, Christina n'a pas mis longtemps à prendre des distances. « Mitchell est obsédé par son ex. Il n'arrive pas à la laisser tomber tandis que, moi, j'ai fait un énorme effort pour passer à autre chose », s'est-elle défendue. Toutefois, au lieu de se disputer avec son ex, elle avait tout fait pour qu'il lui soit difficile de voir ses enfants et l'a concrètement écarté de leur vie. Même si, en surface, ils ont abordé différemment le problème, dans les faits ils vivaient un état émotionnel similaire. Qui se ressemblait s'était effectivement assemblé.

Un autre exemple est donné par Naomi. Elle n'avait que 28 ans quand son mari l'a quittée. Comme elle pensait son mariage parfait, ce fut un choc terrible. Au bout de neuf mois passés seule, Naomi a décidé de recommencer à sortir et elle a rencontré « un homme sensible et attentionné ». Au début, elle a cru qu'il était la réponse à ses prières. Mais six mois plus tard, la relation a rencontré des problèmes. « Après m'avoir appelée tout le temps, il s'est mis à ne presque plus appeler et ne plus être disponible. Ça s'est éteint tout seul », a expliqué Naomi lors de sa première séance de thérapie. Selon mon diagnostic, même si Naomi attendait d'être rassurée, elle n'était pas prête à se donner totalement. Je soupçonne son petit ami d'avoir été dans le même état : qui se ressemble avait dû s'assembler. Je l'ai donc interrogée sur lui. « Sa mère contrôlait tout et il avait de gros problèmes d'engagement. » Qu'en était-il de Naomi ? Que pensait-elle de l'engagement ? « Je n'avais pas envie qu'on s'installe ensemble. Je n'étais pas prête pour ce genre de choses. Je voulais juste quelqu'un pour m'accompagner à des mariages d'amis ou en vacances, mais c'était encore trop pour lui. » Même si Naomi se sentait prête à sortir avec quelqu'un, son cœur était toujours en soins intensifs. Elle avait été involontairement attirée par un homme qui semblait intéressé, mais qui était, en vérité, lui aussi plus à la recherche de consolation que d'engagement. Si vous continuez à vous interroger sur « qui se ressemble s'assemble », pensez à vos propres expériences. N'avez-vous jamais eu besoin de quelqu'un pour regonfler votre amour-propre, trouvant ainsi un(e) partenaire qui, en retour, ne cherchait qu'à se servir de vous ? Et que dire de ces sorties, lorsque vous étiez prêt à tout, dans une sorte de désespérance ? Avez-vous rencontré des personnes vivant un état similaire ? N'avez-vous jamais croisé quelqu'un qui semblait traîner de lourds bagages avant de vous apercevoir que vous aviez vous aussi vos problèmes ?

L'expression « Qui se ressemble s'assemble » cache une autre dimension : si vous vous voyez et vous traitez de telle manière, les autres le percevront et vous traiteront en conséquence. En d'autres termes, si dans le fond vous considérez ne pas être digne d'amour, vous attirerez des partenaires qui vous traiteront comme tel. Jessica, 34 ans, avait envie d'une relation à long terme. Mais la plupart de ses histoires semblaient aller nulle part. « Je rencontre des gars pendant des soirées. Il se passe un truc et puis je ne sais pas pourquoi, mais l'histoire se termine toujours par moi qui pleure dans un bar », a-t-elle expliqué. Je l'ai interrogée sur son dernier petit ami, Bob. « Je pense que j'aurais dû m'en douter. La première nuit, alors que nous étions chez moi, sur le canapé avec un verre de vin, il a dit : "Es-tu sûre de vouloir faire ça ?" Il m'a même dit qu'il n'avait pas envie d'être avec quelqu'un mais je ne voulais pas qu'il s'en aille. Enfin, l'inévitable s'est produit et nous avons fait l'amour. C'était bien et j'ai développé des sentiments à son égard. » En effet, elle savait qu'ils recherchaient deux choses différentes : il voulait une maîtresse occasionnelle et elle recherchait l'amour. Malgré tout, comme elle ne s'est pas respectée, Bob a probablement pensé qu'il avait le feu vert pour faire de même. Après une demi-douzaine de rendez-vous, il est devenu de moins en moins disponible. Pour finir, il n'est plus revenu.

Peu importe le nombre de fois où l'on constate que deux semblables s'attirent, nous voulons espérer qu'il y aura une exception. C'est pour cela que *Cendrillon* est l'un de nos mythes les plus populaires. Adultes, nous continuons à nous accrocher à la conviction que quelqu'un va venir nous « sauver ». Et que, de ce fait, il doit être parfait ou mieux que nous. Au lieu de « qui se ressemble s'assemble », nous espérons qu'un être idéal se penche pour nous élever à son niveau. Cependant, le mythe de *Cendrillon* est plus complexe qu'il n'y paraît. Dans toutes les histoires, le héros et l'héroïne doivent se battre pour surmonter les obstacles et vivre une fin heureuse. S'ils atteignent une véritable union avec le prince ou la princesse, ce n'est qu'après avoir appris quelque chose d'important sur eux-mêmes et avoir grandi. En effet, le mariage symbolique du conte de fées n'est pas une mise en accusation mais la réunion de deux égaux. De temps à autre, je conseille des couples qui ont à première vue désapprouvé le « qui se ressemble s'assemble ».

Ainsi, Madeline se voyait sans aucun doute comme *Cendrillon*. Elle avait 17 ans quand elle rencontra celui qui est devenu son époux. Edward avait dans les 25 ans et semblait beaucoup plus adulte. « J'avais l'impression qu'il m'avait sauvée des bagarres de mes parents. Ils se disputaient tard la nuit, et moi et ma sœur restions couchées dans nos chambres, nous réconfortant jusqu'à ce qu'ils finissent par être à court d'énergie », expliquait Madeline. Ils se sont mariés et cinq années plus tard ils sont venus me voir au cabinet. Ils avaient commencé à se disputer parce que Madeline en avait assez d'être traitée comme une petite fille. Il est rapidement apparu évident que derrière sa façade, Edward était terrifié. Au lieu de vivre une relation d'adulte à adulte, il ne se sentait à l'aise que dans les situations où il était responsable. Plus il parlait, plus il semblait irascible et plus il faisait penser à un petit garçon, malgré ses allures de chevalier servant. Dans leur for intérieur, ils devaient avoir le même âge.

Si, au vu de ces histoires, « qui se ressemble s'assemble » peut sembler *a priori* déprimant, cette idée présente un bon côté important : quelqu'un qui a la tête sur les épaules va attirer des personnes tout aussi bien disposées. C'est la raison pour laquelle la première partie de ce livre traite du travail sur soi-même. Bien sûr, il y a des avantages à se comprendre soi-même et à être conscient des raisons pour lesquelles on a fait les mauvais choix dans le passé. Malgré tout, le but principal de cette partie est de vous aider à évoluer jusqu'à vous sentir véritablement prêt à vous engager dans une relation, à la fois dans votre tête et dans votre cœur. Une fois que vous aurez atteint ce but, vous attirerez des personnes dans les mêmes dispositions. Et les chances de former un couple heureux auront considérablement augmenté. Alors comment commencer un travail sur soi ?

LE VOYAGE VERS UNE VIE SENTIMENTALE PLUS HEUREUSE COMMENCE DANS LE PASSÉ

Il va sans dire que nous avons tendance à sortir avec des gens qui nous mettent à l'aise, soit parce qu'il est facile de leur parler, soit parce que nous avons le sentiment d'avoir trouvé quelqu'un de différent. Dans le fond, qu'est-ce qui déclenche cette étincelle de reconnaissance ? Pourquoi avons-nous l'impression de connaître cette femme fascinante ou cet homme séduisant depuis toujours ? Simplement parce que c'est probablement le cas. Inconsciemment, nous choisissons des partenaires qui ressemblent d'une certaine façon à notre mère ou à notre père.

La réponse automatique à cette suggestion est de rire ou d'affirmer que nos ex n'avaient rien en commun avec nos parents. Parfois, mes patients refusent même d'envisager cette idée. Ce qui est regrettable puisque comprendre notre héritage émotionnel est un facteur essentiel de la quête de l'amour. Pourquoi résistons-nous à ce point ? Peut-être parce que cela va à l'encontre de l'idéal romantique de deux âmes sœurs destinées l'une à l'autre ? Peut-être parce que ce concept renferme une touche d'inceste ? Plus probablement, nous ne sommes que trop conscients des erreurs de conduite de nos parents et avons juré de les éviter. « Mon père aimait les femmes. Mais il ne cachait pas son infidélité et invitait à des soirées des femmes avec lesquelles il couchait. C'était profondément humiliant pour ma mère et j'étais catégorique sur le fait que je n'aurais pas d'histoire similaire », a expliqué Eleanor, 35 ans et mère de trois enfants. « J'ai épousé un homme adorable, gentil et extrêmement beau. Honnêtement, il n'avait rien à voir avec mon père. Nous avions deux enfants et entretenions ce que je pensais être des rapports très, très proches. Nous aimions passer du temps ensemble. Nous avions une vie sexuelle soutenue et partagions le même sens de l'humour. Tout le monde avait l'habitude de dire que nous nous entendions merveilleusement bien. Puis, assez soudainement, au bout de vingt ans, j'ai découvert qu'il me trompait. J'ai réalisé presque en même temps qu'il avait dû y avoir d'autres femmes. C'était comme si j'avais tout compris d'un coup. Depuis, j'ai appris que, au pub, il s'était vanté devant tout le monde au sujet d'une femme avec qui il couchait. » Malgré ses meilleures intentions, Eleanor avait fini dans la même situation que sa mère. Que s'était-il donc passé ? Nous avons découvert ce qu'est une vie de couple sur les genoux de notre mère. Nous avons observé nos parents négocier, se disputer, éviter les confrontations, attaquer de front, rire, pleurer jusqu'à ce que cela serve de modèle à toutes nos relations amoureuses. En fait, jusqu'à ce qu'on soit assez âgés pour aller à l'école et être exposés à des modes de vie différents. Nous croyons que la façon de vivre de notre famille est la seule qui existe. Même après avoir découvert que toutes les familles ne sont pas comme la nôtre, ce que nous avons appris de notre foyer reste profondément enraciné. C'était probablement le cas pour Eleanor : « Après notre séparation, je suis sortie avec quelqu'un qui était exactement comme mon mari, séduisant, gâté, irresponsable. Et il m'a immédiatement trompée. » Tomber amoureux est comme choisir quelqu'un qui jouera dans la pièce de notre vie : nous recherchons ceux qui nous permettront de reproduire les problèmes que nous n'avons pas été capables de régler quand nous étions enfant. Quand nous disons qu'un déclic s'est produit avec quelqu'un, en réalité nos deux inconscients passent en revue toutes les associations possibles. Eleanor aurait recherché un homme dangereux et charmant. Son premier mari aurait recherché une femme facile à impressionner. Nos partenaires doivent parler le même langage et vouloir jouer les mêmes scènes. Sinon, aucune connexion n'est possible.

En fait, tout est beaucoup plus complexe que cette simple idée : une femme recherche un homme rappelant son père ou un homme une femme identique à sa mère. Parfois, nous pouvons finir par jouer, au bout d'un certain temps, à la fois le rôle de notre père et de notre mère. « Ma mère et mon père croyaient que “c'est le dernier qui parle qui a raison”. Alors quand j'étais enfant, je ne les ai jamais entendus se disputer », raconte Sara, 45 ans environ. « Le mieux qu'ils pouvaient faire était de bouder chacun dans son coin. » En grandissant, Sara éprouva autant de mal qu'eux à exprimer ses sentiments. « Ma mère était légèrement mieux que mon père. Elle interprétait ses humeurs et arrivait à régler mes problèmes avec lui. » Dans son premier mariage, Sara joua ce rôle pour son mari et ses enfants. Et elle se surprit à mieux comprendre certaines des frustrations de sa mère. Par malheur, son mari succomba à une terrible maladie. « Avec le recul, j'ai réalisé qu'il y avait beaucoup de choses que je ne lui avais jamais demandées. Avait-il peur de la mort ? Que ressentait-il à l'idée de nous quitter ? Je ne le savais pas puisque nous n'avions jamais vraiment parlé. J'avais tout interprété. » Quelques années plus tard, elle se remaria et son époux ne pouvait pas être plus différent. « Il est italien et plus du genre à commencer par une crise puis à poser les questions. D'un certain côté, c'est génial car tout est étalé au grand jour. Mais je me suis retrouvée à reproduire des expressions de mon père. "Inutile d'être aussi susceptible" ou "Avons-nous besoin de faire une scène ?" » Dans toute union, en général, l'un des partenaires soulève les problèmes tandis que l'autre garde le sens des proportions. Dans son premier mariage, Sara avait joué le rôle de sa mère, et dans le second celui de son père.

Un cas particulier

Même si beaucoup de gens refusent de voir les similarités entre leurs partenaires et leurs parents, une catégorie n'en est que trop consciente : les familles de dépendants. En fait, les chercheurs ont identifié quatre rôles récurrents. Les enfants d'alcooliques les adoptent pour supporter leurs parents et les prolongent à l'âge adulte dans leur vie sentimentale. Il est intéressant de constater que ces comportements trouvent écho chez nombre de mes patients, même s'ils ne présentent pas de cas de dépendance.

Voici les quatre différentes stratégies employées pour s'en sortir.

- « Ceux qui s'occupent de tout. » Enfants, ils ont été trop responsabilisés, et sont sérieux et très compétents pour leur âge. Ils choisissent des partenaires qui ont besoin qu'on s'occupe d'eux.
- « Ceux qui cherchent toujours à faire plaisir » veulent préserver la paix. Il faut que tout le monde soit content. Ils sont prêts à tout pour éviter le conflit dans leurs rapports d'adultes.
- « Ceux qui s'adaptent » règlent les problèmes, absorbent les tensions et ne montrent rien. Adultes, ils sont très calmes, absents ou affirment que tout va bien.
- « Ceux qui cherchent à attirer l'attention des autres » : quand ils étaient enfants, ils obtenaient de l'attention et de l'amour en créant des problèmes auprès de tout le monde. Par exemple, en rentrant tard la nuit ou en provoquant des crises. Devenus adultes, ils font toujours des

crises et menacent souvent de s'en aller ou de mettre un terme à une relation pour des motifs relativement mineurs.

Ces comportements nous éclairent parce que toutes les familles rencontrent les mêmes problèmes de base : trouver l'équilibre entre les besoins de l'individu et ceux du groupe, gérer la colère et d'autres émotions délicates, savoir comment prendre des décisions, définir qui fait quoi. Or, en forçant les traits, les familles de dépendants peuvent aider tout le monde à mieux comprendre ce qui perturbe leur vie de couple.

Si vous êtes toujours sceptique sur l'idée que votre mère ou votre père a un impact sur le choix de vos partenaires, considérez ces quatre types de comportement : ceux qui s'occupent de tout, ceux qui cherchent à faire plaisir, ceux qui s'adaptent, et ceux qui cherchent à attirer l'attention. Avez-vous déjà endossé l'un de ces rôles ? Dans votre famille, quelqu'un a-t-il fait de même ? Réfléchissez à vos frères et sœurs et à leur choix de partenaire. Quelles similitudes trouvez-vous ?

Bien sûr, les relations entre vos parents ne sont pas les seules à avoir façonné votre personnalité. Les rapports personnels que vous entretenez avec chacun d'eux y ont contribué. Vous pouvez découvrir d'autres indices pour comprendre en quoi l'homme ou la femme de votre vie est parfois si difficile à trouver.

L'HÉRITAGE PATERNEL

La façon dont un homme va envisager sa paternité a une signification particulière pour ses filles puisqu'il est littéralement le premier homme de leur vie. C'est également important pour ses fils qui apprennent à devenir des hommes en suivant son exemple. Il existe six types de comportement courants. Même si de nombreux hommes en emploient plus d'un, la plupart d'entre eux adoptent un style dominant, qui ressort plus particulièrement dans les moments de fatigue ou de stress. Dans la partie consacrée aux exercices, à la rubrique « Vers un nouveau départ… avec votre père » (p. 79),vous trouverez des conseils détaillés pour améliorer votre vie de couple.

Adorant

Tout le monde aimerait avoir un père qui l'adore. Et il est certain qu'une fille qui grandit en se sentant adorée aura plus de confiance en elle. Mais, poussé jusqu'à un certain point, adorer peut se transformer en « gâter ». « En voiture, maman s'asseyait à l'arrière et j'étais à l'avant avec papa. C'est toujours moi qui choisissais où on s'arrêtait pour manger. Je pouvais commander tout ce que je voulais tant que ça me faisait plaisir et maman prenait toujours le plat le moins cher. J'engloutissais quelque chose d'exotique comme un baba au rhum alors que maman se contentait d'une simple soupe », raconte Kate, 31 ans. Il est difficile de grandir avec un père en adoration, toujours prêt à voler à votre secours. De plus, ces femmes s'attendent à ce que tous les hommes les traitent comme des princesses. « Le petit ami avec lequel je vivais m'apportait toujours des gâteaux et du thé au lit, admet Kate. Et le week-end se déroulait en fonction de mes envies. Seulement, j'ai fini par m'ennuyer au point que j'ai commencé à vivre une aventure agitée avec homme qui venait de sortir de prison. Je nettoyais souvent son arme au lit. Je n'avais jamais rencontré quelqu'un comme lui. Il ne savait ni lire ni écrire. En plus, il manquait tellement d'imagination qu'il n'arrivait pas à trouver un nom pour son chiot et qu'il l'a appelé "chien". Je ne pouvais pas lui parler, mais à quoi bon parler ! Pourtant je serais morte si papa avait appris que je connaissais un homme pareil. » Il est plus rare que les pères adorent leur fils, et il est donc rare qu'ils traitent leurs fils comme des enfants même quand ils ont grandi. Cependant, si le garçon ne voit pas son mauvais comportement contesté (parce que le père ne le pense pas capable de mauvaise action), il peut devenir égoïste et incapable de distinguer le point de vue des autres.

En quoi « adorer » peut faire de vous un célibataire. Il est merveilleux d'avoir des attentes élevées, mais quand elles sont trop élevées, personne ne peut les atteindre.

Comment l'éviter. Si vous vous comportez comme un enfant, tout partenaire potentiel va immédiatement se comporter comme un parent.

Dangereux

À l'opposé de l'adoration se trouvent les pères qui n'ont jamais grandi. Ils peuvent être terriblement séduisants, exaltants et fascinants. Mais il y a souvent un mauvais côté : certains collectionnent les maîtresses ou ont eu une succession d'épouses, tandis que d'autres sont dangereux parce qu'ils boivent ou consomment de la drogue. Une chose est sûre : ces hommes tournent tout au drame. « Quand mes amis venaient à la maison, papa voulait toujours être au centre de l'attention. Il disparaissait à l'étage pour passer son uniforme d'époque de la guerre civile américaine et se pavanait dans la maison en faisant le fier », raconte Beverley, 38 ans. « Ça rendait ma mère folle, mais je le trouvais drôle. Adolescente, j'ai compris que ce spectacle était alimenté par l'alcool. J'ai fini par comprendre ce qui le mettait à fleur de peau. » Depuis toujours, Beverley sort avec des hommes imprévisibles. « J'ai l'impression de ne pas être capable d'éviter les défis. Mon premier petit ami était le maître-nageur du coin et il me fascinait littéralement. Il me posait tout le temps des lapins. Mais plus il me traitait mal, plus je l'aimais. Je me disais que s'il était lunatique c'était parce qu'il était "fort et silencieux". Or, un jour, je l'ai surpris au lit avec un homme. Il se servait de moi pour prouver quelque chose. » Malheureusement, les enfants de dépendants ont plus de chances de développer à leur tour des problèmes de dépendance que le reste de la population. Pour les filles de pères dangereux, l'alcool ou la drogue ne sont pas les seuls facteurs d'agitation : les hommes difficiles peuvent aussi créer une dépendance. De leur côté, les fils risquent d'imiter leur père en croyant qu'un comportement mauvais ou dangereux est la meilleure façon d'attirer ou de garder une femme. Malgré tout, ils peuvent jurer de ne jamais ressembler à leur père et devenir de bons maris.

En quoi le « danger » peut faire de vous un célibataire. Vous êtes attiré par des personnes qui s'avèrent toujours néfastes. Ce qui a ébranlé votre confiance en votre jugement. Par ailleurs, vous craignez l'engagement, l'expérience vous ayant appris que les relations amoureuses sont dangereuses.

Comment l'éviter. On peut facilement éprouver de la colère contre son père, et vous avez probablement tous les droits d'être dans ce cas. Malgré tout, cette attitude vous retient dans le passé. Posez plutôt un regard neuf sur vous deux. Son comportement est-il toujours aussi mauvais ? Se pourrait-il que vous cherchiez à le punir ? Si c'est le cas, à qui cette attitude nuit-elle réellement ?

Tyrannique

Bien des hommes apprécient d'être le chef de famille. Mais il existe une différence entre la responsabilité et la tyrannie. Ces pères font travailler leurs enfants sans relâche. Les heures de coucher, les amis et les tâches ménagères deviennent facilement un terrain de conflit. Il n'est donc pas étonnant que de tels enfants plongent souvent dans la rébellion ou recherchent en grandissant à contrôler leur couple. « Nous avions des disputes terribles. Un jour, il m'a traitée de traînée parce que je ne voulais pas me lever à sept heures du matin », a raconté Sian, une avocate de 29 ans. « Sa phrase préférée était : "Le monde appartient à ceux qui se lèvent avant sept heures et demie." Il allait jusqu'à mettre un gant de toilette froid sur mon visage pour que je me lève. Ce n'était pas seulement de me voir en robe de chambre qui l'énervait. Il fallait que tout soit préparé sur la table de mon dressing, bien aligné. Pour le satisfaire, je m'activais et faisais tout ce qu'il voulait. Mais dès qu'il était parti, je m'amusais à tout remettre en désordre. » À long terme, ce type de rapport a eu une conséquence : la vie de couple de Sian s'est transformée en guerre du pouvoir. « Dire que les hommes de ma vie aiment avoir le contrôle est le moins qu'on puisse dire. Parfois, ils ont pu se montrer très protecteurs, prêts à venir me chercher à trois heures du matin après une soirée entre filles, alors qu'en réalité ils venaient tout vérifier. Un jour, j'ai commis la terrible erreur de demander à mon petit ami chargé de recrutement de m'aider à rafraîchir mon CV, pour postuler à une offre d'emploi qui me plaisait. Il a fait tellement de changements que j'avais l'impression qu'il me transformait en quelqu'un d'autre. Ça a fini en grosse dispute. Soudain, j'ai vécu un terrible retour en arrière : ça aurait pu être mon père et moi nous disputant pour remplir mon dossier d'admission à l'université. » Les pères tyranniques veulent ce qu'il y a de mieux pour leurs enfants. Même si leur amour est rude et peut pousser ceux-ci à obtenir les meilleurs résultats de leur classe, il peut aussi prendre une forme profondément critique. Il se peut même que ces pères soient tellement collants que leurs enfants ne savent plus ce qu'ils veulent.

En quoi la « tyrannie » peut faire de vous un célibataire. Soit vous êtes vous-même perfectionniste, et vous avez donc cherché à rencontrer la « bonne personne », soit vous avez tellement peur d'être contrôlé que vous tenez les autres à distance.

Comment l'éviter. La prochaine fois que vous serez confronté à une décision, posez-vous trois questions. Premièrement, qu'est-ce que mon père voudrait que je fasse ? Deuxièmement, que ferais-je pour me rebeller ? Faire le contraire de ce qu'il aurait voulu n'est pas non plus un signe de liberté. Dernier point, demandez-vous ce que vous auriez envie de faire. Une autre possibilité, en particulier pour les femmes, est d'« adopter » un meilleur père, c'est-à-dire l'influence saine venant d'un homme plus âgé. Il peut s'agir d'un mentor au travail ou d'un professeur qui vous prendrait sous son aile en vous offrant un sentiment paternel positif.

Distant

On attend traditionnellement des hommes qu'ils contrôlent fermement leurs sentiments. Du coup, ils sont extrêmement nombreux à grandir sans connaître leurs émotions ou en ne sachant quoi en faire. Dans les moments de stress, ils se cachent derrière leur journal, regardent la télé ou se consacrent tout entiers à un projet qui les occupe dans le jardin. Quelle que soit la stratégie de fermeture adoptée, ces pères restent un mystère pour leurs enfants. D'autres pères deviennent distants à la suite d'un divorce ou parce que leur travail les éloigne physiquement. « Quand papa rentrait à la maison, s'il était de bonne humeur ou que maman l'informait de nos bonnes notes à l'école, il pouvait nous ébouriffer les cheveux mais ça ne durait jamais plus de quelques secondes. Il y avait peut-être une loi européenne sur la durée minimale du décoiffage qu'il était bien décidé à ne pas dépasser », rapporte Belinda, 46 ans. « J'ai souvent rêvé de frapper à la porte de son bureau pour lui demander de m'expliquer son système de classement complexe. Chaque chose avait sa place et la mienne se trouvait de l'autre côté de cette porte. Il ne m'a jamais dit qu'il m'aimait et je pense qu'il croit que je le sais. » Les filles de pères distants sont attirées par des hommes qui ont du mal à s'engager ou par des hommes qui taisent leurs sentiments. « Je me suis toujours sentie plus heureuse avec au moins un fuseau horaire entre moi et mes amoureux. Après être sortie avec des Américains et des Latinos, j'ai rencontré un gars qui vivait dans ma ville mais qui consacrait la plupart de ses week-ends à son loisir, l'escalade. Je me plaignais de ne jamais le voir, et puis je l'ai quitté pour un collègue. Il s'est accroché au point que j'ai dû filtrer mes appels. » Pour les hommes distants, à l'image de leurs pères, il est souvent plus facile d'avoir une relation amoureuse puisque nombreuses sont les femmes qui aiment arracher des confidences à leur partenaire et leur expliquer leurs émotions. Malheureusement, certaines filles de pères distants se retrouvent attirées par des hommes qui sont tellement distants qu'ils ont du mal à s'engager en amour.

En quoi la « distance » peut faire de vous un célibataire. Même si une fois adulte vous comprenez pourquoi votre père était distant, ce type de relation vous touchait personnellement lorsque vous étiez enfant. C'est pourquoi vous pouvez vous inquiéter que personne ne vous aime jamais vraiment.

Comment l'éviter. Concentrez-vous sur un changement précis que vous souhaiteriez dans le comportement de votre père. Par exemple : qu'il s'intéresse plus à vous plutôt que de déballer une liste de réclamations qui le feront probablement se renfermer encore plus sur ses positions. Ensuite, réduisez cette requête à la demande la plus spécifique possible. Par exemple, qu'il vous parle quand vous téléphonez à la maison. Enfin, présentez cela de façon positive pour l'avenir, au lieu de penser à une accusation tournée vers le passé. Par exemple : quand il répond au téléphone, proposez-lui de discuter un moment avant de vous passer votre mère.

Destructeur

Ces pères font du mal parce qu'ils ont abandonné leurs filles et leurs fils, ou parce qu'ils ne sont pas conscients que leurs commentaires indélicats peuvent anéantir l'amour de soi. Tara, 26 ans, raconte : « Mon père mesure plus de 1 m 90 et on dirait un éléphant dans un magasin de porcelaine. Il commence par l'ouvrir pour réfléchir après. Je devais avoir 12 ans, je commençais à avoir des formes et il m'a surprise en train de prendre un cornet de glace dans le freezer. “Il va falloir qu'on te surveille sinon tu vas tellement grossir que personne ne voudra jamais de toi”, m'a-t-il dit. J'aurais dû le remettre à sa place et il nie toujours avoir dit cela. Mais je peux faire remonter l'origine de toutes mes batailles pour maigrir à ce moment de solitude. Quand je repense à mon premier régime que j'avais piqué dans l'un des magazines de ma mère, aux paquets de bâtonnets de carottes et au thon nature que j'emmenais à l'école, ça me donne envie de pleurer. » En raison de leur passé, ces femmes optent souvent pour des partenaires indisponibles, comme des hommes mariés, qui vont finir par les abandonner et, ainsi, confirmer leur prétendu manque de valeur. « Adolescente, j'aurais fait n'importe quoi pour recevoir un compliment. J'ai couché avec tellement de garçons que j'ai fini par me faire une réputation. Mais pendant ces brefs moments je pouvais me convaincre que je comptais pour eux. Je suis devenue plus sage, mais je prends souvent les choses comme une critique, même quand ça n'en est pas une. Quand il fait froid, mon petit ami dit quelque chose d'innocent comme : "Tu devrais peut-être prendre une écharpe", mais je réagis comme s'il avait dit : "Ta robe est trop courte et trop petite." Je suis tout le temps en train de lui prendre la tête, ce qui n'est pas la plus séduisante des qualités. »

En quoi la « destruction » peut faire de vous un célibataire. L'expérience vous a appris que vos proches sont ceux qui ont le plus de chances de vous blesser. Vous en gardez un mélange néfaste de peur de l'engagement et d'amour de soi fragile.

Comment l'éviter. Les philosophies new age conseillent une attitude positive, mais elle ne pousse qu'à se faire du mal quand on n'y parvient pas. Essayez donc l'approche opposée en écoutant votre esprit critique. Une fois que vous aurez entendu tout ce qu'il a à dire, remettez en question les exagérations et les distorsions. Dites-vous enfin : « J'ai le droit de commettre des erreurs, mais il est utile de regarder en arrière, de réfléchir et de tirer des leçons. » Cette approche équilibrée vous aidera à entendre les notes positives.

Idéal

Ces pères offrent un refuge rassurant qui permet à leurs filles de s'entraîner à coexister avec le sexe opposé. Et pour leurs fils, ils représentent un bon modèle. À l'inverse du père adorant, ils connaissent la limite à ne pas dépasser afin que leurs enfants ne fassent pas tout ce qu'ils veulent. Adrienne, 28 ans, explique : « À chaque fois que ma sœur ou moi avions un problème, nous savions que nous pouvions toujours nous tourner vers papa. Il nous faisait sentir qu'il était avec nous tout en nous aidant à comprendre qu'il existe toujours un avis opposé. Parfois, il était occupé, et pourtant il semblait savoir quand nous étions confrontées à quelque chose de sérieux. Dans ce cas, il arrêtait ce qu'il était en train de faire. » Beaucoup d'hommes deviennent des pères comme il faut et entretiennent de meilleurs rapports avec leurs enfants, mais une fois que ces derniers sont devenus adultes. C'est en partie parce qu'ils se sont assouplis avec l'âge, et en partie parce qu'ils sont moins concentrés sur leur carrière. Atteindre l'âge adulte nous aide également à construire des rapports plus égaux. Si ce type de père devient plus courant, c'est aussi parce que, de nos jours, les hommes s'attendent à avoir une approche plus pragmatique de leur rôle de parent. L'influence qu'ont les pères comme il faut sur leurs enfants est généralement positive. Les filles et les fils grandissent pour devenir des adultes équilibrés et attentionnés.

En quoi un père « idéal » peut faire de vous un célibataire. Pour les hommes, vous pouvez devenir tellement « comme il faut » que les femmes vous préfèrent en ami plutôt qu'en amoureux. C'est particulièrement dur à vivre lorsque vous les voyez maltraitées par un mauvais garçon qui leur brise le cœur. Pour les femmes, vous faites généralement de bons choix et avez de bonnes relations amoureuses. Malgré tout, votre père est un modèle difficile à égaler.

Comment l'éviter. Avoir une image totalement positive de quelqu'un peut être aussi dommageable qu'une image totalement négative. En effet, dans la vie, rien n'est tout noir ou tout blanc. Tout se colore en différentes nuances de gris. Essayez de garder à l'esprit des moments où votre père a révélé des faiblesses, et découvrez ainsi une image de lui plus équilibrée.

L'HÉRITAGE MATERNEL

Nous voulons tous que nos réalisations plaisent à notre mère. C'est en partie parce que nous savons qu'elle en sera heureuse. Mais c'est principalement pour confirmer qu'elle fut une bonne mère. De plus, quand elle approuve notre vie, nous nous sentons dignes d'amour. Pour toutes ces raisons, il est plus difficile d'être objectif quant à notre relation avec notre mère qu'avec notre père. Cependant, un regard plus précis peut aider à comprendre le passé et à faire de meilleurs choix pour l'avenir. Ci-dessous, vous trouverez développées les six façons d'être mère, des conseils pour aider à vivre les désaccords, ainsi qu'un exercice en fin de chapitre intitulé « Vers un nouveau départ… avec votre mère » (p. 83).

Martyre

Certaines femmes ont de bonnes raisons de se plaindre. Par exemple, la maladie, l'abandon du domicile conjugal ou l'indigence ont pu les confronter à des moments difficiles. Avant l'entrée du féminisme dans les mœurs, des femmes talentueuses ont dû délaisser leur carrière et ont mal supporté d'être prisonnières dans leur cuisine. Quelles que soient les raisons de leurs sacrifices, ces mères ne pouvaient permettre à personne de les oublier et se servirent de la culpabilité comme d'une arme. Pis encore, leurs fils et surtout leurs filles finirent par se sentir responsables de leurs bonnes comme de leurs mauvaises périodes. Cathy, 28 ans, raconte : « Je finis toujours par être énervée quand quelqu'un est en colère et je cherche immédiatement à tout faire pour rétablir la paix. Au travail, je me retrouve à endosser tous les torts pour un compte rendu en retard, même s'il n'est arrivé sur mon bureau que deux heures avant l'heure limite. » Il n'est pas étonnant que Cathy ait du mal à demander des coups de main à ses petits amis. « Je ne parvenais pas à lui dire que j'aurais aimé qu'il m'organise une fête d'anniversaire au restaurant du coin. Je faisais de brèves allusions et quelques suggestions, puis j'étais très en colère en constatant qu'il n'avait rien fait », a-t-elle confié.

En quoi le « martyre » peut faire de vous un célibataire. Vos expériences des relations intimes ont été épuisantes. Il n'est donc pas étonnant que vous soyez méfiant, craignant d'être piégé, et que vous trouviez l'engagement difficile. Soit vous affichez des airs d'indépendance qui empêchent les autres de vous approcher, soit vous avez entretenu une série de relations brèves qui ne se sont jamais réellement développées.

Comment l'éviter. Comprendre la vulnérabilité de votre mère est le premier pas pour vous libérer. Au lieu de vous mettre en colère, ce qui la rendra encore plus miséreuse et perpétuera un cercle vicieux, dites-lui que vous l'aimez, puis riez ensemble quand elle dépasse les limites.

Critique

Les mères veulent ce qu'il y a de mieux pour leurs enfants. Mais cette envie de voir leurs fils et leurs filles réussir s'exprime parfois sous la forme de reproches. Leurs enfants auront souvent l'impression de ne jamais réussir à leur faire plaisir. Richard, un avocat de 33 ans, confie : « Je suis devenu très critique envers moi-même. C'est presque comme si j'entendais sa voix me pousser à persévérer. D'un côté, ça a aidé ma carrière, mais j'ai l'impression de ne jamais apprécier mes réussites. » Au Noël précédent, Richard a parlé avec sa tante et a découvert un point de vue différent sur sa mère. « Ma tante avait pris la tête à sa sœur à propos de tous ses éloges et de sa vantardise à mon sujet. J'aurais simplement aimé que maman me les dise. » Richard a entretenu une relation pleine de hauts et de bas avec sa petite amie. « Je me surprends à être sur la défensive pour le commentaire le plus insignifiant. Je l'ai emmenée à un concert, mais elle n'avait pas l'air d'apprécier. Pendant l'entracte, elle a même dit que le chef d'orchestre avait dirigé une partie trop rapidement. Je me suis mis à bouder. J'avais eu beaucoup de mal à obtenir ces billets. Une fois calmé, je me suis dit que je n'étais pas responsable de la performance de l'orchestre et que son commentaire n'était pas dirigé contre moi. Mais j'avais gâché toute la soirée. »

En quoi la « critique » peut faire de vous un célibataire. Soit vous trouvez toujours des défauts à vos partenaires et vous les quittez en espérant que le prochain sera parfait ; soit vous êtes toujours terriblement sur la défensive, vous emportant pour la moindre chose, et vos partenaires vous trouvent trop difficiles à vivre.

Comment l'éviter. Si vous pensez avoir une mère critique, essayez de demander à vos amis et à des membres de la famille ce qu'elle pense réellement de vous. Votre mère suppose probablement que vous savez déjà ce qu'elle ressent, ou elle craint que les compliments ébranlent votre désir d'accomplissement. La prochaine fois que vous réagirez trop violemment à une réflexion de votre partenaire, prenez le temps de vous demander si la voix de votre mère ne se cache pas là-dessous. Si vous avez tendance à devenir critique, interrogez-vous sur vos attentes. Et demandez-vous lesquelles sont les vôtres, lesquelles sont à votre mère.

Parfaite

Les femmes investissent une énergie énorme afin d'être une aussi bonne mère que possible. Mais pour certaines, être « une bonne maman » ne suffit pas. Elles veulent être une « supermaman » : celle qui sait faire des gâteaux et garder un emploi tout en aidant à monter des pièces de théâtre à l'école. Les fils peuvent idolâtrer ce type de mère au point que les autres femmes auront du mal à les égaler. Ils peuvent aussi placer leurs partenaires éventuelles sur un piédestal et avoir des relations sexuelles « courtoises », ce qui empêche leur femme d'être ouvertement passionnée. De leur côté, les filles de supermamans peuvent trouver cet héritage tout aussi lourd. Tina, 42 ans, s'est mise à materner son mari : « Parfois, j'avais l'impression d'avoir trois enfants et, n'étant jamais aidée, j'ai fini par manquer d'énergie. Je voulais que mon partenaire soit mon égal. » Elle n'est pas la seule femme à s'être retrouvée face à ce dilemme. Suzanne, une chargée de recrutement qui a aujourd'hui 45 ans, raconte : « Mes amis me taquinaient au sujet de mon amant.

J'approchais de la quarantaine alors qu'il n'avait que 25 ans. Blond aux yeux bleus, il était très séduisant. J'ai dû faire un grand pas pour lui proposer de vivre avec moi. J'avais un fils et une fille, et je me demandais comment ils s'entendraient. Je n'aurais pas dû m'inquiéter sur ce point car il était plutôt comme un grand frère pour eux. Je l'ai également aidé à monter sa boîte, mais il ne s'engageait toujours pas vraiment. Nous avons fini par nous séparer parce que je ne pouvais plus être sa maman, toujours là pour le soutenir. »

En quoi la « perfection » peut faire de vous un célibataire. Pour les femmes, vous attirez des hommes qui ont des problèmes à régler. Même si c'est flatteur, ce n'est jamais la base d'une relation solide et durable. Pour les hommes, vos attentes peuvent être trop élevées et cela vous expose à la déception.

Comment l'éviter. Pour les femmes, quand il vous arrive de vous comporter comme la mère de tout le monde, prenez des distances et cessez d'endosser toutes les responsabilités. Par exemple, si vous devez pousser votre partenaire à se lever le matin, dites-lui une fois, puis laissez-le. S'il risque d'être en retard à un rendez-vous, dites-vous qu'il est adulte et qu'il doit assumer ses choix. Au début, vous risquez d'avoir du mal à vous retenir mais tout finira pas être plus facile. Alors persévérez. Pour les fils de mères « parfaites », pensez aux inconvénients qu'il y a à être si proche de sa mère. À quel point vos rapports empiètent-ils sur votre vie personnelle ? A-t-elle un avis bien arrêté sur vos compagnes ? Comparez votre relation à celle de vos amis avec leur mère : en quoi la vôtre exige-t-elle plus que la leur ? Qu'en pensez-vous ?

Trop présente

La mère trop présente est un autre exemple courant de qualités qui peuvent devenir un problème. Il n'y a qu'un pas entre veiller sur ses enfants et les étouffer. Ces mamans qui prennent tout en charge font rarement la différence. Barry, 44 ans, se souvient : « Elle était toujours prête à se battre pour moi à l'école en allant "dire un mot" à mes professeurs ou aux parents des autres enfants. Pendant que je faisais mes devoirs, j'avais l'impression qu'elle restait collée au-dessus de mon épaule. Elle était extraordinaire, mais je me sentais parfois envahi. Encore aujourd'hui, j'ai du mal à laisser les gens m'approcher de peur qu'ils prennent le dessus. » Ces mères ont tendance à avoir des avis bien arrêtés sur les partenaires potentiels ou futurs de leurs enfants. Michael, 30 ans, raconte : « Je sortais avec Gemma depuis environ six mois quand maman m'a dit que si je me mariais un jour elle espérait que ce serait avec quelqu'un comme Gemma. J'ai pris cela pour une approbation maternelle et j'ai même songé à demander sa main à Gemma. Heureusement, j'en ai parlé avec ma sœur qui avait un tout autre point de vue. Ma mère lui avait dit qu'"elle n'avait rien contre Gemma." J'ai fini par me fier à mon propre jugement et à laisser passer du temps. » Les mères qui ont confiance en elles n'ont pas besoin de contrôler la vie de leurs enfants adultes.

En quoi le « contrôle total » peut faire de vous un célibataire. Votre plus grande peur est de vous faire « manger » et de perdre le contrôle. Vous êtes attiré par des gens qui ne sont pas disponibles, pour une raison ou pour une autre. Ils peuvent vivre loin de vous, ou être déjà engagés envers un ex ou leur travail.

Comment l'éviter. Il se pourrait que votre mère cherche à tout contrôler parce qu'elle aime tellement être parent qu'elle a du mal à vous laisser vivre, même si vous êtes adulte depuis longtemps. Aidez-la à trouver de nouveaux centres d'intérêt. Expliquez-lui ce qui vous aide, ce qui est intrusif, et marquez fermement la différence. Même si capituler peut sembler plus facile à court terme, cela pourrait encourager votre mère à vouloir développer son contrôle sur le long terme.

Effrayée

Nombreuses sont les femmes qui cherchent à cacher les effets des problèmes d'alcool, de jeu ou de violence de leurs maris. En voulant protéger leurs enfants, elles finissent par les enfermer dans le secret. Si elles boivent elles-mêmes, ou si elles ont des problèmes de santé mentale, ces mères, et c'est triste, témoignent une attention irrégulière à leurs enfants. Prenons l'exemple de Paula, qui a désormais 50 ans. « Il y avait un terrible secret dans notre famille, et même si j'avais 15 ans quand je l'ai découvert, j'ai toujours su que nous étions différents. Ma grand-mère s'était suicidée, mais ma mère ne me l'avait jamais dit. Même maintenant, je ne comprends toujours pas pourquoi elle s'est tellement battue pour me le cacher. » De son enfance, Paula garde une peur d'être rejetée. « Si je trouve qu'il y a le plus petit risque à ce qu'on me quitte, je m'efforce de le faire en premier. J'ai failli mettre un terme à une relation prometteuse parce que ce garçon n'avait pas appelé depuis plusieurs jours. Toutes sortes d'explications me sont venues à l'esprit et elles tournaient principalement autour d'une autre femme. Je les ai rapidement imaginés se moquant de moi au pub. J'ai fini par lui laisser un horrible message sur son répondeur. Plus tard, j'ai appris que sa mère avait été hospitalisée en urgence. »

En quoi la « frayeur » peut faire de vous un célibataire. Les filles risquent de grandir aussi dans la peur d'être blessées et donc, plus tard, de maintenir les hommes à distance. Elles peuvent également se sentir responsables, comme leur mère, du comportement de tout le monde. Ce qui est bien sûr impossible mais qui peut conduire à manquer d'amour-propre. Heureusement, ce genre de comportement maternel a moins d'impact sur la vie amoureuse des hommes. Les fils de mères effrayées deviennent souvent des sauveteurs, ce qui peut être attirant pour les femmes. Malgré tout, je reçois souvent des hommes qui cherchent à aider des femmes aux vies chaotiques et incapables de s'engager. Ils peuvent aussi perdre tout intérêt pour une femme une fois ses problèmes réglés.

Comment l'éviter. Si vos rapports avec votre mère ont fait naître chez vous une tendance à réagir trop violemment, prenez de la distance en imaginant ce qu'un ami réfléchi penserait de votre attitude. Soyez patient avec vous-même et n'attendez pas trop de choses trop rapidement, car il est plus ardu de surmonter des rapports difficiles avec sa mère qu'avec son père.

Rivale

Certaines mères vont chercher à rivaliser avec leur fille, voire à se placer en concurrence dans le domaine amoureux. « J'ai souvent l'impression d'être dans l'ombre de ma mère, confie Jasmine, 26 ans. Mes copains s'entendent toujours très bien avec elle. Mais je trouve qu'elle rit trop fort et que ses décolletés sont trop profonds. Quand j'ai envie de tendresse, d'amour et d'attention, elle me donne des conseils de sœur comme : "Secoue-toi et débrouille-toi toute seule." D'accord, elle est plutôt cool et ça ne la dérange pas que mes petits amis viennent à la maison. Mais je ne me sens jamais à l'aise. Un soir, elle est rentrée avec cet homme qu'elle avait rencontré en boîte et leurs ébats étaient si bruyants que mon petit ami et moi n'avons pas pu dormir. » Pour les fils comme pour les filles, le risque est de développer un intérêt précoce pour le sexe.

En quoi la « rivalité » peut faire de vous un célibataire. Pour les femmes, vous vous situez à l'un de ces deux extrêmes. Soit vous vous êtes précipitée dans la vie amoureuse en vous engageant trop rapidement, souvent auprès d'un homme qui ne vous convient pas ; soit vous restez en retrait au point que les hommes vous trouvent froide. Pour les hommes, votre opinion des femmes est tellement scindée qu'elles se divisent entre la sainte Vierge et la prostituée.

Comment l'éviter. Ce type de comportement maternel a plus d'impact sur les filles qui vivent la compétition personnellement que sur les fils qui sont simplement gênés. Si ces problèmes remontent à l'enfance, essayez de pardonner à votre mère. Cela ne veut pas dire que vous la sanctionnez. Mais vous en serez libérée, vous permettant ainsi de construire une relation adulte avec elle. Pour les filles, si vous êtes en compétition aujourd'hui, souvenez-vous qu'il faut être deux pour cela.

Si vous refusez de jouer le jeu, il n'y aura pas de compétition. Pour les fils, interrogez-la sur ses rapports avec sa propre mère et les mœurs de l'époque. Comprendre de quelle façon les comportements sont transmis d'une génération à une autre, et pourquoi votre mère se comporte ainsi, vous aidera à supprimer toute critique persistante.

UN IMPACT CERTAIN

À première vue, l'impact de vos parents sur votre vie amoureuse peut sembler déprimant et tout sauf romantique. Cependant, je pense que nous ne cherchons pas seulement à recréer le couple parental. Quelque chose nous pousse également à le résoudre. Je n'oublierai jamais les conseils de mon premier professeur alors que j'étais désespéré de constater que certains patients répétaient les mêmes arguments d'une semaine sur l'autre, en dépit de tout ce que j'avais pu tenter. Mon professeur me dit : « Les gens font foncièrement de bons choix en amour. » J'étais sidéré. Alors pourquoi mes patients restaient-ils bloqués ? Pourquoi y avait-il une si longue liste d'attente de couples aux problèmes similaires ? Elle me sourit en répondant : « C'est à nous de les aider à découvrir ce qui les a conduits à se choisir, de les aider à travailler ensemble et non plus l'un contre l'autre. » Vingt-cinq ans plus tard, je suis toujours convaincu, jusqu'au plus profond de moi-même, que nous faisons de bons choix de départ. Malgré tout, il arrive que nous n'écoutions pas notre inconscient et que nous passions à côté d'une rencontre prometteuse. D'autres fois, nous confondons le conflit naturel qui gronde entre deux personnes réglant leurs différend, avec des défauts fondamentaux. Si, au lieu de se précipiter vers la relation suivante, nous étions plus patients, nous découvririons non seulement une personne qui nous convient, mais aussi un moyen de faire la paix avec notre passé. Le jeu en vaut la chandelle. Grâce à la thérapie, Eleanor, qui a épousé un Don Juan comme son père, a pris conscience des schémas récurrents de sa vie : « Mon nouveau partenaire, Ian, ne pouvait pas être plus différent. J'adorais mon premier mari. Il payait les factures et je m'occupais de tout à la maison. J'étais un paillasson. Mon nouveau partenaire est très beau, mais il manque d'assurance et je pense que nos rapports sont plus égaux. Qui plus est, ma fille n'en revient pas de voir Ian prendre l'aspirateur sans que je le lui demande. »

L'HÉRITAGE DU DIVORCE

Si l'enfance fournit un modèle de conduite pour notre vie affective, et en particulier les relations amoureuses, imaginez à quel point le scénario se complique en cas de divorce. Ces enfants sont aux premières loges durant la rupture de leurs parents et connaissent tout de la colère, de la souffrance, et parfois de la violence que deux personnes qui se sont aimées peuvent s'infliger. Il n'est pas surprenant que, en grandissant, ils développent des sentiments contradictoires en matière de relations amoureuses.

À partir des années 1970, quand le divorce est devenu plus acceptable socialement, trois convictions se sont répandues. Premièrement, les enfants n'évoluent pas bien quand leurs parents sont malheureux. Deuxièmement, quand les parents sont plus heureux, les enfants le sont aussi ; divorcer est donc dans l'intérêt de tous. Troisièmement, point essentiel, il se peut que les enfants subissent un revers passager. Mais si les parents coopèrent après le divorce, l'effet ne sera que transitoire. Il s'agit ici de la théorie, mais qu'en est-il de la réalité ? Le docteur Judith Wallerstein, fondatrice et directrice du *Centre for the Family in transition in California*, a suivi pendant vingt-cinq ans soixante familles de classe moyenne et cent trente et un enfants. Elle les a questionnés dix-huit mois, cinq ans, dix ans et enfin vingt-cinq ans après le divorce. Ses découvertes donnent à réfléchir.

- Seul un enfant sur dix dit avoir été soulagé par le divorce de ses parents.

• Dix-huit mois après le divorce, la plupart cherchaient encore à comprendre ce qui s'était passé.

• Cinq ans plus tard, la plupart des enfants espéraient secrètement que leurs parents se réconcilieraient, même si l'un d'eux s'était remarié entre-temps.

• Dix ans après le divorce, la moitié des enfants étudiés avaient revécu l'expérience après l'échec du second mariage de l'un de leurs parents.

Cependant, l'effet le plus étonnant n'est apparu que lorsque Wallerstein a fait son bilan vingt-cinq ans plus tard. « Le divorce est une expérience cumulative. Ses effets augmentent avec le temps et grimpent en flèche jusqu'à l'âge adulte », conclut-elle. Tandis que le débat national était focalisé sur les résultats scolaires et les statistiques de criminalité, nous sommes passés à côté de l'effet le plus crucial : les enfants de parents divorcés ont plus de mal à faire confiance. Une fois adultes, ils rencontrent par conséquent des difficultés à construire des relations à long terme.

Dans les faits, seuls 60 % des personnes de l'échantillon étudié par Wallerstein se sont mariés. Comme l'a formulé l'une de ces personnes interrogées : « Si on ne se marie pas, on ne peut pas être trahi. » La comparaison avec les familles « intactes » est stupéfiante. Là, 80,6 % des hommes et 87,4 % des femmes entre 28 et 43 ans se marient. Souvenez-vous que famille « intacte » ne signifie pas famille « heureuse ». Cela inclut des couples ayant poursuivi une relation sans amour « pour le bien des enfants » et un certain nombre de couples abusifs ou violents, où le divorce aurait été préférable. Qu'en est-il des 40 % d'enfants de divorcés qui se sont mariés ? Quelle a été leur expérience ? C'est là que Wallerstein a trouvé une autre caractéristique inquiétante : une tendance au mariage précoce, précipité et irréfléchi alors qu'ils récupéraient du divorce de leurs parents ; 50 % essaient de se caser avant 25 ans. Triste constat : plus de la moitié de ces mariages se sont terminés par un divorce. Dans un groupe équivalent prélevé au sein de familles intactes, seuls 11 % se sont mariés jeunes et, parmi ces mariages, 25 % seulement ont abouti à un divorce.

Que se passe-t-il pour ces enfants de divorcés ? Pourquoi ont-ils tant de mal à connaître une vie amoureuse épanouissante ? La réponse est simple : ils ont connu très tôt une expérience montrant que l'amour peut être flottant. Pis encore, à l'inverse des enfants de familles intactes, ils n'ont pas l'avantage de pouvoir observer leurs parents se disputer de façon saine et contrôlée, faire des compromis, résoudre des désaccords et se réconcilier. Ces aptitudes sont vitales au maintien d'un couple une fois que l'élan de la passion et de l'amour s'est apaisé. Cependant, les problèmes vont au-delà. Pour ces enfants de divorcés, chaque âge correspond à des problèmes particuliers. Les comprendre est vital, tout d'abord pour leur échapper, ensuite pour trouver un partenaire. Considérez les scénarios suivants et faites le point. Votre héritage personnel sera influencé par l'âge que vous aviez quand vos parents ont divorcé, votre place dans la fratrie, le comportement de vos parents et, bien sûr, votre propre personnalité.

Devenir un enfant qui prend soin des autres

Dans de nombreuses familles, le divorce représente une expérience tellement traumatisante qu'elle conduit à la rupture partielle ou totale de la capacité des parents à prendre soin de leurs enfants. Normalement, cette phase ne dure que quelques mois. Mais, dans certains cas, elle peut se prolonger des années. C'est ainsi que l'un des enfants, généralement la fille aînée, endosse le rôle de la personne qui s'occupe des autres. Maggie, qui approche de la quarantaine, est un bon exemple. Le mariage de ses parents a commencé à se désintégrer quand elle avait une dizaine d'années. Elle se souvient très clairement de son père qui lui disait tout ce qu'il aurait fait « si tu n'avais pas été là ». Quand elle avait 16 ans et qu'il a fini par s'en aller, sa mère était profondément déprimée. « Les bons jours, je rentrais de l'école pour m'apercevoir qu'elle avait passé la journée à regarder le mur. Les mauvais jours, elle était en larmes. J'ai commencé à la sortir, pour se promener dans les rues le soir, n'importe quoi pour qu'elle bouge. Les soirs d'hiver, quand les gens n'avaient pas encore fermé leurs rideaux, nous observions toutes ces lumières allumées là où des gens normaux menaient des vies normales. » Quand elle avait fini de promener sa mère à travers la ville, Maggie préparait un goûter pour sa jeune sœur avant de faire ses devoirs. Le week-end, elle aidait sa mère à faire le ménage et les courses. Même si elle continuait à voir son père, elle se sentait seule et responsable.

« J'aurais eu l'impression de trahir ma mère si je lui avais dit ce qui se passait en réalité. Et, pour être honnête, je ne pensais pas qu'il tenait à le savoir », a-t-elle expliqué.

— Comment vous en êtes-vous sortie ? ai-je demandé.

— Je gardais tous mes sentiments pour moi.

— Qui vous réconfortait ? »

Soudain, la femme pleine d'assurance et avenante qui avait travaillé partout à travers le monde est devenue pensive et j'ai aperçu l'enfant perdue en elle. « Ma plus jeune sœur comprenait. Je n'avais pas besoin de parler, » a-t-elle fini par répondre. Maggie ne voulait pas l'admettre. Mais la réponse était : « Personne. »

Élever des enfants et tenir une maison implique de faire des centaines de choix. Avant un divorce, les parents ont l'habitude de régler les problèmes en parlant avec leur partenaire. Soudain, ils se retrouvent seuls. Les amis peuvent apporter leur aide, mais ils ne sont pas là tout le temps. Résultat : l'un des enfants devient le conseiller sous pression et le confident du parent. Wallerstein a noté que des enfants âgés seulement de 8 ans conseillaient leur mère sur l'endroit où vivre, et que des pères demandaient à leur fille préadolescente des conseils pour faire la cour à une jeune femme. Comme si le divorce avait transformé un adulte en enfant impuissant et fait de ces enfants un parent. Ce phénomène n'est pas entièrement néfaste. L'enfant qui prend soin des autres tire une immense fierté de sa position élevée au foyer. Dans certains cas, comme celui de Maggie, il peut littéralement préserver l'équilibre mental des parents. Malgré tout, sacrifier perpétuellement ses propres besoins n'est pas une bonne préparation aux concessions mutuelles qui constituent les relations adultes.

L'impact à long terme. Les enfants qui s'occupent des autres, en particulier les filles, peuvent se sentir responsables de leur mère au point que les deux femmes sont extrêmement liées l'une à l'autre, parfois vingt ans après le divorce. C'est certainement ce qui est arrivé à Celia, 35 ans : « Nous sommes devenues incroyablement proches, allant jusqu'à passer nos vacances ensemble et à nous téléphoner tous les soirs. Durant ces années, il y a eu un ou deux hommes dans la vie de maman, mais rien de sérieux. Personne n'a rempli le vide laissé par papa. » Celia aussi est célibataire, et depuis vingt ans. Son histoire la plus importante est celle qu'elle vit avec sa mère. En thérapie, Celia a commencé à revenir sur le divorce de ses parents et à en considérer les conséquences sur sa vie.

« Je me sens très responsable de maman, a-t-elle dit dans un soupir avant de sombrer dans le silence.

— À quoi pensez-vous ? ai-je demandé.

— Comment puis-je laisser ma mère qui n'a personne d'autre que moi ? » a-t-elle répondu en acquiesçant.

Une adolescence agitée

La famille est l'échafaudage qui nous permet de traverser les différents âges de notre développement, du bébé impuissant à l'adulte indépendant. L'une des périodes les plus difficiles est l'adolescence. Nous commençons alors à malmener les règles instituées par nos parents, de façon à établir nos propres valeurs et notre identité. Cependant, la responsabilité parentale a été rattrapée par la crise de confiance qui remet en doute l'autorité dans le domaine scolaire, ou à l'égard des hommes politiques et de la société en général. Et personne ne se sent suffisamment à l'aise pour fixer de nouvelles règles. Les règles semblent appartenir à un passé étouffant, autoritaire et patriarcal. Cependant, le monde continue d'être un endroit terrifiant et déroutant, alors que la structure est un besoin humain fondamental. C'est pour cela que les émissions de télé-réalité, qui proposent de changer de vie, sont tellement populaires. Nous aimons qu'on nous mène par le bout du nez et qu'on nous dise ce qu'il faut manger, comment discipliner nos jeunes enfants et nos chiens, comment nettoyer nos maisons. Même si, en fin de compte, nous décidons d'ignorer le conseil de l'expert, il reste quelque chose contre quoi résister.

Si même les familles les plus heureuses rencontrent des problèmes au moment où les enfants entrent dans l'adolescence, imaginez ce qui se passe dans une famille divorcée. Quand les parents vivent ensemble, ils peuvent trouver un consensus portant sur les règles et les valeurs à respecter. Mais tout se complique lorsqu'ils se battent, pour rester courtois. Dans les familles intactes, l'adolescence des enfants occupe le centre de la scène ; elle monopolise l'attention des deux parents et réclame une présence constante. Au contraire, dans une famille divorcée, le centre de la scène est occupé par le conflit entre le père et la mère. Par conséquent, l'adolescence des enfants peut être indéfiniment mise en suspens, à l'image de Celia qui a toujours du mal à se séparer de sa mère. Cette période peut également se dérouler dans l'ombre, sans que personne ne remarque rien. Pour cette raison, les enfants de divorcés peuvent atteindre l'adolescence plus tôt que les autres, en portant une colère non résolue. En fait, les études ont montré que les filles commencent à avoir des expériences sexuelles plus jeunes ; les filles comme les garçons consomment plus d'alcool et de drogues que les enfants de non divorcés.

L'impact à long terme. Josie, 30 ans, dont les parents ont divorcé quand elle avait 10 ans, explique : « J'ai commencé à me taper des mecs quand j'avais 13 ans. Ça me donnait l'impression que quelqu'un voulait de moi. » Hélas, elle s'est en même temps fait une réputation parmi ses camarades de classe. « Ils m'appelaient "la vagabonde" et "le vélo de la classe", alors, quand on m'a proposé de la cocaïne, je me suis dit : "Tout le monde croit que je ne suis pas quelqu'un de bien, alors pourquoi pas ?" » Josie, n'ayant aucune direction où se tourner, laissa tomber ses études. Elle occupa plusieurs emplois et eut différentes histoires sans avenir. De temps à autre, sa consommation de cocaïne devenait un problème. « Je rentrais à la maison avec des hommes que j'aurais à peine regardés si je n'avais pas eu la tête à l'envers. Je ne sais pas comment j'ai fait, j'ai réussi à m'en sortir. Mais je n'avais aucune idée de ce que je recherchais. Même si j'avais eu une idée plus précise, je ne m'attendais pas à satisfaire mes besoins. » Le matin de son vingt-neuvième anniversaire, elle a pris le temps de poser un regard neuf sur sa vie et a décidé de changer. « Ce n'était pas une révélation dramatique. J'ai simplement décrété que je ne pouvais plus continuer comme ça. » Josie a repris ses études à l'université et est retournée vivre chez sa mère. « Ce fut difficile pour l'une comme pour l'autre. Mais à présent nous parvenons à nous traiter comme deux adultes. Enfin, en quelque sorte. Disons que nous avons fait une trêve. J'ai arrêté de foncer droit dans le mur, parce que ça fait mal, et elle a fait la même chose. J'ai l'impression que ma vie a repris son cours. »

Devenir un adulte totalement accompli prend du temps

Si le travail de l'adolescence consiste parfois à rompre avec le foyer, devenir adulte implique de découvrir qui l'on est. Il s'agit de définir quelles sont nos valeurs personnelles, ce que l'on attend de la vie, le métier que l'on veut exercer et la vie sentimentale que l'on veut avoir. De toute évidence, cela prend du temps. Mais, en général, entre 18 et 23 ans, la plupart des gens se sont fait une idée de leur identité. Quant aux enfants de divorcés, ils ont souvent trop peur pour effectuer des expériences. Au lieu de choisir activement quelqu'un, ils se laissent alors porter par la première histoire amoureuse venue. « J'ai rencontré

Sam pendant ma première semaine à l'université. Nous partagions une cuisine et nous avons rapidement partagé notre lit. Ne me faites pas dire ce que je n'ai pas dit. Il est gentil, mais il est très timide et il s'appuie sur moi pour beaucoup de choses, explique Lauren, 25 ans, qui est toujours avec Sam. Vous voyez, nous avons tous les deux eu du mal à partir vivre loin de chez nous, alors nous nous sommes soutenus. Si je me suis fait des amis et si j'ai profité de l'expérience, Sam s'est replié sur lui-même. » Ils ont failli se séparer à plusieurs reprises, mais Lauren s'est ravisée. « Il se met à pleurer et je cède. Je sais ce que ça fait d'être quitté. Je n'ai pas oublié ce que mon père portait ce jour-là, sa mallette en cuir avec la tache de graisse, et ma sœur qui a essayé de lui barrer la route. Je ne pouvais pas faire la même chose à quelqu'un. » C'est presque comme si les enfants de divorcés n'avaient pas suffisamment d'assurance pour juger un couple. Oui, répétons-le : à défaut de chercher activement la bonne personne, ils prennent parfois ce qui se présente.

Au lieu d'essayer de sortir avec des garçons de leur âge, les jeunes femmes dont les parents ont divorcé choisissent souvent un homme plus âgé. Parce qu'il semble plus attirant pour un certain nombre de raisons – au-delà du fait qu'il remplace la figure paternelle perdue pendant le divorce. Premièrement, il a moins de chances de tromper une femme jeune. Or, tous les enfants de divorcés craignent la trahison presque autant qu'ils ont besoin d'amour. Deuxièmement, les hommes plus âgés sont heureux de passer leurs soirées à la maison, ce qui évite de développer un sentiment de jalousie. Troisièmement, ils ont déjà découvert qui ils sont et ce qu'ils veulent. C'est très séduisant pour quelqu'un qui n'est pas sûr de sa propre identité. L'exemple de Jonathan et Leah, qui avaient respectivement 40 et 20 ans quand ils se sont rencontrés, est assez typique de ces couples. Jonathan explique : « La différence d'âge n'était pas un problème. Elle était d'une grande maturité et j'ai vu que nous recherchions la même chose. » Leah poursuit en décrivant les débuts de leur histoire. « Nous avons même des goûts similaires en musique. Il m'a emmenée voir Elton John, Joe Cooker et Tina Turner en concert. Nous apprécions aussi les soirées devant la télé et les bons moments à la maison. » Devant moi a surgi l'image d'une femme d'une maturité presque terrifiante et ça m'a frappé : au lieu de la traditionnelle méthode qui consiste à faire des expériences pour découvrir son identité, Leah avait simplement adopté celle de Jonathan. Qu'ils aient des goûts similaires n'était pas étonnant ! Mais, huit ans plus tard, Leah, qui avait 28 ans, commença à se sentir piégée.

« C'est comme s'il m'étouffait, toujours à me dire ce que je dois faire, se plaignit-elle.

— Mais, quand je te vois sur le point de faire une bêtise, comme te disputer avec ton patron au travail, j'ai envie d'intervenir pour t'en empêcher, a répondu Jonathan.

— Mais j'ai besoin de commettre mes propres erreurs », dit Leah.

Elle avait commencé son voyage vers l'âge adulte.

L'impact à long terme. Tout comme les homosexuels doivent créer leurs propres valeurs à l'adolescence, ainsi que leurs règles et leur identité au lieu d'adopter tout simplement celles de leurs parents, les enfants de divorcés doivent faire l'expérience de leurs propres schémas de couple s'ils veulent le voir durer. Dans les deux cas, le voyage menant à l'âge adulte prend plus de temps, probablement de dix-huit à trente ans. Malgré tout, à 30 ans, la plupart des gens ont accumulé suffisamment de bonnes expériences avec des petit(e)s ami(e)s pour contrebalancer les expériences de l'enfance.

Autosuffisant à l'excès

Le divorce peut présenter des avantages. Non seulement les adultes coincés dans une union sans amour ont une seconde chance, mais leurs enfants peuvent en tirer des leçons importantes. Par exemple, le besoin d'être autosuffisant. Maggie, l'enfant qui s'occupait des autres, et que nous avons rencontrée précédemment dans ce chapitre, a été la première personne de sa famille à suivre l'université. Elle a même acquis une bonne réputation dans son milieu professionnel. « J'ai envie de laisser mon empreinte et de faire quelque chose de bien. C'est une bonne époque pour être une femme et j'ai envie d'en profiter au maximum. Si l'amour se présente en chemin, tant mieux. Mais je ne vais pas le chercher. » Sous son assurance se cache une énorme peur de ne plus avoir le contrôle de sa vie privée. Elle s'est protégée en choisissant non pas un mais deux hommes dont elle savait qu'ils ne s'engageraient jamais. « J'ai une peur bleue que les sentiments ne soient pas réciproques. Dès que je les soupçonne de s'éloigner, je mets fin à l'histoire. » Elle a également parlé d'un pays où elle avait travaillé et où elle est retournée pour retrouver un ex. Il s'était marié entre-temps « avec une belle femme et avait un bébé adorable ». Malgré tout, elle a rapidement précisé que son ex-petit ami n'avait pas manqué de lui faire des avances en la conduisant à l'aéroport. « Alors, vous voyez, je n'étais pas jalouse d'elle », a conclu Maggie. La peur de répéter les erreurs de ses parents s'était transformée en peur de l'engagement. De plus, elle s'attendait à ce que l'amour continue de lui échapper.

L'impact à long terme. Les enfants de divorcés croient très fort en l'amour, mais ils s'attendent à être trahis. Ce qu'ils veulent le plus et ce qu'ils craignent le plus se rejoignent. Il n'y a rien d'étonnant à ce qu'il leur semble moins dangereux de se concentrer sur leur vie professionnelle. Parmi les hommes étudiés par Wallerstein qui ne se sont jamais mariés, 56 % n'ont jamais eu d'histoire sérieuse. Être autosuffisant est une qualité. Mais elle peut parfois se transformer en bouclier qui empêche d'éventuels partenaires de se rapprocher de soi et qui freine les sentiments amoureux.

L'ART DU PARDON

Que vos parents aient divorcé ou qu'ils soient restés ensemble, l'un des tests clés permettant de voir si l'on est vraiment devenu adulte est de les examiner attentivement : être capable de reconnaître leurs points forts et leurs points faibles, pardonner leurs erreurs comme fêter leurs réussites. Carrie, qui approche de la cinquantaine, a eu une enfance douloureuse. « J'adorais littéralement mon père, mais ma mère me faisait la vie dure. Papa m'emmenait à des événements professionnels tandis que maman restait à la maison. Il s'intéressait à ce que je faisais à l'école, me félicitant tout le temps et me donnant l'impression d'être quelqu'un d'important. Je détestais rester seule avec ma mère parce qu'elle devenait méchante, me tirant les cheveux et me giflant à la moindre bêtise. Parfois, quand papa allait chez sa sœur, que ma mère détestait, il me laissait à la maison. Je craignais particulièrement ces moments parce que maman se défoulait sur moi. » Comme on peut l'imaginer, son point de vue d'enfant était sans demi-mesure : mère = mauvaise, père = bon. Malgré cela, à l'âge adulte, Carrie a adopté un point de vue plus équilibré. « D'une certaine façon, j'en veux à mon père de ne pas m'avoir protégée. Il avait dû deviner ce qui se passait. Même quand il était là, il faisait preuve de faiblesse et n'aimait pas contrarier ma mère. Avec le recul, c'était bizarre de m'emmener à des fêtes d'adultes. J'imagine qu'à l'époque ça a dû étonner des gens. Et comment ma mère vivait-elle ça ? Plus tard, après la mort de mon père, ma mère et moi nous nous sommes considérablement rapprochées. Elle m'a alors parlé d'un homme qu'elle avait aimé et qui était mort pendant la guerre. Elle n'aurait jamais dû épouser mon père. Mais ils étaient catholiques et le divorce était un péché mortel. Je pense que c'était une femme malheureuse. Aujourd'hui, elle aurait demandé de l'aide, mais on ne parlait pas de ces choses dans sa génération. » En fin de compte, Carrie avait pardonné à sa mère.

Que pouvez-vous faire pour y parvenir ?

1 Imaginez que vous êtes avocat et que vous montez le dossier de la défense.

• *Cherchez des circonstances atténuantes.* Jugez-vous vos parents avec votre regard d'aujourd'hui sans prendre en considération les bons côtés dominants de l'époque ? De quoi vos parents auraient-ils eu besoin pour se comporter différemment ?
• *À votre avis, pourquoi votre mère ou votre père se sont-ils comportés de la sorte ?* Quelle enfance ont-ils eue ? Contre quels problèmes se dressaient-ils ?
• *Quels témoins, comme vos frères et sœurs ou vos tantes et oncles, ont pu représenter une référence positive ?* Vous pouvez imaginer les interroger dans votre tête ou, encore mieux, évoquer avec eux votre enfance et les sentiments qui y sont rattachés. Même sans les y inciter, ils vont naturellement échafauder une défense au bénéfice de votre mère ou de votre père.
• *Faites la liste des qualités de votre mère ou de votre père.* C'est dans la nature humaine de prendre les bonnes choses pour acquises et de se focaliser sur ce qui fait défaut. Concentrez-vous sur les points positifs de votre enfance qu'une personne moins chanceuse aurait aimé avoir. Dans le cas de Carrie, elle se souvient de la maison propre et ordonnée de sa mère, qui s'assurait toujours que sa fille présentait bien.

2 Imaginez que vous êtes l'avocat des plaignants et que vous étudiez l'affaire pour votre parent préféré.
• *Quelle était la plus grande faiblesse de votre mère ou de votre père ?* Si vous trouvez cette question difficile, essayez de la poser à l'envers et d'identifier sa plus grande force, puisque nos défauts sont normalement le revers de nos qualités. Par exemple, la plus grande force du père de Carrie était d'aimer autant sa fille. À l'inverse, sa plus grande faiblesse était de manquer d'énergie pour aimer sa femme.
• *Au sujet de votre parent préféré, à quel point votre opinion est-elle fondée sur l'image que vous aimez avoir d'eux ? À quel point est-elle*

fondée sur des preuves tangibles ? En particulier, si l'un des parents était toujours absent pour des raisons professionnelles ou que vous le voyiez moins après le divorce, il est plus facile d'idéaliser ce parent que d'accepter vos déceptions.

• *Qui pourrait vous fournir un contrepoint juste ?* Comment votre parent préféré se comportait-il avec vos frères et sœurs ? Si vous étiez la préférée, quelles conséquences cela avait-il sur les autres membres de la famille ? Quel était le mauvais côté de votre place de préférée de votre mère ou de votre père ? Avez-vous eu du mal à quitter la maison pour faire votre vie ? Avez-vous ressenti une énorme pression pour parcourir votre chemin ?

3 En quoi votre comportement a-t-il contribué aux problèmes ?

• *Réfléchissez à toutes les convictions que vous avez sur vos parents.* Notez toutes ces convictions sur le côté gauche d'une feuille. Puis trouvez des exemples illustrant chaque point et inscrivez-les à droite. Pour les convictions, Carrie a écrit : « Ma mère ne s'intéressait pas à moi. » Et comme exemple : « Elle ne venait jamais à mes rencontres parents-professeurs. » Cachez votre liste de convictions de gauche et ne regardez que les exemples qui sont à droite. Que penserait quelqu'un qui ne connaîtrait pas les convictions cachées ? Pourrait-on deviner la conviction cachée à partir de l'exemple ? Y a-t-il une conclusion différente à tirer du comportement de votre mère ou de votre père ? Par exemple, Carrie a reconnu que sa mère était timide et qu'elle n'aurait pas été à l'aise devant les enseignants.

• *Avez-vous pris position ?* Il est difficile de ne pas se laisser aller à la dispute. Être perçu comme étant du côté de l'« ennemi » aura teinté le comportement de l'autre parent à votre égard.

• *Aimeriez-vous être plus proche de votre mère ou de votre père, malgré votre crainte que cela implique de laisser tomber votre autre parent ?* Même si le divorce a eu lieu des années plus tôt, il est facile de rester bloqué dans de vieux schémas. Ne serait-ce pas l'heure de faire ce qui est mieux pour vous ?

4 Y a-t-il des éléments récurrents qui vous empêchent de développer de meilleurs rapports avec l'un de vos parents, voire avec les deux ?

• *Notez toutes les douleurs infligées par votre ou vos parents.* Peu importe que ce travail paraisse trivial, inscrivez tout ce qui a pu vous causer de la peine. Commencez par votre enfance et avancez vers le présent. Continuez jusqu'à ce que vous ne trouviez plus rien d'autre. Le simple fait de tout écrire est libérateur.

• *Rayez tout ce qui ne vous dérange plus.* Cela vous montre ce que vous avez déjà commencé à pardonner.

• *Que reste-t-il ?* Parfois, les choses insignifiantes peuvent blesser autant que les plus importantes. Si elles vous font toujours souffrir, elles devraient être prises au sérieux et vous devriez songer à en discuter avec vos parents.

5 Le pardon ne concerne pas que la personne qui vous a blessé. C'est également un cadeau à vous faire.

• *Nourrir de la rancœur vous retient prisonnier du passé.* À l'inverse, pardonner apporte la clé pour démarrer une nouvelle relation.

• *Comprendre ce ressentiment a un prix très élevé.* Les études ont montré que cela contribue à faire augmenter la pression sanguine, les brûlures d'estomac et la dépression.

• *Ne pas pardonner vous influence.* Cela vous place dans un rôle de victime. Une place plus valorisante est celle du survivant.

6 Que se passerait-il si vous discutiez de ce qui continue à vous mettre en colère avec votre père ou votre mère ? Même si l'idée peut sem-

bler effrayante, il est important de confronter cette peur puisqu'elle vous retient dans le passé.

• *Commencez par un point positif.* Ce peut être quelque chose que vous appréciez chez lui ou chez elle, ou quelque chose que vous avez appris en lisant ce chapitre, comme la simple envie d'avoir de meilleurs rapports.

• *Aimeriez-vous vous excuser pour quelque chose ?* Cela pourrait encourager des excuses réciproques.

• *Expliquez ce qui vous empêche d'avoir de meilleurs rapports.* Être aussi précis que possible vous aidera. Pour prévenir tout malentendu et réduire les chances de voir la discussion se transformer en dispute, essayez cette formule : « *Je me sens... quand tu... parce que...* »

• *Parfois, expliquer vos griefs suffit.* Si vous recevez des excuses complètes, c'est formidable ! Si votre mère ou votre père n'offrent que des justifications, écoutez le cœur ouvert. En général, vous apprendrez plus sur elle ou sur lui. Et cette compréhension en profondeur pourrait vous aider à oublier les blessures passées.

7 Engagez-vous à de meilleurs rapports avec vos parents à l'avenir.

• *Finalement, ce que vous partagez aujourd'hui est le plus important dans vos relations.* Demander à avoir de meilleures relations revient à faire la moitié du chemin pour les vivre. Vous aurez certainement tendance à interpréter le comportement futur de façon positive, et non plus avec le regard probablement faussé que vous aviez.

• *Que faire si vous ne savez pas comment contacter vos parents, s'ils ont des problèmes de dépendance ou sont décédés ?* Essayez d'écrire une lettre imaginaire ou de parler à leur tombe. Cela peut soulager de nombreux sentiments réprimés.

Note aux parents

Pour les parents, lire ces pages traitant de l'impact de leur comportement sur leurs enfants donne à réfléchir. Cependant, je n'insisterai jamais assez sur le fait que vous n'avez pas à être une mère ou un père parfait, si une telle créature existe. Les psychologues emploient le terme « suffisamment bons ». Cela signifie que l'on fournit une base d'amour et de sécurité tout en acceptant que des erreurs soient commises. Après tout, dans le monde extérieur, les enfants doivent être capables d'affronter le « dur » comme le « tendre ». N'oubliez pas que vous êtes le produit de vos parents et des rapports qu'ils entretenaient, et eux des leurs, et ainsi de suite en remontant le temps. Finalement, s'en vouloir ne sert à rien.

Si vous êtes un parent récemment divorcé, ce chapitre aura été doublement difficile à lire. Cela dit, il est important d'insister sur le fait qu'aucun des écueils n'est inévitable. Et, comme j'ai essayé de le mettre en avant, les enfants des familles les plus heureuses ont eux aussi des problèmes pour grandir et rencontrer un partenaire. Fort heureusement, être conscient des conséquences à long terme du divorce vous rendra encore plus vigilant. Si vous éprouvez toujours de la culpabilité, j'aimerais développer deux points. Premièrement, si les enfants de divorcés que j'ai rencontrés ont perdu certains repères, ils en ont gagné d'autres. Ils sont généralement plus sensibles et plus attentifs aux sentiments d'autrui. Secondement, j'aide beaucoup de gens à vivre avec l'héritage de parents qui sont restés ensemble alors qu'il aurait été préférable qu'ils se séparent, comme ceux de Carrie. Pour terminer sur une note positive, ce livre vous aidera à faire de meilleurs choix à la prochaine occasion et à offrir des modèles de relations positives à vos enfants.

En résumé

• Les rapports qu'entretiennent vos parents donnent le ton de vos propres rapports de couple. Même si nous voulons être le contraire d'eux, leur influence reste énorme.

• Les rapports que nous entretenons avec nos parents, en particulier avec le parent du sexe opposé, ont un impact sur le choix de notre partenaire.

• Nous appartenons à la première génération de personnes dont les parents ont eu un accès facile au divorce. Malgré tout, les séquelles de cette révolution commencent seulement à être comprises.

• À long terme, l'effet le plus important sur les enfants de divorcés réside dans les problèmes d'engagement : soit ils se précipitent, soit ils se freinent trop longtemps.

• Même si nous avons besoin de comprendre l'impact de notre enfance sur les choix que nous avons faits dans notre vie sentimentale, il est inutile d'en vouloir à nos parents. Il est donc important de pardonner nos parents pour leurs faiblesses autant qu'il est important de les remercier pour leurs forces.

• Avoir une image juste de nos parents est le signe certain que nous sommes réellement devenus adultes.

EXERCICES

Comprendre votre héritage personnel

a) En repensant à votre enfance, notez vos pensées principales sur les questions suivantes.

1 Qui prenait les importantes décisions à long terme dans votre foyer ?

2 Qui remettait ces décisions en question ?

3 Qui prenait les décisions du quotidien ?

4 Comment les disputes se terminaient-elles ?

5 Que se passait-il quand quelqu'un se mettait en colère ?

6 Quand vous aviez un problème, vers qui vous tourniez-vous ? Pourquoi ?

7 Obteniez-vous des réactions différentes de votre mère, de votre père ou d'une autre figure importante de votre enfance ? Lesquelles ?

8 Faites-vous facilement ou difficilement confiance ? Pourquoi ?

9 De quelles façons vos parents exprimaient-ils leurs sentiments l'un envers l'autre (et, si c'est utile, leur nouveau partenaire) ?

10 En quoi vos rapports avec vos parents ont-ils changé quand vous avez atteint l'adolescence ?

11 Vous êtes-vous déjà senti rejeté par l'un de vos parents ? Pourquoi ?

12 Avez-vous eu l'impression que l'un de vos parents tentait de vous mettre de son côté ? Quelles conséquences cela a-t-il eues sur vous ?

13 Vous sentiez-vous en compétition avec votre frère, votre sœur, vos demi-frères ou demi-sœurs ? Pourquoi ?

14 Qu'est-ce que les autres peuvent trouver différent dans votre famille ?

b) Mettez toutes vos réponses de côté, puis revenez au bout d'une heure environ et soulignez tout ce qui vous semble important. Certains mots-clés ou phrases ressortent-ils ? Quels sont les thèmes ?

c) Au sujet de vos histoires d'adulte les plus importantes : comment avez-vous traité ces thèmes ?

d) Quels ont été les problèmes les plus sujets à controverse dans vos relations d'adulte ? Comment vos parents ont-ils réglé ces mêmes problèmes ?

Se détacher du passé

Prenez un peu de recul

• Ne cédez pas à la tentation d'en vouloir à vos parents. Ils sont autant le produit de leur enfance que vous de la vôtre.

• En revanche, ne défendez pas non plus leurs actions, puisque passer trop de temps à justifier leur comportement peut vous empêcher de discerner les modes de comportement.

Établissez des liens

- Trouvez trois exemples qui montrent en quoi vous ressemblez à votre mère.
- Trouvez trois exemples qui montrent en quoi vous ressemblez à votre père.
- Si vous n'avez pas connu l'un de vos parents ou les deux, trouvez un tuteur significatif dont la personnalité vous a influencé.

Qu'aimez-vous ? Que n'aimez-vous pas ?

- Faites la liste de tous les héritages positifs et négatifs reçus de vos parents.
- Y a-t-il des liens entre les deux ? Un positif – par exemple, voir les deux côtés de la dispute – est souvent le revers d'un négatif – par exemple, impassible.

Quand avez-vous le plus tendance à vous comporter comme l'un de vos parents ?

- Cherchez un exemple au travail.
- Cherchez un exemple avec des amis.
- Cherchez un exemple avec un(e) petit(e) ami(e).

Quelles sont les autres attitudes possibles ?

- Creusez-vous la tête autant que possible.
- Que manque-t-il à votre liste ?
- Demandez éventuellement à un ami de trouver d'autres possibilités.
- L'idée qui vient en dernier ou l'idée la plus bizarre peut parfois être la bonne réponse.

Exemple : Paulo, qui venait d'une famille où l'on se disputait rarement, était attiré par des femmes pleines d'assurance et particulièrement sociables. Il leur arrivait souvent de se mettre en colère. Il voulait toujours apaiser la situation (comme son père le faisait). Mais, y parvenant rarement, il se sentait insatisfait. Quand nous recherchions des alternatives, il retombait toujours sur des variations du même thème : s'éloigner, ne pas rentrer à la maison, rationaliser la dispute. Je lui ai demandé : « Et si vous vous mettiez en colère à votre tour et que vous défendiez votre point de vue ? » Cette possibilité ne lui était même pas venue à l'esprit. Ce fut le grand progrès de nos séances.

Vers un nouveau départ... avec votre père

Si vous êtes une femme, améliorer les rapports avec votre père est la clé qui vous permettra de progresser dans vos rapports avec les hommes. Pour cette raison, l'essentiel de cet exercice est destiné aux femmes. Si vous êtes un homme, vous pouvez également envisager de faire cet exercice. Avoir de meilleurs rapports avec votre père augmentera votre confiance en vous, ce qui finira par porter ses fruits dans votre quête de l'amour.

1 Évaluez vos rapports avec votre père

- Parlez-vous beaucoup plus de votre vie personnelle et de vos réflexions intimes à votre mère qu'à votre père ?
- Croyez-vous que votre père s'intéresse moins à ce type d'informations ou peut-être qu'il est plus facile de s'en tenir à des sujets plus courants ?
- Passez-vous souvent par votre mère pour communiquer avec votre père ? (Cette pratique est plus courante dans les rapports fille-père.)
- Avez-vous investi plus de temps et d'énergie pour apprendre à connaître votre mère que votre père ?

Si la réponse à l'une de ces propositions est oui, vous traitez probablement votre père différemment de votre mère. Et votre relation en aura souffert.

2 Pensez à trois moments, histoires ou images clés figés dans le temps qui, selon vous, résument votre relation avec votre père

- Détaillez autant que possible ces évocations. Quel âge avez-vous ? Où êtes-vous ? Que voyez-vous autour de vous ? Quelles odeurs sentez-vous ?
- Que vous disent ces images sur les rapports que vous entretenez avec votre père ?
- Que dit tout cela sur votre personnalité ?

3 Réexaminez les moments déterminants

- Même si ces souvenirs auront défini vos rapports avec votre père - à la fois dans le passé et le présent -, vous devez vous rappeler qu'il ne s'agit que de votre interprétation des événements.
- Trouvez un moment où vous serez seul avec votre père (c'est important et personne ne doit vous interrompre ou lui dire qu'il « fait erreur ») et demandez-lui de quoi il se souvient. Prenez soin de ne pas le juger ni l'accuser. Demandez simplement : « Te souviens-tu... » Par exemple, Tracy a demandé : « Te souviens-tu des lundis matin quand tu partais toute la semaine pour aller travailler loin de la maison ? » Elle avait toujours détesté le fait qu'il ne se retournait jamais pour la regarder lui faire un signe d'au revoir. Elle croyait que son travail avait plus de valeur pour lui et qu'il avait hâte de s'en aller. La vérité était totalement différente. « Je détestais le lundi matin. Je préférais me concentrer sur la clé dans la serrure de la voiture que de voir l'air que vous aviez, toi et ta mère. Ça n'aurait fait que rendre les choses plus difficiles. Parfois, il arrivait que mes mains se mettent à trembler alors que je m'efforçais de retenir mes larmes. »
- Préparez-vous à poser des questions supplémentaires. Comment te sentais-tu ? Que se passait-il d'autre dans ta vie à ce moment-là ?
- Même si son souvenir est différent, ne l'interrompez pas. Continuez à hocher de la tête en disant des mots encourageants comme « je vois » ou « oui ».
- En quoi les souvenirs de votre père changent-ils l'image que vous avez de lui ?

4 Évaluez en quoi votre père a changé

- Vos souvenirs déterminants - les lunettes à travers lesquelles vous interpréterez son comportement - se seront produits durant votre enfance.
- Ce sont normalement les années pendant lesquelles un homme est le plus accaparé par sa carrière, en partie parce que les hommes sont plus ambitieux entre 20 et 40 ans, et en partie parce qu'ils se seront sentis poussés à réussir afin d'offrir le maximum à leurs enfants.

• Passé 45 ans, les hommes ressentent le poids de la course à la réussite quitter leurs épaules et ils respirent plus librement. Entre-temps, vous aurez commencé à travailler et à mieux saisir la pression que subissait votre père.
• Vous êtes différent de votre père mais, bien trop souvent, vos rapports actuels restent filtrés et distordus par le passé.

5 Engagez-vous à avoir de meilleurs rapports

• Essayez de communiquer en vous tenant à l'écoute, l'esprit et le cœur ouverts.
• Faites des efforts : investissez autant de temps et d'énergie dans vos rapports avec votre père que vous ne le faites déjà avec votre mère (c'est particulièrement important pour les femmes avec lesquelles il y a souvent une profonde disparité entre le temps qu'une fille passe avec sa mère et le temps qu'elle passe avec son père).
• Passez du temps seul avec votre père. (Vous le faites probablement déjà avec votre mère.)
• Faites parler votre père. Questionnez-le sur les rapports qu'il entretenait avec son père. Quelles sont ses plus grandes réussites ? Quels sont ses regrets ? En quoi devenir père l'a-t-il changé ?
• Les conversations intimes se déroulent généralement quand on est en train de faire autre chose. Demandez-lui de partager une tâche avec vous comme changer le papier peint ou jardiner.

6 Comprendre vos différentes façons de communiquer

• Il existe deux manières d'aborder un problème. La première est de discuter tranquillement de tous les sentiments et d'attendre que la solution émerge. La seconde est de prendre les sentiments comme ils sont et d'essayer de résoudre le problème. Dans le premier cas, on accorde une énorme importance aux émotions et dans le second, à la rationalité. En général, les femmes ont tendance à employer la première approche et les hommes la seconde.

• Les deux stratégies sont aussi valables l'une que l'autre. Mais la communication entre une fille et son père est souvent entravée parce qu'une fille ayant un problème attend une réaction d'ordre émotionnel, alors qu'elle obtient une réponse d'ordre rationnel.

• Quand nous partageons un problème ou une nouvelle, nous recherchons une ou plusieurs des réactions suivantes : approbation, compassion, conseil.

• Quand Amy, 30 ans, a décidé de travailler en *freelance*, première étape avant de créer son entreprise, elle s'inquiétait de la réaction de son père. En effet, après lui en avoir parlé, elle s'est sentie jugée : « Il a posé beaucoup de questions, comme s'il pensait que je faisais la plus grosse erreur de ma vie. On aurait dit qu'il n'avait aucune confiance dans ma décision ou dans mes capacités. Je me suis sentie totalement rabaissée. » En revanche, sa mère l'a approuvée : « Elle était très enthousiaste et m'a donné tout son soutien. » En réalité, Amy avait eu de fausses impressions. Ses deux parents voulaient l'encourager, mais son père avait cru qu'elle recherchait ses conseils et sa mère avait deviné, à juste titre, qu'elle demandait son approbation.

7 Améliorez la communication entre vous

• Au lieu d'attendre de votre père qu'il devine la réaction dont vous avez besoin, soyez franche et dites-le-lui.

• Quand Amy a employé cette stratégie, elle a dit à son père : « Ton avis sur mon travail ainsi que ton expérience comptent beaucoup pour moi, mais avant tout j'ai besoin de savoir si tu m'approuves. » Elle a été surprise de s'apercevoir que son père était très fier d'elle. Il avait pensé aussi à prendre sa liberté professionnelle mais, comme il avait eu des enfants jeune, il avait jugé l'idée trop risquée. Plus tard, Amy a demandé des conseils à son père et il a découvert une faille dans son projet professionnel.

• Souvenez-vous, que si votre père vous pose des questions ou rationalise, c'est en partie pour l'aider à comprendre vos choix. Il va naturellement s'inquiéter, puisqu'il veut ce qu'il y a de mieux pour vous. C'est sa façon de se rassurer en se disant que tout ira bien pour vous.

8 Si vous continuez à vous sentir jugé

- Considérez les intentions de votre père et non pas son style.
- Demandez-vous qui porte un jugement en fin de compte ? Parfois, nous nous jugeons avec une telle facilité que la plus petite question venant de notre père (« As-tu pensé à… ») peut être perçue comme une condamnation. En réalité, critiquez-vous votre père pour quelque chose que vous êtes en train de critiquer vous-même ?
- Dites-lui quel effet sa manière de communiquer exerce sur vous. Par exemple : « J'ai l'impression que tu penses que je fais une grosse erreur » ou « J'ai l'impression que tu es en colère après moi… ». Cela lui donnera l'occasion de changer de direction ou de corriger votre interprétation de sa réaction.
- Valorisez l'approche rationnelle. Certains hommes offrent à leurs filles et à leurs fils un soutien entier et sans poser de question. Même si cela peut paraître merveilleux, c'est proche de notre façon de traiter les jeunes enfants. Votre père est peut-être en train de vous faire un compliment en vous traitant comme un adulte.

9 Portez un regard neuf sur les rapports que vous avez avec votre mère

- Les mères ont une grande influence sur les relations que les enfants ont avec leur père. Lisez aussi l'exercice suivant.

Vers un nouveau départ… avec votre mère

Dans un monde idéal, nous serions proches de nos deux parents. Malheureusement, nombre de mes patients trouvent que leur père est un personnage assez distant. Et, bien qu'ils se sentent plus proches de leur mère, ils ont parfois l'impression d'être trop proches. (Si vous vous demandez ce que signifie « trop proches », reportez-vous aux deux premières parties de cet exercice.) J'ai associé cet exercice avec le précédent, « Vers un nouveau départ… avec votre père ». En effet, les rapports que nous avons avec notre père sont directement influencés par ceux que nous entretenons avec notre mère, et vice versa.

1 « J'aime ma mère mais... »

Les femmes tirent une grande partie de leur identité et de leur amour-propre de leurs fonctions de bonne mère. Même la plus insignifiante des critiques venant d'une mère peut nous mettre en colère. Peut-être avez-vous éprouvé un sentiment similaire en vous suggérant que vous pouviez être trop proche de la vôtre ?

Soyez patient et répondez aux questions suivantes.

- Quand vous étiez enfant, avez-vous eu l'impression que votre mère se sacrifiait plus que votre père ?
- D'une certaine façon, voyez-vous votre père à travers le regard de votre mère ?
- Êtes-vous devenu le confident de votre mère ou son conseiller pour des problèmes avec votre père ?
- Votre mère s'est-elle moquée de votre père pour de petits échecs ? L'a-t-elle trop dirigé, critiqué ou l'a-t-elle empêché d'avoir une voix égale à la sienne dans son rôle de parent ?
- Avez-vous l'impression d'avoir une part de responsabilité dans le bonheur de votre mère ?
- Si vous faisiez une confidence d'abord à votre père, que ressentirait votre mère ?
- Votre mère est-elle la première à entendre vos problèmes personnels, à l'exception de questions d'ordre financier ?
- Que ressentirait-elle si vous téléphoniez pour ne parler qu'à votre père ?
- Quelle serait la réaction de votre mère si vous passiez un week-end avec votre père ? Serait-elle jalouse ou mal à l'aise, même s'il a dû lui arriver de faire la même chose ? (Cette question est plus pertinente pour les filles.)
- Vous arrive-t-il d'avoir l'impression de vous placer du côté de votre mère parce que votre père ne l'a pas traitée ou ne la traite pas correctement ?
- Votre mère a-t-elle la première place à vos yeux ?

2 Réévaluez les rapports que vous entretenez avec votre mère

- Si vous avez répondu oui à l'une des questions ci-dessus, vous avez besoin de revoir les rapports que vous avez avec votre mère, même si vous avez l'impression qu'elle a fait plus de sacrifices que votre père.
- Éprouvez-vous de la culpabilité d'avoir répondu oui à l'une des questions ci-dessus ? Si c'est le cas, rassurez-vous en vous disant que la plupart des gens sont d'accord avec au moins l'une de ces propositions.
- Votre mère ayant été sans doute la personne qui s'occupait de vous quand vous étiez bébé, le lien sera fort. Malgré tout, il ne devrait pas l'être au point que votre père se soit senti exclu et donc moins impliqué dans votre vie.
- Dans certains cas, une mère est tellement proche de son enfant que ses besoins affectifs sont davantage comblés par son fils ou sa fille que par son mari. Voilà ce que j'entendais par « trop proches ».
- En fin de compte, les mères peuvent « trop s'impliquer » dans la vie de leurs enfants, au point que l'inquiétude naturelle des parents finit par interférer ou tout contrôler.
- Être parent n'est pas une compétition. Mais certaines mères ressentent le besoin d'avoir la « première place » dans la vie de leurs enfants.

3 Accordez à votre mère et à votre père des droits parentaux égaux

- Surtout en tant qu'adulte, vous devriez vous sentir capable d'avoir de bons rapports avec votre père sans avoir l'impression, d'une certaine façon, d'« abandonner votre mère ».
- Si vous avez l'habitude de passer du temps seul avec votre mère, vous devriez faire la même chose avec votre père.

4 Et si mon père ne le mérite pas ?

- Imaginez que vous êtes détective, que cette affaire est nouvelle pour vous, et interrogez votre père. Écoutez sans rien supposer, sans avoir de préjugés, mais en vous plaçant de son côté.

• Les opinions de votre mère sont-elles devenues pour vous des convictions, voire, avec le temps, des faits établis ?

• Quelle en est la preuve ? Tiendrait-elle devant une cour de justice où le défendant a le bénéfice du doute ?

• Pendant toutes les années que j'ai passées à recevoir des couples, je n'ai jamais rencontré de couple qui ne partage pas la responsabilité des problèmes à parts égales. (Voir mon livre *Je t'aime mais je ne suis plus amoureux*, Marabout, 2007, « Les trois lois de la dispute ».)

• Même dans les cas d'addiction ou de violence, les concepts d'innocence et de culpabilité restent troubles. À quel point votre mère a-t-elle « permis » ou « excusé » le mauvais comportement de votre père ?

• Au final, personne ne sait ce qui se passe dans la vie intime des autres couples mariés. Prendre parti est donc à la fois vain et contre-productif.

5 Les mères sont merveilleuses, mais elles ne sont pas à l'abri de la critique

• Quand les problèmes ne sont pas formulés, ils s'enveniment et peuvent gâter les meilleures relations.

• Tout le monde est conscient des sujets interdits, mais on les ignore.

• C'est particulièrement courant entre une mère et ses enfants. Entre eux, chacun a envie que « tout aille bien ».

• En étant honnête à 100 %, que diriez-vous à votre mère ?

• À votre avis, quelle serait sa réaction ? Que craignez-vous ?

6 Quels traits de caractère partagez-vous avec votre mère ?

• Si vous devenez susceptible en présence de votre mère ou que son comportement vous tape sur les nerfs, notez tout ce qui vous agace réellement.

• Relisez la liste en vous demandant : ai-je déjà fait quelque chose de similaire ?

• Nous avons beau jurer à l'âge de 16 ans que nous ne serons jamais comme nos parents, il est presque inévitable de finir par leur ressembler. Ce processus semble s'accélérer aux environs de la quarantaine.

• Souvent, les choses qui nous mettent en colère au sujet de notre mère sont celles que nous reconnaissons en nous.

7 Demandez-lui : « Que puis-je faire pour embellir ta vie ? »

• Si vous vous sentez responsable du bonheur de votre mère - peut-être parce qu'elle est seule, âgée ou qu'elle souffre de dépression -, ce souci est particulièrement important.

• Ressasser nos inquiétudes peut nous envoyer dans une douzaine de directions différentes et nous faire gaspiller notre énergie dans une recherche appréciable, mais qui n'est pas nécessaire.

• Beaucoup de gens angoissent à cette question : que puis-je faire pour que ta vie soit plus belle ? Ils craignent que des barrages ne se dressent. D'après mon expérience, la plupart des mères demandent des choses simples. Par exemple, qu'on leur téléphone régulièrement.

8 Souvenez-vous qu'en fin de compte elle est adulte et responsable de sa vie

• Vous arrive-t-il de traiter votre mère comme une petite fille ?

• Elle trouve ça énervant, mais elle ne dit rien pour ne pas vous blesser.

• Le fait que vous soyez si proches l'une de l'autre l'empêche-t-il de développer des amitiés et ses propres capacités à se débrouiller seule ?

• Le fait que vous soyez si proches vous empêche-t-il de mener une vie amoureuse ?

9 Portez un regard neuf sur les rapports que vous avez avec votre père

• Les rapports que vous avez avec votre mère vont influencer les rapports que vous aurez avec votre père. Lisez également l'exercice « Vers un nouveau départ... avec votre père » (p. 79).

• Dans ces deux exercices, j'ai supposé que vous étiez plus proche de votre mère que de votre père. Il peut arriver que les rapports soient inversés, par exemple quand une fille a un père qui l'adore. Si c'est votre cas, intervertissez les exercices.

Les enfants de divorcés et ce qu'ils doivent faire pour avancer

Gérer la perte

- Il ne s'agit pas que de la perte d'une famille intacte et de sa véritable protection symbolique, mais aussi de la présence quotidienne de l'autre parent.
- Il faut du temps pour s'arranger de la perte. Quand vous étiez enfant, vos parents étaient probablement trop accaparés par leurs problèmes ou trop désireux de faire comme si rien n'avait changé : « Tu continueras à nous voir tous les deux. » Ou cette réflexion positive : « Tu auras deux chambres. » Cependant, avant de pouvoir avancer vers l'avenir, il faut pleurer la perte.
- Si vous ne pouviez pas y parvenir en étant enfant, c'est peut-être le moment de le faire. Notez tout ce que le divorce vous a fait perdre. Il peut s'agir de pertes financières, de voir moins quelqu'un ou de perdre globalement contact, ou d'occasions manquées. En commençant ce travail, vous pouvez avoir du mal à trouver des réponses, mais une idée en entraînera une autre. J'imagine que vous allez vous étonner en découvrant le nombre de pertes occasionnées.
- Quels sentiments vous évoque cette liste ? S'il s'agit de tristesse, acceptez que ce soit parfaitement naturel. La perte fait partie de l'expérience humaine universelle. Rien ne dure toujours, même si l'on veut croire le contraire de toutes nos forces.

Que faire de la colère ?

- Vous avez de nombreux motifs d'être en colère. Le rôle des parents est de protéger les enfants, pas de les soumettre à la souffrance. De plus, il existe un pacte implicite dans notre société : les parents placent les intérêts des enfants au premier rang. Or, au moment du divorce, et dans de nombreux cas, l'un des parents, voire les deux, fait passer ses intérêts avant ceux de ses enfants.

• Cependant, quand vous étiez enfant, vous n'avez peut-être pas voulu exprimer ce sentiment auprès de vos parents, afin de ne pas les blesser. Vous avez également pris conscience de la vulnérabilité de votre mère ou de votre père, ou de leur détresse. Ne souhaitant pas vous ajouter à leurs problèmes, vous avez étouffé cette souffrance, ou vous l'avez reportée sur une personne étrangère à cette situation et qui croisait votre route.

• Il ne s'agit pas seulement de pardonner vos parents (voir « L'art du pardon » plus haut dans ce chapitre p. 69), mais de vous pardonner à vous-même d'avoir éprouvé de la colère. C'est probablement ce qu'il y a de plus difficile à faire. Acceptez cette colère réelle, recherchez les circonstances atténuantes et cherchez des moyens de dédommager tous ceux qui ont été blessés. S'excuser sincèrement est souvent une bonne façon d'y parvenir.

Que faire de l'imaginaire ?

• L'un des moyens d'affronter une situation douloureuse et incontrôlable est le recours à l'imaginaire. Rêver que « tout finira bien » et que vos parents vont retomber amoureux est très répandu parmi les jeunes enfants.

• Une autre stratégie consiste à idéaliser le parent absent, en général le père, d'en faire le symbole de tout ce qui manque dans votre vie. Si seulement papa était là, tout irait mieux. Ce penchant rend l'affrontement avec le quotidien incroyablement lourd et difficile, car très peu de personnes bien vivantes sont à la hauteur d'un rêve de perfection.

• Dans un autre registre, le parent qui reste proche au quotidien, en général la mère, peut atteindre un niveau de sainteté dans l'imagination de son enfant. Ce qui est également compréhensible. S'il ne reste qu'un parent sur lequel compter, contre deux auparavant, on veut qu'il soit parfait. La plupart des mères ne sont pas loin de ce statut alors qu'elles sont avant tout humaines. Il arrive à tout le monde de se mettre en colère, d'en vouloir à quelqu'un et de se tromper. Cependant, si le fils ou la fille préfère s'en tenir à son fantasme de mère parfaite, il doit fermer les yeux devant la vérité ou diaboliser les autres.

• Pour devenir adultes, nous devons séparer les rêves de la réalité. Après tout, se mettre en colère contre un parent au sujet d'un incident précis ou d'un comportement déplacé est une chose. C'en est une autre d'être en colère contre quelqu'un parce qu'il n'est pas à la hauteur de nos fantasmes et de notre idéalisation.

Ce n'est pas nécessairement personnel

• Nous sommes tous égocentriques. Comme dirait ma mère : « Tu crois que le monde tourne autour de toi. » Du point de vue d'un enfant, tout est personnel : « S'il m'avait aimé, il serait resté », « Si elle m'avait aimé, elle n'aurait pas eu besoin de trouver un nouveau papa. » En grandissant, notre image du monde devient plus sophistiquée. Nous constatons que d'autres forces sont en jeu et qu'elles nous dépassent. Cependant, il est très facile de s'enfermer dans cette logique où « tout est personnel », et ainsi de considérer le moindre rejet dans cette perspective. Si un père ne peut le voir qu'une fois par mois, l'enfant pense : « S'il m'aimait, il serait venu me voir plus souvent. » Même adultes, nous pouvons rester prisonniers d'un tel état d'esprit : « Si mon père m'aimait, il m'appellerait plus souvent/il passerait plus de temps avec moi. » Si nous parvenons à quitter ce point de vue égocentrique un instant, nous trouvons des centaines de raisons pour lesquelles notre mère ou notre père n'appelle pas (par exemple, ils attendent peut-être que nous fassions la démarche).

• La prochaine fois que vous vous surprendrez à endosser toute la responsabilité, à éprouver de la culpabilité ou à prendre le rejet pour vous, prenez du recul. Faites le tour de toutes les autres possibilités : quelles sont les exigences professionnelles de cette personne et ses engagements familiaux ? Souvenez-vous que tout n'est pas lié à vous. Ce qui s'est produit dans le passé en dit autant sur l'autre personne que sur vous.

Se donner une chance en amour

- Enfin, vous devez être ouvert à l'éventualité de la réussite. Vous n'avez pas à suivre l'exemple de vos parents. Vous êtes capable de trouver un partenaire avec lequel vivre une relation épanouissante à long terme.
- Toutes les études sur la peur montrent que plus nous essayons d'éviter certaines situations qui nous effraient, plus elles nous effraient. En effet, le seul moyen d'affronter la peur de l'engagement est de prendre son souffle et de donner une chance à l'amour.

3

Célibataire depuis longtemps

De nos jours, il est plus ardu de trouver un partenaire et de s'installer en couple pour la vie. Comme je l'ai déjà évoqué, les tendances de notre société actuelle nous enferment dans notre monde personnel et rendent les rencontres plus difficiles. Le divorce s'est répandu, laissant planer son ombre. Et même ceux dont les parents sont restés ensemble ont un héritage à supporter. Ces divers facteurs suffisent à persuader tout le monde de jeter l'éponge et d'admettre la défaite. Cependant, dans mon cabinet, je rencontre chaque semaine des couples qui ont tout surmonté et qui sont parvenus à créer une union solide. Quand j'esquisse leur arbre généalogique, que j'observe leur héritage de relations complexes ou que j'entends le récit de leurs abus, je suis sidéré qu'ils aient laissé quelqu'un entrer dans leur vie, et même qu'ils aient une vie sentimentale saine. En revanche, je rencontre des gens issus de familles heureuses, mais qui ne parviennent pas à trouver l'amour. Dans ces conditions, pourquoi certains fondent-ils des couples durables alors que d'autres se sentent voués au célibat ?

Notre enfance et le monde qui nous entoure ne sont qu'une partie de l'histoire. Un troisième facteur joue un rôle crucial dans le fait de trouver un partenaire. Et, bonne nouvelle, il s'agit d'un élément que nous pouvons contrôler : notre propre attitude. En effet, ceux qui trouvent un partenaire ont traversé trois états d'esprit fondamentaux et positifs. En les adoptant, tout le monde peut augmenter ses chances en amour.

DEVENIR PLUS OPTIMISTE

Si l'on est en quête d'amour, mieux vaut être positif. Un optimiste acceptera de prendre un verre avec joie. Au minimum, il passera un bon moment. Et qui sait quoi d'autre ? Peut-être une nouvelle amitié, un contact professionnel ou une recommandation pour aller voir un bon film pendant le week-end. À l'opposé, les pessimistes s'attendront au pire : il n'y aura pas d'endroit où se garer et tous les sièges confortables seront pris. Du coup, et même s'ils ne l'ont pas voulu, ils passeront pour des êtres fermés, plus difficiles à connaître. Après tout, ils pensent que l'invitation cache quelque chose : que veut-il me vendre ou de quoi veut-elle se plaindre ? Il n'est donc par étonnant que les optimistes soient préférés aux pessimistes : ils sont ouverts, amicaux et arrangeants. Mieux, ils recherchent ce qui va et non ce qui ne va pas. Ils ont donc plus de chances d'être appréciés. Finalement, nous aimons les gens qui nous aiment. Bien sûr, les pessimistes affirment qu'ils sont plus réalistes, qu'ils ne placent pas trop haut leurs espoirs (qui seront forcément déçus) et qu'ils ne se jettent pas dans une relation insensée vouée à l'échec. Mais si cette stratégie défensive peut leur éviter de souffrir, elle tient également l'amour à distance.

Une autre différence sépare les optimistes et les pessimistes. Quand les pessimistes sortent d'un rendez-vous qui s'est mal passé, ils tirent des conclusions permanentes (« Je ne trouverai jamais la personne qu'il me faut ») et personnelles (« Je ne suis pas assez beau » ou « Je ne gagne pas assez d'argent »). Au contraire, les optimistes tirent d'autres conclusions. Les problèmes sont dans les détails : « L'ambiance du restaurant n'allait pas. » Ils sont temporaires (« J'étais fatigué ») ou sont imputables à l'autre (« Je ne suis pas son genre »). Plus important, les optimistes considèrent que les problèmes sont surmontables : « Il ne s'est rien passé de spécial ce jour-là, mais je finirai par trouver celui qu'il me faut » ou « Peut-être que le deuxième rendez-vous se passera mieux et qu'elle sera plus chaleureuse ».

Un dernier trait, particulièrement cruel, différencie les optimistes et les pessimistes. Pour expliquer ce qui se passe mal, les pessimistes recourent à des causes permanentes, et les optimistes à des raisons temporaires. Mais, quand il s'agit d'événements heureux, les rôles sont inversés. Pour le pessimiste, le succès est un simple coup de chance. Ainsi, à propos d'un rendez-vous heureux, il se dit : « Le mercredi soir, c'est la meilleure soirée dans ce club » ou « Je me suis donné du mal pour tout trouver » (raisons temporaires et précises). De son côté, l'optimiste s'attend à ce que les bons moments durent. Il pense : « J'ai toujours de la chance quand je choisis un endroit » ou « Je sais séduire » (raisons permanentes et envahissantes). Est-il étonnant que les pessimistes laissent souvent tomber et préfèrent renoncer à l'amour ?

Le schéma suivant souligne les attitudes qui diffèrent dans la vie.

Pessimistes	**Optimistes**
Je suis laid.	*Je ne suis pas au mieux de ma forme aujourd'hui.*
Les femmes ne m'aiment pas.	*Je ne plais pas à cette femme.*
Toujours.	*Parfois.*
Jamais.	*Dernièrement.*
Je fais beaucoup d'efforts.	*Je suis doué.*
Je ne suis pas doué en amour.	*J'ai eu de mauvaises expériences.*
J'oublie toujours les anniversaires.	*J'étais occupé et j'ai oublié.*

Puis-je changer ?

En dépit de tous les travers du tempérament pessimiste, je ne suggère pas de devenir optimiste et de faire des déclarations aussi enthousiastes que : « Aujourd'hui, c'est le premier jour du restant de ma vie. » Être d'un pessimisme tempéré présente des avantages, quand c'est judicieusement employé. Dans certaines professions comme les métiers du droit où les avocats doivent imaginer les pires scénarii, être pessimiste est un atout. De plus, quand un événement tourne mal, les pessimistes acceptent rapidement les choses, assument facilement leur part de responsabilités dans l'échec et savent tirer des leçons de leurs expériences. De leur côté, les optimistes confirmés incriminent systématiquement les autres. Dans le pire des cas, ils peuvent passer d'une relation désastreuse à une autre, toujours avec le même espoir, mais sans jamais rien apprendre. En fait, la meilleure position se situe quelque part entre pessimisme tempéré et optimisme mitigé.

Alors comment trouver sur cette échelle un point qui vous permettra d'augmenter vos chances de trouver l'amour ? Le pessimisme n'est qu'une façon de regarder le monde, même si cela peut devenir une habitude quand il est bien enraciné. Mais, et c'est une bonne nouvelle, répétons-le, nous pouvons changer nos habitudes. Gemma, 38 ans, travaille comme vendeuse. Elle a sombré dans la dépression après l'échec d'une campagne de six mois passés à chercher un homme. Elle s'était inscrite sur un site de rencontres sur Internet et a fait connaissance avec des hommes grâce à des amis. Un déjeuner de rencontre organisée en particulier lui a donné de l'espoir. Ils avaient beaucoup en commun – la littérature et le théâtre –, mais cet homme n'a jamais rappelé. « Je ne sais pas ce que j'attends des hommes et je ne sais pas ce qu'il me faut », est-elle venue se plaindre. Elle s'est assise dans mon cabinet, malheureuse, et s'est enfoncée dans le silence. Je l'ai questionnée sur son déjeuner. « Je rate tout ce que je fais quand il s'agit des hommes. » Qu'en était-il des hommes sur Internet ? Elle semblait avoir réussi à faire des rencontres. « Ils veulent tous la même chose », a-t-elle répondu. J'étais sur le point de déprimer, moi aussi. Comment l'aider ? Tout d'abord, j'avais besoin de comprendre la myriade de pensées qui l'avaient amenée à ces conclusions fermes. Gemma a dressé la liste de ses problèmes : « Mon âge ne joue pas en ma faveur, tous les hommes convenables peuvent choisir parmi les femmes bien plus jeunes que moi. » « Avoir des enfants n'est pas attirant. » « Je ne plais à personne. » Son langage était extrêmement pessimiste : « personne », « tout », « tous ». Comme tous les pessimistes, elle croyait implicitement à ses propres conclusions. Si quelqu'un lui avait dit : « Tu ne plais à personne », elle aurait immédiatement pris sa propre défense. Cependant, ses messages étant venus d'une voix intérieure, elle les avait pris pour parole d'évangile.

Quand je n'ai fait que répéter ses arguments, elle s'est mise à les nuancer. « Bon, je ne plais pas à personne. En vérité, certains hommes se sont montrés insistants, mais il y avait toujours un problème : soit ils ne me plaisaient pas, soit j'avais l'impression qu'ils ne voulaient qu'une relation physique. » Il aurait été plus juste d'affirmer : « Je ne plais pas à certains hommes. » Cette petite nuance représentait un grand pas. Mais Gemma confondait les faits et les opinions. Comment savait-elle que le fait d'avoir des enfants jouait en sa défaveur ? Avait-elle réalisé une large enquête sur tous les hommes ? Qu'en était-il des hommes qui avaient déjà des enfants et qui n'en voulaient pas d'autres ? « J'imagine que vous avez raison. Je n'ai pas le stress de l'horloge biologique même si je dois malgré tout rentrer à l'heure pour la baby-sitter », a-t-elle admis. Je lui ai alors demandé de distinguer les faits des opinions. Fait : je dois rentrer à une heure précise et je suis moins souple dans les horaires quand j'ai un rendez-vous. Opinion : ça me donne l'impression d'être moins attirante que quelqu'un qui n'a pas de responsabilités. Là aussi, ce n'est qu'un petit changement, mais il entrebâille la porte de l'espoir. Le troisième problème des pessimistes est de tirer les pires conclusions envisageables. Gemma ne faisait pas exception. L'ami de l'ami n'avait pas téléphoné parce qu'elle était « trop vieille ». Si tout arrive pour une multitude de raisons, les pessimistes ramènent tout à une seule et unique cause. J'ai donc évoqué quelques hypothèses avec Gemma.

• Il est possible qu'il ait eu envie de la revoir, mais il avait trop de travail. Quand il a pu se libérer, il a eu l'impression que le moment était passé.

• Il a pu recevoir le coup de fil d'une ex et a décidé de lui donner une autre chance.

• Elle lui a plu, mais il ne sort qu'avec des blondes.

Gemma a souri et accepté que toutes mes raisons étaient plausibles. En les développant, elle a admis que cet homme venait de mettre un terme à une longue histoire d'amour. Peut-être que son ami l'avait poussé à la rencontrer alors qu'il ne se sentait pas encore prêt. Si j'avais parlé avec cet homme, j'aurais trouvé une multitude de raisons différentes, peut-être contradictoires, pour justifier qu'il n'ait pas appelé. Après tout, nous sommes des créatures complexes. Il n'est ni réaliste ni utile de tout réduire à un seul motif accablant, comme « je suis trop vieille ». Finalement, Gemma a donné une seule conclusion à toutes ses mauvaises expériences amoureuses, catastrophique de surcroît : « En amour, tout ce que je fais est un échec. » Je me suis souvenu de son travail. Savait-elle vendre aux hommes ? Comment s'entendait-elle avec ses collègues masculins ? En fait, Gemma n'avait aucun problème relationnel au travail, mais juste dans sa vie personnelle. Gemma a fini par découvrir qu'elle avait laissé quelques mauvaises expériences, en plus de ses interprétations personnelles : former une seule image désespérée. Seulement, en remettant en question ses schémas de pensée pessimistes, ses problèmes ne s'étaient plus appliqués qu'à sa vie sentimentale et étaient donc ponctuels. En effet, Gemma s'est mise à réfléchir comme une optimiste circonspecte.

En résumé, voici quelques astuces pour changer votre façon de penser négative.

1 *Reconnaissez les pensées.* Elles surgissent souvent avec une telle rapidité, et sont si bien rôdées, qu'elles passent inaperçues et ne sont pas questionnées.

2 *Contestez les pensées automatiques.* Dans de nombreux cas, les interprétations personnelles sont admises comme des faits et non pas comme des opinions.
3 *Recherchez les exagérations.* Avez-vous construit des arguments solides à partir de quelques mauvaises expériences ?
4 *Trouvez d'autres interprétations possibles.* En particulier, des interprétations moins personnelles, moins permanentes et moins envahissantes.
5 *Quelles conclusions pourrait tirer un optimiste ?* Imaginez un moment que vous êtes un optimiste et considérez à nouveau la même information. En quoi cela change-t-il votre opinion ?

Si vous avez besoin d'aide pour penser comme un optimiste, reportez-vous à la partie Exercices qui se trouve en fin de chapitre (p. 130).

COMPRENDRE ET AFFRONTER LA PROJECTION

Parmi les trois façons de penser permettant d'augmenter les chances de trouver l'amour, ce deuxième élément est assez compliqué. Quoi qu'il en soit, il est l'une des idées centrales de ce livre, et va devenir de plus en plus important à mesure que nous progresserons vers la seconde étape : l'amour durable. En effet, qu'est-ce que la projection ? Pour l'illustrer, je vais vous raconter une histoire tirée de mon enfance. Mon grand-père avait une caméra Super-8 et il filmait tous les événements familiaux importants. Ma sœur et moi étions particulièrement subjugués par les images en mouvement de nos baptêmes. Mon grand-père, et par la suite mon père, qui hérita de la caméra à sa mort, demandait à tous les invités de se rendre au fond du jardin par groupes et de revenir dans l'autre sens. Des années plus tard, le dimanche soir, nous suppliions notre père de nous montrer ces films, encore et encore. Les images silencieuses et vacillantes étaient projetées sur le mur du salon ou, si mon père se donnait la peine d'installer l'écran portable, sur ce dernier.

Je trouvais ces scènes de la famille totalement fascinantes, ainsi que les explications sur les rapports liant chacun des membres aux autres, ce qui préfigurait probablement ma carrière future. Si ma sœur ou moi avions besoin d'aller aux toilettes ou à la cuisine, il fallait passer devant l'écran. Et, pendant quelques secondes, les visages des grands-parents, tantes, oncles et cousins étaient projetés sur les nôtres. Je raconte cette histoire parce qu'elle met l'accent sur un des aspects de la projection. Quand quelqu'un réagit face à nous avec exagération, de manière positive ou négative, ce comportement en dit probablement plus sur lui que sur nous. Nous sommes devenus malgré nous l'écran vide sur lequel il a projeté son opinion, celle de quelqu'un d'autre ou un sentiment qui leur appartient. Souvent, moins une personne en sait sur nous, plus nous restons neutre à ses yeux et plus elle peut projeter ses besoins, ses émotions ou ses attentes sur nous.

Un exemple courant pourrait être celui de quelqu'un qui, ayant des difficultés relationnelles avec son père, projette ce rôle (presque son visage aussi) sur son supérieur. Si se rebeller régulièrement contre ce supérieur ou avoir un besoin envahissant d'obtenir son approbation peut passer pour un problème professionnel, cela ne remet souvent en jeu que les dynamiques familiales, les collègues tenant les rôles des frères et des sœurs. Ce processus se reproduit souvent avec les célébrités et les personnages publics. Lady Di est devenue une icône d'une telle puissance parce que nous l'avons rarement entendue, ne voyant que des photos ou des films d'elle arrivant à une avant-première ou à un hospice. Nous pouvions alors projeter nos besoins sur elle. C'est pour cette raison que les amis de Diana trouvaient son image publique en contradiction avec la femme qu'ils connaissaient. Car, ayant été projetée sur elle, cette image en disait plus long sur nous que sur elle.

Le terme de psychologie « projection » a été inventé par Freud, qui l'employait dans des circonstances précises. Il a découvert que ses patients commençaient par nier des sentiments désagréables, ou quelque chose qui contredisait l'image qu'ils avaient d'eux-mêmes – puis prenaient une plus grande distance en projetant les points négatifs sur quelqu'un d'autre. Prenons un exemple classique, celui d'un homme qui cache ses tendances homosexuelles. Pour cette raison, il peut avoir une aversion secrète envers lui-même, en particulier si les faits se passaient avant la libération gay. Évidemment, il nie ce sentiment. Mais il peut faire un pas de plus et projeter son aversion sur les homosexuels en général, voire aller encore plus loin et frapper l'un d'eux. Le terme familier désignant ce genre de projection est « se décharger ». Par exemple, nous pouvons être en colère après un collègue trop bavard, parce qu'il est agaçant, mais aussi parce que son comportement nous renvoie à notre propre incapacité à écouter. Cependant, nos projections ne s'arrêtent pas aux choses négatives qui nous appartiennent. Il peut également s'agir d'éléments positifs. Dans mon cabinet, mes patients projettent tous leurs espoirs sur moi, me transformant, dans leur esprit, en être tout-puissant et qui sait tout. À court terme, cela ne pose aucun problème. Ils se sentent encouragés, leurs problèmes deviennent plus abordables et les progrès peuvent commencer. J'en parlerai plus longuement un peu plus loin. Cependant, il faut insister sur un point : tout le monde projette en permanence à la fois des traits de caractère, des comportements comme des attitudes favorables ou défavorables. Nous avons besoin de prendre conscience non seulement de nos propres projections, mais aussi de ce que les autres peuvent projeter sur nous.

Dans le domaine de la séduction, notre tendance naturelle à la projection prend d'autres proportions. Durant les premiers rendez-vous, cet homme ou cette femme est un écran vide sur lequel nous pouvons faire jouer nos rêves, nos peurs et les parties de nous-même que nous n'aimons pas vraiment. Parfois, la projection peut aider à créer une forte connexion de départ ; parfois, elle peut nous freiner. Prenez Claude, un homosexuel de 34 ans qui a accepté d'être interrogé pour ce livre. Nous nous étions rencontrés dans un bar et, même si c'était calme, il attirait les regards admiratifs. Je me suis demandé pourquoi Claude était célibataire. « Mon père était très autoritaire, il n'aimait pas la musique, ni avoir du monde à la maison. J'ai treize ans de moins que mes frères et sœurs, qui ont quitté la maison de bonne heure, et j'étais une erreur non planifiée qui a coupé court à sa liberté. » Il est rapidement apparu que Claude ne se considérait pas comme attirant. D'où pouvait bien venir cette mauvaise image de lui-même ? « Mon père m'appelait le "cafard". C'était censé être affectueux, mais je pense que vous avez compris. Quand il était jeune, mon père était très séduisant. Si vous voyiez les photos de lui ! Mais, en vieillissant, il a fini par me ressembler. C'est assez troublant. Enfin, moi, je ne suis pas passé par l'étape "beau jeune homme". » Il était clair que le père de Claude avait projeté son ambivalence envers la perte de son charme sur son fils et avait fait de lui le laid. « Que pensez-vous quand quelqu'un est attiré par vous ? », lui ai-je demandé, conscient des regards avides de certains clients du bar. « Si je plaisais à quelqu'un, ça serait bizarre. Je me dirais probablement qu'il a mauvais goût », a-t-il répondu. « Qu'il a un problème ? » Il a acquiescé avec tristesse. Claude se battait contre la projection de son père. Mais, à son tour, il projetait son propre sentiment d'être endommagé sur les hommes qu'il rencontrait. Il n'y a rien d'étonnant à ce que Claude n'ait eu que deux histoires d'amour, dont la plus longue n'a duré que six mois.

Un autre exemple de projection est donné par Samantha, 33 ans, qui est venue me voir après une série d'histoires de cœur malheureuses. « Les hommes sont tellement faux… Ils prétendent être merveilleux et, bonne poire, je me laisse aller à croire que celui-là est différent des autres. Mais vous savez quoi ? Ils finissent tous par vous plaquer. » Samantha n'a aucun mal à se mettre en couple. En fait, elle s'engage rapidement, mais aucune de ses histoires ne dure. Elle pensait que son problème venait des hommes et voulait que je la conseille pour les faire changer. Mais je l'ai soupçonnée de projeter quelque chose sur ces hommes. Samantha a expliqué que ses histoires commençaient bien. « Nous avons beaucoup en commun, nous aimons les mêmes choses et, doucement mais sûrement, je découvre qu'ils sont en réalité égoïstes ou qu'ils passent trop de temps avec leur mère. Vous voyez le tableau ? » Il s'est vite avéré que Samantha mourait d'envie d'être en ménage et de fonder une famille. Elle avait essayé de ne pas laisser ses rêves prendre le dessus et de garder la tête froide. En réalité, elle projetait un homme idéal sur tous ses partenaires. Qu'elle les apprécie autant dès le début n'était pas étonnant. Mais chaque nouveau petit ami ne pouvait pas rester un écran vide. Au bout de quelques rendez-vous, elle finissait forcément par connaître la vraie personne et par être déçue. Il en ressort que, par de nombreux aspects, la projection de caractéristiques positives peut être tout autant problématique que celle de caractéristiques négatives.

La projection ayant une influence sur notre comportement envers les autres, il est aussi important de comprendre son fonctionnement que d'apprendre comment appréhender les résultats. D'après mon expérience, qu'elle soit bonne ou non, la projection passe par cinq phases : reconnaissance, exagération, distorsion, confusion et résolution.

Les cinq phases de la projection

En prenant Samantha comme exemple, voici ce qui se déroule lorsque nous passons du premier rendez-vous à ce moment où nous connaissons bien notre partenaire.

1 Reconnaissance

Face à un étranger, quelque chose nous encourage à projeter sur lui nos désirs, nos attentes ou quelque chose de nous-même. Pendant la période où je recevais Samantha, elle est sortie avec un nouvel homme. Ses yeux brillaient quand elle parlait de lui. C'était un homme d'affaires et, même s'il était plus jeune, « il croyait en l'engagement ». Si j'ai placé la dernière partie de sa citation entre guillemets, c'est parce que, lors de nos premières séances, je n'avais aucun moyen de savoir si cette déclaration était vraie ou non. Je n'avais que la version de Samantha sur leurs premiers rendez-vous. Cependant, ses récits radieux n'étaient probablement que de la projection : elle avait voulu qu'il se comporte d'une certaine façon et avait interprété son attitude de façon à satisfaire ses attentes. Mais c'est plus complexe que le petit ami dans le rôle de l'écran vide. La projection doit coller et non pas glisser sur la personne, comme si le petit ami disposait d'un crochet pour qu'elle puisse s'agripper. Ainsi, et même si j'étais sceptique quant au potentiel à long terme de ce couple, en m'appuyant sur le parcours de Samantha, je sentais que, chez cet homme, une part de lui-même était lasse de la vie de célibataire. À un certain niveau, consciemment ou non, il avait fourni le crochet de sa projection.

2 Exagération

Ensuite, on remarque et on exagère le comportement qui correspond à nos convictions. À travers le regard de Samantha, le fait que son petit ami passe la nuit du samedi avec elle et ne parte pas avant le dîner du dimanche montrait sa motivation, mais aussi que leur relation devenait « sérieuse ». Il aurait également pu n'avoir rien de mieux à faire ou, étant célibataire, il voulait apprécier le plaisir d'un dîner cuisiné à la maison. Mais Samantha ne pouvait même pas envisager cette idée. Chaque élément positif de preuve était exagéré.

3 Distorsion

Plus on passe de temps avec quelqu'un et mieux on le connaît. Les rendez-vous ou les rencontres sociales et d'affaires fournissent aussi des informations sur le caractère et les intentions. Dans cette phase, les éléments qui ne conviennent pas sont minimisés ou ignorés. La première fois qu'elle a décrit son petit ami, Samantha a brièvement évoqué l'ex-petite amie de celui-ci et un jeune enfant, mais en précisant qu'ils « vivaient à l'autre bout du pays ». Par conséquent « ils ne représentaient pas un problème ». De toute évidence, il s'agissait d'une distorsion de la réalité.

4 Confusion

Voici venu le moment où il devient difficile de réconcilier l'évidence avec ce que nous aimerions croire. Il en résulte de la confusion. Nous sommes mal à l'aise face à l'autre personne dont le comportement ne correspond pas à nos projections et à nos attentes. Samantha était choquée parce que son petit ami s'était envolé vers West Country pour le week-end afin de rendre visite à son fils. Ses larmes semblaient dire : « S'il est tellement engagé dans notre relation, comment peut-il m'abandonner ? » Une autre information commença à émerger. Auparavant, elle avait présenté son amoureux comme un homme d'affaires. Mais il était désormais rabaissé au rang d'entrepreneur à son compte. Plus tard dans notre séance, Samantha s'est plainte de recevoir des « messages contradictoires ». D'un côté il avait disparu pendant tout un week-end, de l'autre il était jaloux qu'elle soit sortie avec des amis. « C'était comme s'il se sentait concerné par ce que je fais, mais qu'il n'avait aucun droit de me dire ce que je dois faire », a-t-elle expliqué. Samantha était réellement dans la phase de confusion.

5 Résolution

En fin de compte, les différences entre « projection » et « réalité » ne peuvent plus être résolues. Dans le cas de Samantha, son histoire a pris fin au bout de six semaines. Elle a décidé que son partenaire l'avait menée en bateau et qu'en réalité il n'avait pas envie d'être avec quelqu'un. Mais quelle était la part des projections de Samantha et quelle était celle du comportement de son ami ?

Quelle est la solution ?

Il semble assez injuste d'imaginer qu'une personne est le parfait partenaire éventuel pour ensuite lui reprocher ce qu'il n'a jamais prétendu être. Mon travail avec Samantha avait pour but de rompre ses schémas destructeurs et de fournir un modèle de projection constructive. Comme je l'ai expliqué plus haut, mes patients arrivent en s'attendant à ce que je leur fournisse toutes les réponses. Non seulement ils projettent sur moi tout leur espoir mais, dans certains cas, ils régressent pour se comporter comme de jeunes enfants, incapables de prendre des décisions parce qu'ils ont également projeté sur moi leur capacité d'adulte à prendre des décisions. Dans cette phase de *reconnaissance,* je fournis également ce crochet évoqué plus haut. Je suis formé pour être le « bon père », pour prodiguer de l'empathie et de la compréhension. Pendant la phase d'*exagération*, tout ce que je suggère sera traité comme si c'était gravé dans la pierre. Toutes les réussites que connaissent mes patients entre deux séances auront pu se produire grâce à ma sagesse et non pas à leur capacité à s'en sortir ou à leur détermination. Quand je fais fausse route ou que je commets des erreurs – après tout, les thérapeutes sont aussi des êtres humains –, elles seront ignorées ou oubliées pendant la phase de *distorsion*. Dans la phase suivante, la *confusion*, mes patients doivent réconcilier leur image de moi comme la fontaine de toutes les connaissances et la prise de conscience qu'ils sont les véritables experts de leur existence. Après tout, ils la vivent alors que je ne fais que l'observer une heure par semaine. Enfin, pendant la *résolution*, ils découvrent qu'ils étaient aptes à résoudre leurs problèmes affectifs. Leur aptitude était simplement cachée ou compromise. Je ne suis plus un sage mais un être humain avec ses points faibles et ses points forts. Après avoir repris ce qu'ils avaient projeté, ils n'ont plus besoin de moi. Nous nous serrons la main et nous disons au revoir comme deux êtres égaux. Si Samantha avait rencontré son ami après être allée au bout de sa thérapie, sa phase de *résolution* aurait pu être différente. Au lieu de le rejeter parce qu'il n'était pas parfait, elle aurait pu soupeser ses qualités et ses failles pour conclure que sa première appréciation était bonne.

Je n'insisterai jamais assez sur le fait que tout le monde est sujet à la projection. Cependant, ceux qui vivent heureux en couple, probablement inconsciemment, projettent moins d'attentes et avec moins de vigueur, et ont donc moins de distorsion et de confusion à démêler. Enfin, cela aide à atteindre une résolution équilibrée et bien étudiée. Pour aider votre développement à partir de la connaissance de la projection et pour fournir la capacité de la gérer, vous trouverez plus d'informations dans la partie Exercices qui se trouve en fin de chapitre (p. 130).

ÊTRE À L'AISE AVEC L'ENGAGEMENT

C'est le troisième et probablement le plus difficile des états d'esprit à adopter. Mais il est crucial pour passer du statut de célibataire à la construction d'un couple. Quand je parle du besoin de se lancer dans l'engagement, mes patients célibataires se mettent souvent en colère. Un bon exemple est donné par Mia, 32 ans : « Je n'ai aucun problème d'engagement. Je suis prête à être avec quelqu'un. C'est à cause des hommes. Ce sont tous des phobiques de l'engagement. » Quand je me suis penché sur le passé sentimental de Mia, j'ai remarqué qu'elle s'était effectivement lancée dans plusieurs relations. La dernière concernait un homme rencontré au travail. « Au début, nous nous disputions en permanence parce que nos attitudes différaient sur tous les points. Mais notre relation s'est transformée en forte attraction. Je me suis mise à apprécier sa compagnie et il m'a raconté qu'il n'était pas heureux dans son couple. » Ils ont rapidement commencé une aventure passionnée et, chaque fois qu'il était en ville, Mia laissait tout tomber pour lui consacrer du temps. Elle a cessé de voir d'autres hommes et lui écrivait plusieurs fois par semaine. « Parfois, il répondait à mes courriels. Dans le dernier en date, il se plaignait de sa petite amie. Je lui ai dit que nous serions bien ensemble, que je l'épouserais sans hésiter, mais il a semblé effrayé à l'idée de s'engager sérieusement. Combien de temps puis-je patienter ? J'ai besoin d'un signe. » D'un côté, Mia semblait être à l'aise avec l'engagement. D'un autre côté, elle avait choisi quelqu'un qui vivait dans un autre pays (et ne venait chez elle que trois ou quatre fois par an), qui avait déjà quelqu'un dans sa vie et qui, avait-elle admis, avait des valeurs différentes. Ça n'avait rien d'une recette du bonheur. Que se passait-il en réalité ? Pour le comprendre, je remonterai quelques années en arrière. Quand j'ai commencé à me former à la profession de conseiller conjugal, j'avais tendance à prendre les propos de mes patients pour argent comptant. Malgré tout, je travaillais avec un homme qui n'arrêtait pas de répéter à quel point sa liberté comptait pour lui, à quel point il n'aimait pas sa femme et ne supportait plus de vivre avec elle. Je n'oublierai jamais la sagesse de mon superviseur. Elle a interrompu mon rapport sur ce patient : « Depuis combien de temps le suis-tu ? » Cinq semaines, lui ai-je répondu. « Sa bouche dit peut-être qu'il n'a pas envie de sauver son couple mais, semaine après semaine, ses jambes le conduisent au deuxième étage et jusqu'à ton cabinet. » Dès lors, je me suis mis à écouter ses jambes plus que ses lèvres, défiant son désir de partir, et le couple a fini par résoudre ses différends. Si je partage cette histoire, c'est parce que de nombreux célibataires racontent qu'ils sont prêts à s'engager mais finissent par saboter leurs chances d'une façon ou d'une autre. J'appelle cela la « douche écossaise » et le « surengagement ».

La « douche écossaise »

Il est arrivé à tout le monde d'employer cette stratégie à un moment donné de sa vie, surtout si l'on est jeune ou inexpérimenté et que l'on se retrouve trop rapidement impliqué dans une histoire. Cependant, vous devriez vous sentir concernés si vous reconnaissez le schéma récurrent ou si cette description correspond à votre dernière histoire sentimentale.

• Au tout début, il semble plus sûr d'afficher de l'enthousiasme en faisant tout pour conquérir l'autre ou parce qu'il y a une sorte de filet de sécurité. Par exemple, tomber amoureux de quelqu'un en vacances ou de quelqu'un qui s'apprête à quitter le pays.

• La relation se poursuivant, on émet tous les signaux de l'engagement et, sur le moment, avec sincérité. Cependant, la réalité du couple au quotidien vous donne l'impression d'être coincé, accablé ou désireux de faire marche arrière.

• Vous commencez à vous éloigner et à devenir glacial.

• Une fois dans la partie la plus froide de ce cycle, même les demandes d'intimité raisonnables font l'effet d'un ordre et on ne peut que leur résister.

• À ce stade, vous privilégierez « votre espace » et « du temps pour vous seul ».

• Dans le pire des cas, la peur peut se transformer en attaques de panique et vous éprouvez littéralement le besoin de vous enfuir.

• Plus souvent, vous érigerez des barrières naturelles à l'intimité. Par exemple, couper votre portable, ne pas donner suite aux messages ou refuser de faire des projets d'avenir puisque vous avez l'impression d'y être forcé. Vous préférez insister sur les avantages de la « spontanéité ».

• Parfois, les barrières peuvent être physiques. Par exemple, accepter un poste dans une autre ville.

• Dans d'autres cas, les barrières viennent d'une autre histoire sentimentale. Elles peuvent être socialement acceptables, comme les problèmes de garde d'un enfant ou de soin d'un parent âgé. Cependant, la plupart du temps, ceux qui sont enclins à avoir recours à la douche écossaise ont plusieurs partenaires sexuels à la fois.

• Éprouver de la nostalgie pour des histoires passées peut être également un facteur fort. En comparaison avec ce que vous éprouvez pour votre petit(e) ami(e) actuel(le), les problèmes avec votre ex paraissent insignifiants. Cette vieille histoire est bel et bien terminée, et il n'y a donc aucun danger à s'enthousiasmer de nouveau.

• S'il y a trop de distance, trop de barrières ou que l'autre personne montre des signes indiquant qu'elle va mettre un terme à la relation, votre approche va changer. Ce que vous êtes sur le point de perdre prend de la valeur et vous faites remonter la température ambiante.

• L'autre personne se sent positive et s'investit à nouveau dans le couple. Les rapports de séduction traversent une autre période chaude. Même si vous promettez que « cette fois-ci tout sera différent », rien n'a fondamentalement changé.

• Le cycle entier se répète en boucle, parfois des années durant.

• Ces histoires où l'on pratique la « douche écossaise » aboutissent normalement à une fin amère, même si c'est en général votre partenaire qui souffre le plus. Parfois, il y a tellement de barrières et d'excuses que la relation cesse tout simplement d'exister. Dans d'autres cas, vous disparaissez ou rencontrez quelqu'un d'autre qui, sur le moment, semble être le partenaire idéal.

• En effet, ce genre de relation est comme une danse, et la distance entre les deux partenaires doit être soigneusement respectée. Si votre partenaire fait un pas en avant, vous en faites un en arrière. Quand il se retire, c'est votre tour d'avancer.

Si l'on observe le comportement décrit ci-dessus, il est difficile de comprendre comment quelqu'un peut le supporter. Malgré tout, il existe une sorte de partenaire potentiel qui semble se développer, au moins à court terme. L'autre attitude qui permet de se protéger d'une réelle intimité est celle du « surengagé ».

« Surengagé »

Cette piste est sans doute la plus difficile à repérer. Après tout, il est plus aisé d'écouter ce que l'on dit que d'examiner les messages plus subtils que renvoie notre comportement. Lisez les questions suivantes en gardant l'esprit ouvert.

• Vous décririez-vous très romantique, dont les actions peuvent être spontanées, comme se rendre dans une ville éloignée sans l'avoir prévu ?

• Tombez-vous amoureux très rapidement et vous engagez-vous sans vraiment connaître quelqu'un ou sans lui donner une chance de prouver qu'il est à la hauteur de votre attachement ?

• Comment réagissez-vous lorsque quelqu'un est l'objet d'une information négative ? Avez-vous tendance à minimiser ? Par exemple : il est marié ; cela pourrait changer. Elle flirte avec tout le monde ; peu importe, elle sera à moi.

• Êtes-vous déjà tombé amoureux de quelqu'un d'indisponible, de rarement disponible ou qui se rendait indisponible en employant des stratégies mises en avant dans la partie « douche écossaise » ?

• En considérant vos histoires passées, connaissiez-vous les problèmes ? Pensiez-vous pouvoir vous y faire (« Ce n'est pas grave, je n'ai pas besoin d'autant d'attention ») ou changer facilement votre partenaire (« Il a simplement besoin de prendre conscience de ses sentiments » ou « Elle a besoin d'apprendre à croire en elle ») ?

• Vous rendez-vous totalement disponible pour l'être aimé, depuis le tout début de votre relation ? Par cela j'entends physiquement, émotionnellement et sexuellement.

• Quand vous deveniez plus émotif et ouvert, avez-vous senti que l'être aimé devenait plus distant ?

• Est-ce que vous rabaissez vos limites en proportion directe avec les barrières érigées par l'autre ? Si votre partenaire érige des barrières dans votre relation, resserrez-vous vos limites en proportion ?

• Si vous faites le total des heures consacrées à votre ancienne histoire d'amour, avez-vous passé plus de temps à parler de la personne que vous aimez avec vos amis, à penser à lui ou à elle, à suivre des activités qui vous relient à cette personne (écouter sa musique préférée ou écrire des poèmes) qu'en tête à tête avec elle ?

• Vous êtes-vous dit que votre couple irait mieux si seulement... (complétez avec votre idée personnelle) ? En principe, cette suggestion implique de passer de bons moments ensemble (par exemple, des vacances romantiques), de déployer toute votre énergie pour créer ce climat bénéfique. Si vous êtes parvenu à réaliser l'un de ces projets, avez-vous noté une réelle différence sur le long terme ?

• Faites-vous la plupart des efforts pour que votre couple dure ? Vous êtes-vous plié en quatre afin de devenir réellement tolérant et compréhensif, en ayant le sentiment que ces efforts ne suffisaient jamais ? Votre partenaire vous a-t-il donné l'impression que vous l'embêtiez sans cesse ?

• À la fin d'une histoire, vous faut-il une période démesurément longue pour vous remettre de la rupture ?

• Vous arrive-t-il de vous comparer à quelqu'un en vous rabaissant, même des années plus tard ?

La plupart des lecteurs auront répondu oui à l'une, voire à deux de ces questions. Mais, si vous avez acquiescé à chacun des points de la liste, cela signifie probablement que vous considérez favorablement ce type de « danse ». En thérapie, les « surengagés » apprennent qu'ils étaient plus attachés à une version imaginaire de l'être aimé qu'à la personne avec laquelle ils sortaient réellement. C'était certainement le cas de Mia, dont l'amoureux était déjà engagé avec une autre femme : « Ce n'est pas vraiment lui que j'aimais, mais celui que je pensais qu'il pourrait être. » En effet, elle avait projeté ses rêves sur lui. Lorsqu'elle a réalisé qu'elle avait pleuré, non pas ce qu'elle avait perdu mais une version imaginaire de ce qui aurait pu être, elle a eu plus de facilité à tourner la page.

Il arrive que certaines personnes se servent des deux « danses » qui permettent de ne pas s'engager réellement. Jackie, 29 ans, a rencontré Rob quand elle en avait 25, pendant des vacances en Grèce. Dans leur couple, elle pratiquait la douche écossaise. L'attirance fut immédiate et tous deux passèrent vingt-quatre heures sans se quitter un seul instant.

« Nous avons fait tous ces trucs dingues comme un château de sable sur la plage, des pique-niques au champagne et nous avons passé une nuit blanche à nous embrasser en nous câlinant. Hélas, son bateau devait rapidement quitter l'île où j'étais. C'était la parfaite idylle de vacances. » Ils ont échangé leurs adresses. Mais Jackie ne s'attendait pas à développer une histoire. « Il vivait à New York et j'avais un travail très prenant. Malgré tout, nous avons commencé à nous écrire et à nous appeler, et il a proposé de prendre l'avion pour venir me voir. J'étais très flattée et nos retrouvailles à l'aéroport faisaient penser à la scène d'un film. J'étais aux anges, ce qui ne m'a pas empêchée de remarquer qu'il était plus petit que dans mes souvenirs. Il s'attendait à me voir vivre dans une maison au toit de chaume alors que je n'avais qu'un deux-pièces. Mais nous avons passé un très bon moment. C'était bizarre de l'avoir tout le temps pendant une semaine entière, de devoir l'occuper en permanence. Comme je devais continuer à travailler, c'était épuisant : j'appréhendais son départ, mais j'avais hâte de pouvoir faire ce que je voulais. » À d'autres moments, Jackie avait envie d'être seule : « Je lui suggérais de prendre un bain pendant que je terminerais un rapport pour le travail, mais il n'arrêtait pas de m'appeler pour que je vienne lui frotter le dos. » Rob avait dix ans de plus que Jackie et avait hérité de la fortune de ses parents. Il était en position de faire beaucoup de choses impressionnantes. « Lorsque, durant notre dernière nuit ensemble, il a proposé qu'on fasse une croisière dans les Caraïbes, tous frais payés, j'ai eu envie de mettre un frein. Tout allait trop vite et je n'aimais pas l'idée d'être "achetée". Je l'ai remercié, mais j'ai refusé son invitation. » Malgré ses réserves, l'histoire a continué pendant deux ans. Jackie a payé son voyage à New York et Rob est revenu en Angleterre à deux reprises. Cependant, Jackie continuait d'être ambivalente à l'idée de s'engager. À un moment, elle s'emballait : « Pour mon premier voyage aux États-Unis, j'ai essayé de m'asseoir le plus à l'avant de l'avion possible. Il me semblait que ça me rapprochait un peu plus des bras de Rob. » À d'autres moments, elle se sentait coincée et se cachait derrière ses engagements professionnels. Quand Rob n'était pas là, il manquait à Jackie et elle envoyait tous les signaux réclamant une vie de couple. Quand il était là, elle n'en était plus certaine. « C'était difficile pour Rob quand je devenais froide. Il s'inquiétait et demandait ce qui n'allait pas. J'avais envie de hurler : "Laisse-moi tranquille !" »

Dans son histoire suivante, Jackie est devenue « surengagée ». À cette occasion, elle est parvenue à éviter toutes ses anciennes impressions, celles d'être piégée ou coincée. Et elle s'est jetée de tout son cœur dans cette relation. Comment a-t-elle fait pour surmonter ses peurs ? C'est le côté triste : elle n'y est pas arrivée. Elle a choisi quelqu'un qui n'était pas réellement libre. Jake ne vivait qu'à une heure de route. Au lit, tout se passait à merveille. Il n'y avait qu'un seul problème : la profession de Jake, éleveur de chiens. Ces charmants animaux étaient son excuse éternelle pour ne pas voir Jackie : une chienne allait avoir des petits, un manque de personnel l'obligeait à de plus longues journées, des visites d'acheteurs le retenaient. Ou il était trop occupé à dresser un chiot rejeté par sa mère. Jackie a expliqué de quelle façon Jake dressait d'autres barrières : « Il ne voulait jamais qu'on se donne un autre rendez-vous tout de suite. Il fallait quelques jours pour que j'arrive à le joindre ou pour qu'il rappelle. Il n'y avait donc jamais aucune continuité. Je me disais malgré tout que ça serait bien qu'on passe du temps ensemble. J'ai essayé de le faire venir le week-end de mon anniversaire pour qu'il rencontre mes amis. Mais, le samedi après-midi, il a eu des problèmes de dernière minute et je me suis énervée. Il a décidé de ne pas participer à la fête et, en plus, il a annulé le déjeuner du dimanche avec ma mère et ma sœur. » Ce ne devait pas être si terrible puisque leur histoire a duré trois ans. « C'était quelqu'un de très attentionné. Une grande intuition et une bonne connaissance des livres. Il m'a fait découvrir de bons ouvrages et aussi de la musique. Si seulement il avait fait autant d'efforts que moi… » Jackie avait tristement fait durer leur relation par la seule force de sa volonté. (Elle avait même persuadé sa meilleure amie d'acheter l'un des chiots de Jake afin qu'il voie combien ses amis étaient « sympas » et pour l'intégrer un peu plus à sa vie.) Jackie s'était effectivement engagée, mais avec un homme qui ne montrait aucun signe d'engagement, ou qui ne remplissait pas les exigences de base d'un vrai couple. En effet, tout l'engagement venait de Jackie. Il lui a fallu plusieurs semaines de séances pour comprendre que, même si elle recherchait l'intimité, un besoin humain fondamental, sa peur de l'obtenir était aussi forte. Au lieu d'affronter ce dilemme, elle s'était lancée dans une « danse » compliquée qui lui faisait contourner le problème. Ses lèvres affirmaient qu'elle était totalement prête pour la vie de couple alors qu'elle choisissait des hommes qui l'empêchaient de pouvoir regarder la réalité en face. Dans un sens, elle avait eu son gâteau mais elle n'avait pas envie de le manger !

Qu'en est-il des pratiquants de la « douche écossaise » ou des « surengagés » ?

Il faut être deux pour former un couple. Il est donc important de se pencher sur les personnes qui constituent l'autre moitié de ces alliances.

• De temps à autre, je rencontre des couples dont les deux partenaires pratiquent la « douche écossaise » et veulent tour à tour être plus près ou plus loin. Ces relations sont rarement satisfaisantes. Mais les moments forts, lorsque tous les deux ont envie d'être ensemble (normalement dans la phase de réconciliation après une grosse dispute), peuvent créer une dépendance et offrir suffisamment d'espoir pour que le couple survive aux baisses de régime.

• J'ai rencontré des couples de « surengagés ». Malgré tout, cette association est extrêmement rare. En théorie, tout devrait être paradisiaque. Car ces deux personnes ont envie d'être tout l'un pour l'autre et d'être ensemble en permanence. Que peut-il y avoir de mieux ? Or, être inséparable ne peut fonctionner que si chacun enfouit ses besoins personnels et son identité pour le bien du couple. Ce n'est pas un problème à court terme. Mais en général le couple finit par « s'aimer sans être amoureux », et les rapports sexuels disparaissent progressivement, à moins qu'ils ne deviennent ternes et insatisfaisants.

• Dans la combinaison la plus fréquente, l'un pratique la « douche écossaise » et l'autre est « surengagé ». Malheureusement, le premier va rapidement se sentir piégé (et prendre ses distances) alors que le « surengagé » angoissera à l'idée d'être abandonné (et sera plus demandeur). En général, ce couple dure entre trois mois et trois ans, et se termine par le retrait de celui qui pratique la « douche écossaise ». Cependant, il peut durer plus longtemps, habituellement en marquant des pauses, parce que l'adepte de la « douche écossaise » a tendance à revenir en promettant de faire plus d'efforts.

Pourquoi tombons-nous dans cette fosse ?

Les êtres humains ont deux besoins basiques mais contradictoires : l'intimité et l'indépendance. En tant que créatures sociales, nous avons besoin du soutien affectif et physique qu'offre une relation faite d'amour, que ce soit avec un partenaire, un ami ou un parent. Malgré tout, nous accordons de l'importance à l'autonomie et avons besoin de liberté pour être nous-même, au lieu d'être écrasé par les attentes des autres. Le juste équilibre n'est pas facile à trouver. Quand on est trop indépendant, on ne vit aucune histoire d'amour ; avec une grande intimité, on perd le sens personnel de son identité. Dans les couples durables, les deux partenaires sont responsables d'une part d'intimité et d'une part d'indépendance. Cependant, dans les moments de stress, nous avons tendance à nous isoler. L'un des partenaires va insister pour passer plus de temps en commun tandis que l'autre va se retrancher dans le travail, devant la télé, l'ordinateur, au pub ou dans un hobby dévorant.

Les psychologues pensent que notre attitude face à l'intimité est fondée sur les expériences vécues dans l'enfance.

Trois catégories se détachent. Les personnes ayant eu une enfance « assez bonne » auront des facilités à se rapprocher de quelqu'un sans se sentir en danger. C'est l'attachement sécurisant, qui regroupe 56 % de la population. De leur côté, ceux qui ont connu de mauvaises expériences dans leur enfance ont du mal à faire confiance aux autres. Il n'est pas étonnant qu'ils préfèrent tenir les autres à distance. C'est l'attachement évitant, soit 25% de la population. Dans sa forme atténuée, on insiste pour se garder du temps. Dans sa forme moyenne et plus extrême, soit on devient un solitaire, soit, et plus souvent – parce que les rapports sexuels sont un besoin humain de base – on passe sans arrêt de l'intimité à l'indépendance (en d'autres mots, on a recours à la « douche écossaise »). La troisième catégorie correspond aux gens qui se sont sentis insatisfaits étant enfants et qui, en tant qu'adultes, ne reçoivent jamais suffisamment d'amour. C'est ce qu'on appelle l'attachement angoissé (ou ambivalent), qui touche 19% de la population. Ces gens s'inquiètent parce que leur partenaire semble peu enthousiaste de se rapprocher autant qu'ils le voudraient. Dans sa forme atténuée, la moitié du couple pousse l'autre à partager plus de temps avec elle. Dans sa forme moyenne, l'un des deux partenaires fait fi de ses propres besoins et mise tout sur son couple. Dans sa forme extrême, on tombe dans le « surengagement ». Où vous situez-vous ? Reportez-vous au questionnaire de la partie Exercices sur les types d'attachement en amour, au travail et en société (p. 135).

Comment être à l'aise avec l'engagement ?

Quand j'explique que les racines de notre attitude en matière d'engagement plongent dans notre enfance, beaucoup de mes patients se sentent déprimés. Comme le dit Jackie : « Comment pourrais-je changer cela ? » Mais cette attitude sous-estime les propriétés thérapeutiques d'une bonne relation amoureuse. Le lien physique et émotif d'un amant est ce qui se rapproche le plus de celui qui existe entre une mère et son bébé. Dans les bras de l'être aimé, nous pouvons refaire l'expérience de notre première relation et, dans de nombreux cas, réparer ou améliorer notre façon d'être dans l'intimité. Il n'est jamais trop tard pour changer. Alors, à ce stade, je devrais peut-être parler de mon expérience personnelle. Jusqu'à l'âge de 30 ans, si je dois me décrire, j'entrais dans la catégorie « attachement évitant » (qui garde les autres à distance). C'était en partie dû au fait que je me concentrais sur ma carrière. Mais j'avais surtout peur de perdre mon indépendance personnelle. Pour utiliser la meilleur description, c'était une peur irrationnelle de me faire avaler. J'ai fini par comprendre ce sentiment en m'entretenant avec une experte en jumeaux. Elle avait étudié la façon dont les parents élevaient leurs enfants, en particulier les filles dont le jumeau était un garçon. (Ma mère est plus jeune de quelques minutes que son frère jumeau.) Selon cette experte, comme les filles sont matures avant les garçons, la fille devient normalement responsable de son jumeau et le commande facilement. Une fois qu'elles sont devenues mères, ces filles continuent à se sentir responsables, en particulier avec leurs fils. Bien sûr, ma mère n'avait pas voulu m'avaler, mais c'est probablement ce que ressent un petit garçon ! Bref, les étapes suivantes, qui permettent d'apprendre à être à l'aise avec l'engagement, sont fondées sur l'expérience à la fois personnelle et professionnelle.

1 *Acceptez vos origines.* Notre culture met l'accent sur la liberté, l'indépendance et le fait de se plaire. Les nouvelles regorgent d'histoires de vol, de violence et de terrorisme, de sorte qu'il est plus difficile que jamais d'accorder sa confiance. Nous aggravons la situation en montrant du doigt nos anciens partenaires au lieu d'accepter que l'engagement nous pose problème. Si vous vous reconnaissez, même dans une forme atténuée de la « douche écossaise » ou du « surengagement », vous pouvez vous féliciter. Reconnaître un problème représente la moitié de sa résolution.

2 *Visez les petits changements*. Une fois qu'on admet qu'une certaine catégorie de personnes nous est néfaste, il est tentant d'aller vers l'opposé. Par exemple, Jackie ayant été stressée que Rob vienne de New York, elle a décidé de choisir quelqu'un de moins pressant, comme Jake. Cependant, la dynamique du couple était la même – les problèmes d'engagement –, et elle a simplement joué un autre rôle. Pensez à l'engagement comme à une continuité, un tout, une sorte d'échelle. À une extrémité se trouve un ermite, à l'autre quelqu'un qui apporte une camionnette de déménagement au deuxième rendez-vous. Au lieu de vous précipiter vers l'une de ces extrémités – ce qui vous effraiera et vous poussera probablement trop dans l'autre direction –, visez le juste milieu.

3 *Soyez franc*. Cependant, en un mot, l'idée est d'éviter les extrêmes de votre comportement passé. Pour l'attachement de type évitant, il peut s'agir de rappeler dès que possible quand on vous laisse un message, et non pas des jours plus tard. Pour l'attachement de type angoissé, on peut arrêter de forcer certains événements, passer la nuit ensemble ou partir en vacances, par exemple. Même si vous pensez qu'ils pourraient magnifier vos rapports intimes, attendez que cela vienne de l'autre. De plus, je recommande ce que j'appelle « montrer le guide du propriétaire ». Après quelques rendez-vous, mentionnez votre façon de fonctionner. Il n'est pas nécessaire d'avoir une grande conversation à ce sujet. Dans l'idéal, les présentations devraient tenir en quelques phrases. Après tout, vous ne faites qu'exposer le guide et non le vendre ! Par exemple : « Je me disais que je devrais t'avertir que tu me plais, mais parfois j'ai tendance à aller trop vite. Alors, s'il te plaît, préviens-moi si je te presse. » Ou encore : « J'aime beaucoup sortir avec toi, mais je pense que je devrais te dire que j'ai eu de mauvaises expériences par le passé. Si j'ai l'air d'être sur mes gardes, dis-le-moi et je te dirai s'il ne s'agit que d'une réserve naturelle ou si j'ai l'im-

pression que ça va trop vite. » N'oubliez pas qu'il ne s'agit pas d'une confession, ni d'une explication détaillée, ni de l'historique de votre vie sentimentale. Vous ne faites qu'informer l'autre de vos difficultés. Et surtout vous lui donnez la permission de poser des questions.

4 *Surveillez vos progrès.* Notre attitude dans l'intimité est profondément enracinée, alors n'espérez pas trop, trop rapidement. Cependant, vous serez surpris de constater à quel point on se sent mieux en n'avançant que de quelques pas vers le centre de l'échelle déjà évoquée. Vous pouvez commencer avec des amis, où les enjeux sont moindres. Si votre attachement est de type évitant, demandez à l'un d'eux de passer du temps chez vous. Si vous avez précédemment ressenti que votre espace était envahi au bout de vingt-quatre heures, demandez-lui de rester trente-six heures. Si votre attachement est de type angoissé, essayez d'espacer le temps entre les coups de fil à votre meilleur ami. Une fois que vous lui en aurez donné la possibilité, vous découvrirez peut-être qu'il prend plus souvent l'initiative d'appeler.

5 *Trouvez le degré d'intimité qui vous convient.* Il n'y a pas de juste milieu entre l'indépendance et l'intimité. J'ai rencontré des couples qui avaient juré de ne jamais passer une seule nuit l'un sans l'autre. Et j'en connais d'autres qui deviendraient fous sans les voyages d'affaires ou les week-ends occasionnels passés entre amis. Chaque couple doit trouver ce qui lui convient.

Les trois façons de penser qui font avancer le couple

Il existe trois qualités qui aident à se sortir du piège du célibat afin de trouver un partenaire : l'optimisme, la capacité à appréhender la projection et savoir être à l'aise avec l'engagement.

Ces trois états d'esprit sont en étroite corrélation et les progrès que permet chacun d'eux aident à avancer dans les trois domaines. Être optimiste vis-à-vis d'une relation facilite l'engagement. Quand quelqu'un cesse de projeter, il a moins de chances de forcer les liens vers une intimité excessive ou vers une trop grande indépendance. En retour, l'engagement sera moins perçu comme un obstacle. Par conséquent, le plus petit progrès instaure un cercle vertueux : un pas en avant facilite le suivant, qui aide celui d'après et ainsi de suite.

LA VIE DE CÉLIBATAIRE AUJOURD'HUI

La vie de chacun comporte des moments où être seul a un sens : une période d'études intense, une étape dans sa carrière, partir vivre dans une autre ville et chercher ses racines et, plus couramment, après la fin d'une histoire sentimentale. Par exemple, Sophie, 52 ans, est célibataire depuis quatre ans, c'est-à-dire après la pénible rupture de son mariage. « Il n'y a personne dans ma vie en ce moment, mais je ne cherche pas non plus. Je mets beaucoup d'énergie dans mon travail et l'un de mes fils vient d'acheter son premier appartement. J'ai passé du temps à l'aider à le meubler et à emménager. Pour vous dire la vérité, ça me plaît de me faire plaisir. Je peux décider ce dont j'ai envie : regarder la télé, quelles images accrocher à mon mur. Et si je veux lire, il n'y a personne pour me dire que je suis égoïste. Je continue à faire ce que je faisais avec mon ex-mari, comme aller dans les galeries, au théâtre ou à l'opéra. Mais j'y vais avec des amis ou seule. Si je passe pas mal de temps sans compagnie, je ne me sens pas seule. » Pour le moment, Sophie a trouvé le moyen de se reposer entre le passé et le futur. Si être seul devrait être plus facile de nos jours, et nous devrions l'applaudir, je suis toujours stupéfait de constater à quel point ça reste difficile. Lorna, 38 ans, vient de se marier, mais elle frissonne en repensant au passé. « Je ne crois pas que les gens qui sont en couple comprennent à quel point c'est épuisant d'être seul, en particulier pour une femme. Il faut se programmer une vie sociale sans répit sous peine de se retrouver avec un long week-end plein de vides. En semaine, ce n'est pas trop compliqué. Soit je suis fatiguée après le travail, soit je vais au cours d'aérobic. Sinon, il peut y avoir l'anniversaire d'une copine et nous allons dîner en groupe. Cependant, du vendredi soir au dimanche soir, le temps appartient aux petits amis de mes amies ou à leurs maris. Ça peut se résumer à un grand vide ennuyeux. » Lorna a continué à mettre en contraste la vie d'un couple marié actuel avec le passé. « Si le samedi matin est agréable, nous pouvons improviser en allant nous promener dans les collines et éventuellement déjeuner au pub. Avant toute chose, j'appelle mes amis célibataires à tout hasard, mais ils seront probablement occupés, ou ma mère. C'était particulièrement déprimant lorsqu'elle avait une vie sociale plus intense que la mienne. » Avant de se marier, pour remplir le vide du week-end, Lorna faisait des choses qu'elle regrettait par la suite. « J'acceptais de sortir avec des garçons qui ne me plaisaient pas vraiment, voire pas du tout. Le vendredi soir, j'ouvrais une bouteille de vin. Boire me rendait mélancolique et j'appelais des ex. Attention, ça n'arrivait pas tout le temps ! Il y avait des semaines, des mois où je restais forte et concentrée. Mais soudain tout m'échappait et j'ouvrais des sacs de gâteaux apéritif de la taille d'un oreiller. Je faisais tout ce qui me donnerait envie de me détester par la suite. » Il apparut clair que Lorna ne souhaitait pas développer davantage. Anushka, 32 ans, était plus affable au sujet de sa vie sexuelle. « J'avais toutes sortes d'excuses : j'avais eu beaucoup de travail, je m'étais disputée avec ma grande sœur et j'avais besoin de tendresse, c'était la Saint-Valentin. Alors je m'autorisais à coucher avec quelqu'un que je connaissais à peine. Parfois, c'était amusant, mais la plupart du temps c'était nase. Je pense que dans ma tête ces excuses faisaient passer l'histoire, mais à qui étais-je en train de mentir ? »

En apparence, les hommes célibataires ont moins de mal que les femmes dans la même situation. Même de nos jours, il est plus facile pour un homme d'entrer seul dans un bar ; le football ou d'autres événements sportifs fournissent de nombreux contacts éphémères. Cela dit, la bière est souvent au centre de chacune de ces activités. Tout en remplissant les heures inoccupées, beaucoup d'hommes développent une tendance à boire qui repousse d'éventuelles partenaires.

Les stratégies de secours pouvant avoir l'effet inverse

Même si, pour l'essentiel, l'empreinte de la solitude a disparu, la situation reste délicate. De plus, la plupart des astuces employées par les célibataires pour éviter ce que Lorna appelle « le vide » ne fait qu'envenimer les choses. En effet, ces stratégies de secours remplissent les heures vides et agissent donc sur le court et le moyen terme. Mais elles se transforment souvent en piège.

1 *Les amis en partenaires de substitution.* Trouver l'équilibre entre les besoins de votre partenaire et ceux de vos amis est toujours difficile, en particulier si votre couple en est toujours à l'étape de séduction. Carol et Alice, toutes deux dans les 35 ans, sont colocataires depuis trois ans. « Alice n'était pas seulement quelqu'un avec qui faire des sorties. C'était surtout quelqu'un qui restait là le samedi soir. Mais, quand j'ai rencontré mon futur mari, qui aime aller en boîte, j'ai eu l'impression de la trahir en la mettant de côté. Quand elle nous accompagnait, elle avait l'impression de tenir la chandelle et en plus elle n'aime pas les endroits enfumés et bruyants. » Alice semblait chercher à saper avec subtilité l'histoire de Carole et de son partenaire, mais cette dernière a résisté et a fait passer son petit ami en priorité. Une telle attitude est importante durant les débuts d'une histoire, période que j'appelle « la fusion », où chacun doit abaisser

ses barrières. En temps normal, le désir, la passion et l'amour abondent, ce qui aide la relation. À moins de partager suffisamment de temps à deux (à l'exclusion de toute autre personne), il est impossible de construire la confiance nécessaire qui permet de laisser entrer quelqu'un dans sa vie. Malheureusement, je reçois beaucoup de célibataires qui se servent de leur engagement envers un cercle d'amis pour tenir des amoureux potentiels à distance. Même si vos amis sont dérangés par votre manque de disponibilité, celui-ci peut être dans l'intérêt de chacun. Peu après que Carol a rencontré son futur mari, Alice a ainsi commencé à sortir plus souvent et s'est mariée dix-huit mois après sa copine.

De même que certains prennent leurs amis pour des partenaires de substitution, j'ai rencontré des célibataires qui se servent de leurs enfants ou de leurs parents âgés, en les emmenant dîner dans un restaurant luxueux. Quelle que soit la personne qui occupe ce rôle de substitution, l'effet est identique. Cette relation devient prioritaire au point que les histoires d'amour en herbe manquent d'oxygène et ne peuvent jamais réellement commencer.

2 *Sortir avec quelqu'un pour se consoler.* Pour faire taire le sentiment de solitude, certains s'assurent d'avoir toujours quelqu'un en tête, même si cette histoire n'a rien de sérieux. Dans ce cas, les femmes prennent souvent un homme plus âgé qui les sortira et les divertira sans compter. Les hommes choisissent des femmes qui peuvent avoir des enfants et qui sont contentes d'ajouter un couvert au déjeuner du dimanche. Ces partenaires de confort ne sont là que pour faire un bout de chemin, vivre des moments de gaieté sans conséquence en attendant de trouver mieux. D'une certaine façon, il n'y a rien de mal à employer cette stratégie, en particulier si l'autre personne sait ne pas prendre les choses au sérieux. Cependant, les relations stagnent rarement et la simple affection peut se développer en sentiments

plus forts, ce qui risque de faire souffrir l'un des deux partenaires. Depuis quatre mois, Alexandra, 37 ans, fréquente Léo, 52 ans. Ils sont allés au cinéma, ont passé un long week-end au bord de la mer et partagé un lit. « Un dimanche matin, nous sommes restés longuement enlacés. C'était bon d'être dans les bras de quelqu'un, mais il semblait avoir envie de pleurer et j'ai fini par le décider à m'avouer ce qu'il ressentait : "Je sais que ça ne durera pas, mais garde-moi dans ta vie jusqu'à ce que tu trouves quelqu'un d'autre." On aurait dit qu'il brandissait une pancarte disant "Frappe-moi", et j'ai eu honte de moi. Je me servais de lui et je me sentais sale au fond de moi. » Cette relation de réconfort avait fini par nuire à l'amour-propre de chacun.

Les gays, quant à eux, recourent à un dérivé dans les relations sexuelles sans engagement mais répétées. Ils passent outre la période de séduction pour se rendre directement à la chambre. Depuis ces cinq dernières années environ, ce phénomène des « baises entre amis » s'est également développé dans le monde hétérosexuel. En effet, ces amis/amants sont deux adultes consentants qui apprécient des moments de sexe récréatifs et sans détour. Il n'existe aucun lien si ce n'est de l'amitié, qui ajoute une couche supplémentaire d'intimité. Ce type de rapports semble parfait, alors qu'il fonctionne souvent mieux en théorie qu'en pratique.

Phoebe, 28 ans, explique : « Toby était engagé avec quelqu'un d'autre, mais nous partagions nos mercredis soir, quand il était censé être en cours d'espagnol. Notre relation n'était que sexuelle, comme une sorte d'exercice physique sous la couette. Il faisait accélérer mon rythme cardiaque et ça me donnait le sourire jusqu'au week-end. » Cependant, le sexe peut lier deux personnes, et Phoebe s'est aperçue qu'elle appréciait de papoter avec lui et de partager une bouteille de vin autant que de faire l'amour. « Je me surprenais à lui en vouloir de ne pas avoir appelé, ou que nous n'allions jamais nulle part à deux. Il avait peur qu'on nous voie ensemble. En bref, j'ai commencé à me comporter comme sa maîtresse. » Phoebe était tombée amoureuse et s'est laissé entraîner dans une histoire qui a duré dix-huit mois. Même si sortir avec un partenaire de réconfort et avoir un ami/amant semblent être des façons inoffensives de remplir le vide, ces solutions peuvent finalement alourdir le bagage émotionnel de chacun.

3 *Vivre derrière un bouclier.* S'il semble normal de faire une pause pendant la période qui suit une rupture difficile, certains sont tellement traumatisés qu'ils décident d'arrêter pour de bon. Je connais Liza, la cinquantaine, depuis une dizaine d'années. Pendant cette période, elle n'a jamais mentionné de partenaire ni même manifesté d'intérêt pour quelqu'un. En fait, elle m'a souvent dit que les femmes de plus de 50 ans sont virtuellement invisibles et, en tant qu'écrivain, elle apprécie d'avoir l'opportunité d'observer sans être vue. Effectivement, quand je pense à elle, je la vois derrière une cloison de Plexiglas qui la sépare des hommes. Elle leur parle et ils lui parlent, mais une barrière empêche la communion tacite permettant l'attirance et le désir. A-t-elle réellement pris sa retraite ? « J'écris dans un bar près de chez moi. La nourriture est bonne et pas chère, et il y a un renfoncement tranquille dans le coin de l'orgue [c'est une ancienne église]. En temps normal, il n'y a personne là-haut. Mais il y a quelques semaines j'ai vu ce gars qui lisait un livre à une table à l'opposé. Étant de nature curieuse, j'ai jeté un œil sur le livre quand il s'est levé pour aller chercher un autre verre. Ça parlait de science. Les deux fois suivantes où j'y suis allée, je l'ai trouvé à la même table, avec le même livre. Ça faisait trop pour une coïncidence. La troisième fois, il n'était pas là. J'étais plongée dans un scénario et, quand j'ai levé les yeux de mon ordinateur portable, je l'ai vu à la table, à côté de moi. J'étais tellement surprise que j'ai immédiatement baissé les yeux. En partant, j'ai hésité à dire quelque chose comme :

“Vous lisez toujours le même livre ?” Mais il a enfoui son visage dans son bouquin. » Pendant que Liza racontait cette histoire, j'ai ressenti pour la première fois son désir de créer un contact. Liza avait sans doute suscité l'intérêt d'un nombre incalculable d'hommes. Mais elle n'avait pas remarqué ou avait été trop timide pour franchir le pas. Il s'est avéré que Liza avait eu une mauvaise expérience, une relation avec un homme devenu violent. Sa priorité avait été la sécurité. Elle n'osait pas baisser sa cloison en Plexiglas de peur d'être à nouveau blessée. Cette stratégie avait remarquablement bien fonctionné ; elle était restée en sécurité, mais seule. En fait, cet état l'avait tellement imprégnée qu'elle n'en était pas consciente. Elle était même probablement un peu choquée que j'aie pu évoquer sa retraite dans le domaine affectif. Si vous vous reconnaissez dans ce comportement, vous trouverez des conseils dans la partie Exercices (p. 130).

4 *Remplir le vide.* Il existe de nombreux moyens de se détourner de la souffrance et de l'isolement. Le choix le plus courant est de passer de longues heures au bureau. Non seulement cette option est approuvée socialement et culturellement, mais la vie professionnelle peut être la source d'un épanouissement personnel et donner un sens à l'existence. Les objectifs communs d'une équipe de travail représentent un lien certain tout en offrant l'illusion d'une vie intime. Cependant, cette intimité reste superficielle. Toute personne ayant quitté une entreprise, et qui est revenue chercher des affaires quelques jours plus tard, peut en attester. Trop souvent, le travail devient une excuse face à la vacuité de sa vie privée : « Je suis trop fatigué et je travaille trop. » Parmi les autres façons de faire taire le vide, nous trouvons : la nourriture, de longues heures passées devant la télé, l'alcool, le shopping compulsif, les jeux d'argent, les drogues de loisirs et les médicaments. Évidemment,

quand nous sommes engourdis – coupés de nos sentiments, de notre intuition et de notre sens commun –, nous ne faisons que des choix relationnels idiots.

En fin de compte, toutes ces stratégies sont des moyens de nous distraire quand la réalité devient trop déprimante ou trop effrayante. Cette réaction est humaine et naturelle : nous n'aimons pas souffrir. Néanmoins, la souffrance présente de réels intérêts. Elle nous avertit quand quelque chose va mal dans notre vie. Elle nous prévient qu'il est temps d'envisager des changements fondamentaux. Si nous n'écoutons pas les leçons données par la souffrance, en choisissant de nous distraire pour ne pas l'entendre, nous inaugurons un cercle vicieux où un mauvais choix et une mauvaise rencontre amoureuse en entraînent un autre. Le philosophe allemand du XIXe siècle Friedrich Nietzsche irait même plus loin : « La pire des maladies des hommes tend à se déclarer d'une façon affective lorsqu'ils essaient de combattre leur maladie. Ce qui apparaît comme un remède facile produit à long terme quelque chose de pire que ce qu'il est censé vaincre. Les fausses consolations ont toujours un prix qui est une aggravation générale de la plainte originale. » Pour les célibataires, cela signifie que le problème original de la solitude, qui n'est pas si difficile à surmonter, est aggravé en devenant une montagne d'obstacles. En effet, les distractions et les stratégies qui aident à la supporter nous rendent pessimistes, nous poussent à avoir peur de l'engagement, à rompre trop facilement ou à projeter la faute sur les autres.

En résumé

• Les pessimistes considèrent les revers omniprésents, personnels et permanents. De leur côté, les optimistes les envisagent temporaires et attachés à des circonstances spécifiques, donc plus faciles à surmonter. Les optimistes ont plus de facilité à rencontrer quelqu'un puisqu'ils sont ouverts aux nouvelles idées et aux nouvelles personnes.

• Les sentiments que nous avons du mal à accepter et les rapports familiaux difficiles agissent souvent dans un autre domaine, en les projetant sur quelqu'un d'autre. Même si tout le monde a recours à la projection, elle domine pendant les rendez-vous amoureux.

• La projection nous permet de canaliser nos espoirs et nos rêves sur les étrangers pour faire d'eux nos fantasmes incarnés. Quand l'occasion nous est donnée de connaître la vraie personne, nous nous sentons trahis : elle n'est pas celle que nous avions imaginée. Pendant ce temps, nous exagérons leurs qualités et risquons de rejeter un partenaire approprié.

• Il est souvent plus facile de tenir le discours de l'engagement que de l'appliquer. Un moyen de s'adapter à cette contradiction est la « douche écossaise » dans la relation de couple (reprocher à l'autre de nous forcer à nous comporter ainsi), ou alors devenir « surengagé » avec quelqu'un qui ne partage pas vraiment nos sentiments (reprocher son manque d'engagement).

• Ce qui, dans notre esprit, nous protège de la douleur et du vide du célibat complique souvent la quête de l'amour.

EXERCICES

Pensées pessimistes – premiers secours

Quand nous traversons une difficulté, ou une période de stress, il est facile de se laisser aller à une réaction pessimiste qui vient automatiquement. Cet exercice a pour but de mettre un terme à ce schéma destructeur. Trouvez quelque chose qui vous fera immédiatement sortir de cet état d'esprit négatif. Certaines personnes portent un élastique autour du poignet et le font claquer. Une autre idée est de garder dans son portefeuille ou dans son sac une carte avec le mot « STOP » en majuscules rouges. Quand vous sentez que vous êtes sur le point de céder à ces vieux réflexes, sortez-la pour la regarder. Vous pouvez aussi avoir une cloche que vous ferez sonnez. Le choix dépend de vous. Mais trouvez ce qui vous fera immédiatement réagir. Ensuite, n'oubliez pas les trois règles d'or :

1 Ce n'est pas ce qui se passe qui compte, mais la façon de l'aborder.
2 Je n'ai aucun contrôle sur l'adversité, mais je peux contrôler mes réactions.
3 Je vais rechercher les points positifs, sur lesquels je peux construire, au lieu des points négatifs, sur lesquels je ne peux rien fonder.

Une fois la crise passée, vous pouvez prendre une feuille et commencer.

Contestez vos pensées pessimistes

1 *La première chose à faire est d'identifier ces pensées.* Ce travail est difficile puisqu'elles sont comme une seconde nature. Prenez une feuille et notez tout ce qui vous vient à l'esprit. Ne vous censurez pas ; écrivez tout, même si ça vous paraît idiot ou sans importance.
2 *Observez ce que vous avez écrit.* Quand je fais cet exercice avec des patients, je suis étonné qu'il y ait toujours moins d'éléments que prévu. Souvent, nos pensées, coincées dans notre tête, échappent à notre contrôle pour devenir des versions sans fin de la même chose. Tout mettre sur papier empêche cela.

3 *Séparez les faits des opinions.* Les faits peuvent être prouvés. Ils tiennent bon devant un tribunal. Tout ce qui implique leur interprétation ou leur anticipation relève en revanche de l'opinion. Par exemple : « Je me suis ridiculisé pendant un rendez-vous. » Y a-t-il une preuve ? Fait : « J'ai blagué sur les dix choses utiles que l'on peut faire avec un chat mort. » Fait : « Elle a un chat. » Opinion : « Elle pense que je suis quelqu'un d'insensible et d'idiot. » Un autre exemple : « Hier soir, je me suis empiffré et j'ai fait exploser mon régime. » Quelle est la preuve ? Qu'entend-on par s'empiffrer ? Fait : « J'ai mangé un gros paquet de chips hier soir. » Opinion : « Je suis un goinfre. »

4 *Quelles sont les conséquences ?* Il s'agit de vous aider à comprendre de quelle façon vos interprétations pessimistes des événements se traduisent par un comportement. Dessinez une grille avec les titres suivants : faits, opinions, conséquences. Reportez vos pensées dans la grille. Voici un exemple.

Faits	**Opinions**	**Conséquences**
J'ai mangé un gros paquet de chips	*Je suis un goinfre*	*J'ai abandonné mon régime*
Ma blague est tombée à plat	*Je suis insensible*	*Je n'ai pas proposé qu'on se revoie*

5 *Argumentez avec vous-même.* Recherchez les autres possibilités. Quel est le dossier de la défense ? Quelles sont les circonstances atténuantes ? Quelles sont les autres interprétations possibles ? Qu'est-ce qui relève de l'exagération ? Par exemple : celui qui suit un régime peut repenser aux cinq derniers jours où il s'en est tenu à ses menus. L'homme pourrait repenser aux blagues qui ont fait rire la femme avec qui il est sorti. Placez ces autres opinions dans votre grille et ajoutez d'autres conséquences envisageables.

Faits	Opinions	Conséquences
J'ai mangé un paquet de chips	*J'ai suivi consciencieusement mon régime jusqu'à aujourd'hui*	*Continue*
	Je ferai des entorses occasionnelles	*Ajouter des petits plaisirs à mon régime*
Ma blague est tombée à plat	*Elle a bien aimé mes autres blagues*	*Lui téléphoner*
	Je dois réfléchir à deux fois avant de raconter une blague	*Être plus prudent la prochaine fois*
Mon meilleur ami n'a pas appelé	*Ça n'a rien de personnel : il a eu une urgence au travail*	*S'occuper autrement*

Essayez de trouver autant d'opinions que possible puisque chacune d'elles suggérera un autre résultat et que la plupart seront optimistes.

Le carnet de la reconnaissance

Quand on est célibataire depuis un certain temps, il est facile de se focaliser sur ce qui manque et d'oublier les avantages de la situation. Cet état peut rendre malheureux et même conduire à la dépression. À l'inverse, si vous pouvez vous en tenir aux aspects positifs, vous serez plus optimiste et aurez plus de chances d'atteindre votre but.

C'est alors qu'intervient le carnet de la reconnaissance.

1 *Achetez un joli carnet.* Trouvez quelque chose que vous aurez plaisir à garder près de votre lit, sur votre bureau ou dans votre mallette.

2 *Passez un contrat avec vous-même pour le remplir deux ou trois fois par semaine.* Le dimanche soir est un bon moment, alors que vous dressez le bilan de la semaine écoulée et pensez à celle qui va démarrer.

3 *Commencez chaque phrase par « Aujourd'hui, je suis reconnaissante de... ».* Normalement, ces petits moments ne font que passer, mais les noter permet de les garder à l'esprit et nous empêche de les oublier.

4 *Fixez-vous cinq entrées par jour.* Trouvez quelque chose qui soit venu directement de vos expériences récentes. Par exemple : « Quelqu'un m'a laissé sa place dans le métro » ou « Un vieil ami m'a appelé ». Si vous avez du mal à trouver cinq éléments, cherchez quelque chose de constant, comme « la vue de la fenêtre de ma chambre », et que vous pourriez finir par ne plus remarquer.

5 *Essayez de vous servir de cinq titres.* Les amis et la famille (par exemple, le soutien permanent de votre sœur), le travail (l'opportunité de voyager ou de faire une rencontre intéressante), le voisinage (un excellent traiteur près de chez moi), quelque chose de beau ou de sensuel (rentrer à la maison en passant par le parc ou l'odeur du café fraîchement passé), quelque chose d'intellectuellement stimulant (un grand débat à la fontaine à eau, un livre intéressant ou une belle musique).

Projection, projection, projection

Quand vous rencontrerez quelqu'un avec qui il se passera quelque chose de fort, en bien ou en mal, essayez de faire cet exercice.

Il s'applique également aux simples connaissances, comme un collègue de travail, que vous n'aimez pas sans arriver à comprendre pourquoi.

1 Reconnaissance

Regardez longuement et froidement cet étranger. Vous rappelle-t-il quelqu'un ? Peut-être son visage, un signe particulier ou sa façon de bouger ? Que dire de son comportement ? Ensuite, pensez au comportement ou à l'attitude qui vous agace et prenez une profonde inspiration. La même critique pourrait-elle s'appliquer à vous ?

2 Exagération

Une fois que vous avez pris conscience de ce qui provoque en vous une si forte réaction, assurez-vous par deux fois que vous avez trouvé la bonne raison. Y aurait-il autre chose à ajouter ? En particulier, vérifiez que vous n'êtes pas en train de « décharger » des choses sur cette personne.

3 Distorsion

C'est la phase la plus importante. Cherchez la preuve que cet étranger n'est pas comme votre mère, votre frère, votre sœur. Par exemple, quand vous vous sentez agressé par sa voix trop forte ou sa façon de répéter quelque chose au travail, dites-vous : « Ce n'est pas ma mère ou ce n'est pas mon frère. »

4 Confusion

Répétez la partie de l'exercice ci-dessus en deux occasions distinctes afin de créer une liste de plus en plus longue de preuves du contraire. Rapidement, vous serez surpris d'avoir un jour pu penser qu'il était comme ce membre de votre famille ou qu'il vous ait fait penser à vous-même. En effet, vous avez cessé de projeter.

5 Résolution

Enfin, réfléchissez à ce que ça vous a appris sur vous-même. Si vous avez projeté ce que vous éprouvez à l'égard d'un des membres de votre famille, c'est probablement le moment de revoir les rapports que vous entretenez avec cette personne. Envisagez de parler en profondeur des vieux désaccords ou de revoir son attitude actuelle. S'il s'agit de quelque chose que vous n'aimez pas en vous-même, que vous avez projeté sur un étranger, comment pourriez-vous travailler cette facette de votre personnalité ?

Avez-vous besoin d'être plus tolérant envers vous-même ? Avez-vous des attentes trop élevées ?

Quel est votre type d'attachement ?

Ce questionnaire souligne les différences qui existent entre les différents types d'attachement. Il propose un aperçu sur la façon dont les autres abordent les mêmes problèmes et offre quelques conseils ciblés adaptés à votre profil.

1 Que pensez-vous de votre vie professionnelle et de vos collègues ?

a) Je suis content de mes collègues.

b) Je ne me sens pas réellement apprécié par mes collègues et je trouve que je mériterais une promotion.

c) Mes collègues sont paresseux et certains d'entre eux ne font pas très bien leur travail. Mais je me sens en sécurité avec cet emploi.

2 Laquelle de ces phrases décrit le mieux votre comportement au travail ?

a) Je sais travailler aussi bien seule qu'en équipe.

b) Je préfère travailler avec d'autres personnes et les impliquer dans ce que je fais.

c) Ma vie professionnelle est plus importante que ma vie amoureuse.

3 Quelle est la part de votre vie professionnelle et de votre vie privée ?

a) Je tire plus de plaisir de ma vie sentimentale que de ma vie professionnelle.

b) Les problèmes d'ordre sentimental peuvent interférer avec mon travail.

c) Ma vie professionnelle est plus importante que ma vie amoureuse.

4 Vous avez un nouveau collègue. Dans les heures qui ont suivi son arrivée, il vous a confié toutes sortes d'informations personnelles. Comment réagissez-vous ?

a) J'aime les gens qui sont francs, mais je ne répondrai pas de la même façon avant de mieux connaître ce nouveau collègue.

b) J'aime les gens qui affichent ce qu'ils sont et je réagirai en lui racontant tout sur moi.

c) Je n'aime pas les gens qui se comportent de cette façon et jamais je ne livrerai à des collègues des informations d'ordre personnel.

5 Laquelle des affirmations suivantes décrit le mieux ce que vous ressentez à votre sujet ?

a) Même si j'ai des mauvais jours, j'ai globalement une bonne image de moi.

b) J'ai peu d'amour-propre et je ne reçois jamais assez de compliments.

c) Les gens pensent que j'ai de l'assurance et que j'ai du *self-control*. Mais s'ils voyaient qui je suis en réalité ils changeraient d'avis.

MAJORITÉ DE A) : ATTACHEMENT SÉCURISANT

En général, vous n'avez aucun problème à être proche des autres et n'avez pas beaucoup de mal à faire confiance. Félicitations, vous êtes bien placé pour la suite du programme !

Petit plus. Si vous n'avez pas répondu a) à toutes les questions, regardez si vous aviez plutôt envie de répondre b) ou c), et lisez également la partie correspondante.

MAJORITÉ DE B) : ATTACHEMENT ANGOISSÉ

Être proche des autres est pour vous une proposition attirante, mais on peut vous trouver trop imposant. Vous avez tendance à dévoiler beaucoup d'informations sur vous-même pour ensuite vous demander si c'est une bonne chose. Dans le domaine des relations intimes, vous avez l'impression de ne jamais être assez proche et vous vous inquiétez d'être trahi par l'autre. Dans le passé, vous avez souvent eu tendance à vous engager trop rapidement et vous vous êtes brûlé les doigts. Résultat, vous pouvez trop forcer les choses ou, pire, imaginer des affronts là où il n'y en a pas eu.

Petit plus. Réfléchissez avant de faire le pas et évaluez si telle personne mérite vraiment votre amour ou si elle est intéressée par votre amitié. La prochaine fois que vous serez sur le point de vous engager, prenez du recul et observez. Essayez de doubler le temps que vous prenez généralement pour tomber amoureux ou pour décider de devenir amis. Même en ne ralentissant qu'un peu, vous améliorerez votre jugement.

MAJORITÉ DE C) : ATTACHEMENT ÉVITANT

Vous avez du mal à faire confiance ou à vous résoudre à dépendre d'autrui. Vous êtes nerveux dès qu'on s'approche trop de vous et vos partenaires réclament souvent plus d'intimité qu'il ne vous est possible d'en offrir. Dans vos histoires passées, vous avez souvent employé la « douche écossaise ». C'est parce qu'une moitié de vous a vraiment envie d'une relation d'amour tandis que l'autre moitié a peur.

Petit plus. Méfiez-vous des messages que vous envoyez pendant les premières étapes d'une nouvelle histoire. Une combinaison de désir, d'enthousiasme pour la nouveauté et l'espoir que cette fois-ci ça marchera vous donne l'air d'être plus impliqué que vous ne l'êtes réellement. Essayez de ne pas mettre en place des schémas qui vous donneraient l'impression d'être coincé à l'avenir. Par exemple, si vous téléphonez tous les jours, l'autre personne s'attendra à recevoir ces appels quotidiens et finira par dépendre d'un contact fréquent. Alors demandez-vous : « Suis-je en train de faire une offre que je ne pourrai pas honorer par la suite ? » Reportez-vous également à l'exercice suivant, « Baisser son bouclier ».

Baisser le bouclier

Si un bouclier peut vous protéger de la souffrance, il peut aussi vous tenir à distance de bonnes choses comme l'amour et l'affection.

• Nous sommes programmés pour aimer et protéger ce qui nous apparaît vulnérable, comme les chiots et les chatons. En revanche, ce qui nous semble invincible, comme un tank, ne provoque pas de sentiments aussi chaleureux.

• Imaginez votre bouclier. En quel matériau est-il ? En briques ou en quelque chose qui permet de voir à travers ? À quelle hauteur monte-t-il ? Jusqu'à vos genoux, votre cou ou dépasse-t-il votre tête ? Quelle est son épaisseur ?
• Dans les jours qui suivent, restez conscient de votre bouclier et des moments où il baisse et descend. Comment réagissez-vous dans les moments de stress ? Comment les gens réagissent-ils face à votre comportement ?
• Maintenant que vous avez une idée plus précise de vos défenses et de leur fonctionnement, vous êtes prêt à opérer des changements. La prochaine fois que vous vous sentirez menacé, prenez une profonde inspiration ou comptez jusqu'à dix, puis imaginez que vous baissez un peu le bouclier. Où voyez-vous le bouclier à présent ? En quoi votre comportement change-t-il ?
• Pensez à ce qui pourrait faire descendre votre bouclier encore plus bas ou à le rendre plus transparent. Au travail, par exemple, vous pourriez demander de l'aide sur un projet, admettre que vous avez un problème ou simplement prendre le temps de réfléchir à toutes les implications pour les affronter calmement.
• N'oubliez pas, même les plus petits changements porteront leurs fruits !

4

Guérir d'une histoire d'amour

Il existe deux catégories de personnes qui finissent par avoir l'impression d'être tombées dans le *piège du célibat*. La première regroupe ceux qui ont eu beaucoup d'histoires mais dont peu, voire aucune, n'a atteint le stade du couple installé. En effet, ils ont passé l'essentiel de leur vie seuls ou en colocation. Dans le second groupe, on trouve des gens qui, pendant une grande partie de leur vie d'adulte, ont été mariés ou impliqués dans des relations à long terme (trois années ou plus). Mais cette relation a été suivie d'un divorce, d'un deuil ou d'une rupture, et ils sont à nouveau seuls. La plupart d'entre eux n'ont pas vécu la solitude depuis qu'ils ont eu une vingtaine d'années. Leur confiance en eux a été ébranlée ; sortir avec quelqu'un leur a ôté tout sens de la reconnaissance et ils ont peur de ne plus jamais trouver quelqu'un. Le chapitre précédent se concentrait sur les problèmes du premier groupe, les célibataires de longue durée. Ce chapitre se penche sur ceux que rencontre le second groupe, les célibataires récents. Cependant, je recommanderais à tout le monde de lire les deux chapitres. Le chapitre précédent introduisait des notions importantes, en particulier la projection, qui compte pour le restant du livre. Celui-ci explore la rupture d'un couple et l'ombre persistante qu'elle laisse. Bien qu'étant de première importance pour quelqu'un qui a récemment mis un terme à une histoire d'amour, il comporte des informations utiles pour tous ceux qui ont perdu un être cher. Il contient également des conseils pour ceux qui souffrent d'aimer quelqu'un qui ne les aime pas en retour, et qui ont du mal à passer à autre chose. J'expliquerai également en quoi il est important de pleurer.

L'IMPORTANCE D'UNE VRAIE FIN

Après une rupture, plaire à quelqu'un est important pour regonfler la confiance en soi. L'excitation provoquée par un nouvel amour peut diminuer temporairement la peine de cœur provoquée par le rejet. Il n'y a rien d'étonnant à ce que des amis nous conseillent de « recommencer à sortir » et répètent : « Un de perdu, dix de retrouvés ». Cependant, s'engager trop rapidement dans une nouvelle relation, sans avoir pleuré ni tiré les leçons de la dernière histoire, ne fait que reporter les problèmes d'un couple sur le suivant. Dans de nombreux cas, le temps que les gens arrivent jusqu'à moi, ils ont accumulé de multiples problèmes relationnels à démêler. Par exemple, Ella, la trentaine, dirige une agence de relations publiques. Elle avait besoin d'aide. Son mariage venait de se terminer, son père était mort six mois plus tôt et elle venait de mettre un terme à une longue aventure. « Les hommes n'arrêtent pas de me faire des avances. Le père d'une amie de ma fille m'a donné des conseils pour gérer les biens de mon père. Soudain, il a posé la feuille et a placé sa main sur mon genou. "Faisons une pause, il n'y a que nous ici." Et nous avons terminé au lit. Je n'en avais pas vraiment envie, mais je ne trouvais pas de raison de dire non. Le dernier coup était un spécialiste du cancer, un homme d'âge mûr qui était venu chercher des conseils pour ouvrir une clinique et il m'a aussi fait des avances ! Je l'ai repoussé, mais je me sentais très en colère ! » Il y avait eu chevauchement entre le mariage d'Ella et son aventure, qui avait à son tour pris fin quand elle avait commencé sa relation d'ordre sexuel. Trois sources distinctes de souffrance suffisent, mais tous les problèmes d'Ella s'étaient regroupés en un gros nœud bien serré. Et elle était totalement dépassée.

L'autre danger que l'on rencontre quand on aime en période de convalescence amoureuse est de tout simplement répéter la même histoire, les mêmes disputes, mais avec quelqu'un d'autre. Nous avons tous des amis qui ne sortent qu'avec le même genre d'hommes ou de femmes, à l'infini. Dès la première rencontre, nous connaissons le scénario : des baisers fougueux aux récriminations amères. Même si nous cherchons à prévenir notre ami, il semble aveuglé par la passion et incapable de voir les similarités. En feuilletant des magazines à potins, il est frappant de constater que de nombreuses célébrités tombent toujours amoureuses du même type de personne, avec la même allure. J'appelle ce phénomène les « partenaires *identikit* ». Si les visages changent, les mêmes rapports se répètent.

Justine aimait un type bien défini : le mauvais garçon. Ils étaient batteurs dans des groupes de musique, plasticiens ou comédiens. La plupart d'entre eux appréciaient un peu trop la marijuana et tous vivaient dans des appartements où les tasses à café n'étaient jamais lavées. Justine se retrouvait à faire le ménage chez eux et à organiser leur vie. En atteignant la trentaine, elle a trouvé qu'elle s'enlisait et a pris la décision de changer. « Au jour de l'an, j'ai fait une liste de ce que j'attendais d'un homme. En haut de la liste, j'ai écrit qu'il devait être sain d'esprit et fertile », se souvient-elle. Elle a trouvé l'homme qui correspondait à ses souhaits : il travaillait dans un bureau et vivait une vie normale, occupé de 9 heures à 18 heures. En apparence, tout était parfait, et ils ont eu deux enfants ensemble. Malgré tout, Justine n'avait tiré aucune leçon de ses expériences passées, ou plus précisément de ses rapports avec son père, un artiste menant une vie chaotique et présentant un problème d'alcoolisme. « J'ai commencé à trouver mon mari terriblement ennuyeux. Il se plaignait de l'état de la maison, du temps que je passais sur le canapé, et nous avions des disputes au sujet de l'argent. Un soir, j'ai eu une terrible prise de conscience : il m'enquiquinait comme je le faisais dans mes histoires passées et je lui répondais de "se détendre" comme mes petits amis le faisaient. » Justine se trouvait en effet dans une autre relation *identikit.* Mais elle était devenue la personne désordonnée et son mari jouait le rôle du raisonnable.

À l'autre extrême se trouvent les gens qui ont du mal à aimer de nouveau, et qui persistent parfois des années après la fin officielle d'une histoire d'amour. L'auteur britannique d'origine suédoise Leonie Frieda était divorcée depuis sept ans quand elle a écrit : « Le sentiment d'être mariée, même s'il reste abstrait, continue à handicaper ma capacité à laisser quiconque approcher de moi et je me sens, pour être franche, seule. J'en viens à supplier mes enfants de regarder des films avec moi, dans mon énorme lit, comme ils le faisaient avant. Il semblerait que je n'aie pas le désir ni la capacité à laisser quiconque avoir accès à mon cœur. C'était comme si le siège voisin du mien était pris, même s'il n'y a personne. » En ce qui concerne la cour de justice et son ex-mari, le mariage est peut-être terminé, mais Leonie est restée bloquée dans son ancien couple.

Les chansons populaires et la poésie regorgent d'histoires d'amour fortement vécues, mais sans rien recevoir en échange. Parfois, l'être aimé ne connaît même pas l'existence de son admirateur ou prend l'élan amoureux pour une simple amitié. Cependant, les cas les plus courants sont ceux où l'être cher a aimé en retour, mais rejette à présent l'amour. Quel que soit le passé de cette relation, les gens qui souffrent d'amour sans réciprocité ne parviennent pas à avancer, même s'ils savent que la situation est sans espoir.

L'amour sous le coup d'une déception amoureuse et l'amour sans retour ont en commun une relation qui n'a pas connu de fin à proprement parler. Pour tirer des leçons, guérir et passer à autre chose, nous avons besoin de traverser le processus de doléances. En effet, si celui qui aime sous le coup d'une déception amoureuse tente de passer outre la période de deuil, celui qui souffre d'amour sans retour se retrouve coincé avec son deuil. Comment atteindre une fin convenable ? Comment pleurer la perte de quelqu'un ?

LES CINQ ÉTAPES DU DEUIL

À l'origine, elles ont été mises en avant par la psychiatre d'origine suisse Elisabeth Kübler-Ross, auteur du livre *Les Derniers Instants de la vie*. En travaillant avec des malades en soins palliatifs, elle a remarqué qu'ils traversaient « cinq phases du mourir » : le déni, la colère, le marchandage, la dépression et l'acceptation. Même si le but premier de Kübler-Ross était d'aider les docteurs dans leur approche des mourants, avec sensibilité et compréhension, ses phases ont été adaptées à l'accompagnement du deuil en général. À mon avis, c'est regrettable. Cinq étapes font passer le deuil pour plus facile qu'il ne l'est en réalité. La notion d'étapes suggère les phases d'un voyage, une traversée facile et marche par marche. Si seulement c'était si simple ! Mon expérience m'a appris qu'il est tout à fait possible de vivre toutes les émotions des cinq phases de Kübler-Ross en un seul jour. D'après moi, le deuil s'apparente plus à une meute d'animaux sauvages : parfois elle est tapie dans la forêt, parfois elle traque, et il peut lui arriver d'attaquer à la gorge. Néanmoins, avec du temps, ces bêtes peuvent devenir approchables, domptées ou propres.

Avec cette note de prudence, les cinq étapes sont utiles pour gérer la perte, que ce soit un décès, un divorce ou une rupture sentimentale. Parce qu'elles montrent que nos sentiments sont naturels, sains et tout à fait humains. Voici ces cinq phases.

1 Déni

La première réponse aux mauvaises nouvelles est la torpeur : « Non, je ne peux pas croire que ça m'arrive. » Le déni est comme un butoir qui protège du choc. Il nous offre un espace aéré où rassembler nos esprits, des stratégies pour surmonter le problème et faire appel à ceux qui nous témoignent de la sympathie.

2 Colère

L'évidence est impossible à ignorer. La vérité finit par éclater : « Oui, ça m'arrive pour de bon. » Le sentiment qui s'ensuit est la colère : « Pourquoi moi ? », « Qu'ai-je donc fait ? ». En général, il y a deux sortes de colère. La première est tout à fait légitime (après tout, nous sommes blessés) et s'adresse en général à nos partenaires (qui ont trahi notre amour et notre confiance) et à nous-même (soit pour nos erreurs soit pour ne pas avoir mis plus tôt le doigt sur la gravité de la situation). J'appelle ce type de colère la colère « rationnelle ». Le second type est totalement différent. Même si nous avons besoin de nous mettre en colère, nous n'osons pas le montrer à nos partenaires (en particulier si nous avons l'intention de les convaincre de rester). Nous préférons décharger les sentiments sur quelqu'un d'autre. Par exemple, sur celui qui nous a appris que notre partenaire nous avait trompé, sur l'autre homme ou l'autre femme du triangle, ou sur la famille de notre partenaire qui a « encouragé » la rupture. Je l'appelle la colère « irrationnelle ».

3 Marchandage

La colère n'a rien changé. Interviennent alors les stratégies qui aideront à supporter l'événement. Enfants, nous apprenons qu'exiger quelque chose nous apporte rarement ce que nous voulons. Nous essayons donc de demander gentiment, en nous comportant le mieux possible ou en proposant une aide quelconque dans l'espoir d'obtenir en retour la réalisation de nos souhaits. Par bien des aspects, le deuil nous fait redevenir de petits enfants : nous ne contrôlons pas notre destin. Il n'est donc pas surprenant que nous régressions pour tenter de conclure un marché : « Faites en sorte que je vive suffisamment longtemps pour être là à la naissance de mon petit-enfant », « Je t'en prie, reste pour la fête de mes 40 ans » ou « Faisons l'amour comme des fous en feignant que tout va bien ». Marchander ne fait que repousser l'inévitable.

4 Dépression

Il n'y a toujours rien de changé et nous sombrons dans la dépression. Cependant, il est important d'insister sur le fait que la dépression peut être une partie saine du travail de deuil. Si nous la laissons nous donner des leçons, au lieu de l'enfouir avec l'alcool, le chocolat et d'autres stratégies de secours, elle deviendra une partie vitale de notre processus de guérison. Il existe deux éléments dans une dépression. Le premier est dit « réactif » par Kübler-Ross : une réponse naturelle à la perte. Le second est préparatoire : les gens se replient sur eux-mêmes et n'ont envie de rien si ce n'est de remonter leur couverture par-dessus leur tête ou de rester assis en silence. Nous fermer et nous écarter du désordre du quotidien nous permet de concentrer nos forces mentales sur la résolution du problème. En effet, nous avons besoin d'imaginer une fin avant de pouvoir s'en arranger. Décortiquer le problème est nécessaire dans la construction de quelque chose de nouveau.

5 Acceptation

Une fois que la colère et la dépression ont été dépassées, nous venons chercher la récompense. Même si nous n'avons pas envie que l'histoire se termine, nous allons enfin accepter l'inévitable. S'il y avait de l'espoir dans les étapes précédentes, ce n'était qu'une flamme vacillante et facile à éteindre. Pendant l'acceptation, la flamme brille fortement. Parfois se produisent des retours en arrière, comme se rendre dans un endroit qui provoque des souvenirs. Mais en général nous passons plus de temps tournés vers l'avenir qu'à repenser au passé.

Que vous ayez envie que l'histoire se termine ou non, ces phases de deuil s'appliquent de la même façon. Mais chacun les vit différemment. Celui qui initie la rupture ou le divorce connaît une étape de déni probablement plus longue.

Pour Carrie, 56 ans, qui a mis fin à son mariage de trente ans, c'était comme se réveiller d'un long sommeil. « Je me souviens avoir regardé autour de la table familiale lors d'un repas de Noël en sachant que je ne pourrais pas refaire ça une année de plus. Soudain, j'ai réalisé que je m'étais menti. Mon mari ne changerait jamais et le soulagement m'a envahie. Je n'ai compris que là à quel point j'avais été triste. » Comme beaucoup de gens qui ont voulu divorcer, Carrie a été surprise par la dépression qui s'est ensuite emparée d'elle. « Mon mari a tout fait pour me retenir. Finalement, je me suis dit qu'il pouvait garder la maison. J'avais envie d'être libre. Je me suis dit que j'allais fêter mon jugement provisoire, mais quand il est arrivé par la poste je me suis assise en bas des marches et j'ai pleuré. » Même si elle avait souhaité ce divorce, il lui restait à faire le deuil de son mariage. « Je suis restée démoralisée pendant un long moment, comme s'il y avait une barrière entre moi et le reste du monde. Mais j'imagine que ça devait arriver. Toute cette bataille m'avait chargée d'adrénaline, et quand ça a pris fin, je me suis dégonflée plus rapidement qu'un ballon de baudruche. » Avec du recul, Carrie a fini par se sentir capable de considérer cette période de dépression comme précieuse. « J'imagine que j'avais besoin de panser mes plaies et il valait probablement mieux rester à la maison le temps de m'en remettre que de sortir faire la fête. » Pour la personne qui est quittée, la colère dure souvent plus longtemps, en particulier si le partenaire a été infidèle. La dépression qui s'ensuit comporte un plus grand sentiment de trahison. Ce que dit Mark, 28 ans, est représentatif : « J'aurais fait n'importe quoi pour Francesca, mais ça ne suffisait jamais. Je repense à toutes ces heures à changer le carrelage de la salle de bains, à aligner les motifs, et après tout cela tout ce qu'elle a trouvé à dire était : "Pas mal." Je me suis emporté, mais elle s'est contentée de rester calme en disant : "Tu ne peux pas me culpabiliser pour que je reste." Quand je l'imagine avec quelqu'un d'autre, j'ai cette boule à l'estomac et je crains qu'elle ne s'en aille jamais. » D'une certaine façon, il est plus difficile de faire le deuil d'un mariage que d'un être, puisque le rejet est plus personnel et la fin moins irrévocable.

CE QUI RETIENT DANS LE PASSÉ

Ces étapes ne sont pas une simple échelle qu'il faut grimper un échelon à la fois. Parfois, vous vous retrancherez dans le déni ou le marchandage, ce qui est tout à fait normal. D'autres fois, vous songerez que vous n'avez atteint l'acceptation que pour entendre certaines nouvelles – votre ex est avec quelqu'un d'autre, par exemple – et vous aurez l'impression de redescendre en bas de l'échelle. Le problème principal est de rester dans la colère ou dans la phase de dépression. Parmi les scénarios qui entravent le processus de guérison, voici quelques-uns des plus courants.

Ne pas vouloir blesser l'autre

Rompre est une sale affaire et, ce qui est triste, il est impossible de le faire sans blesser. Parfois, le partenaire qui veut partir va garder la nouvelle secrète jusqu'à ce que se soit passé un événement précis, comme des vacances ensemble. Cependant, une fois que l'autre s'en aperçoit, cela ne fait qu'accroître sa peine ou fournir un motif supplémentaire de colère. Pour revenir à Liza, l'auteur qui avait du mal à se remettre de son petit ami abusif, elle avait tout fait pour que leurs rapports restent courtois. Elle avait inclus son nom à l'invitation par courriel qu'elle avait envoyée à tous ses amis pour les informer que ses pièces étaient jouées. Évidemment, il a surgi pour les regarder. Quand je lui ai demandé si c'était sage, puisque le simple fait de se trouver dans la même pièce lui tapait sur les nerfs, Liza a répondu : « Il ne se dira pas qu'il est un ami parce que j'embrasse mes amis sur la joue et que j'ai pris la ferme décision de ne pas l'embrasser. » Je doute qu'il ait remarqué une marque de rejet aussi subtile.

Petit plus. En fin de compte, être direct avec son ex est plus gentil. Sans cela, des commentaires qui visent à adoucir la souffrance (« Qui sait de quoi est fait l'avenir? » ou « Peut-être qu'un jour? ») peuvent être mal interprétés et vécus comme une lueur d'espoir.

Essayer de devenir amis trop rapidement

La majorité des couples que je reçois en consultation décident chacun de leur côté de rester amis. C'est un but louable, en particulier quand on a des enfants, mais il est difficile à mettre en pratique. Mark et Francesca étaient allés à l'université ensemble et ils avaient un large cercle d'amis communs. « Ça m'a semblé naturel de l'inviter à mon anniversaire au restaurant du coin, sauf que j'ai mal pris le fait qu'elle ne voulait pas s'asseoir à côté de moi. Elle a choisi la place la plus près de la porte et s'en est allée juste après le gâteau. Ça a gâché ma soirée », dit Mark. Ils s'étaient séparés parce que Francesca avait une aventure et, quand celle-ci a pris fin, Mark l'a aidée à emménager dans son nouvel appartement, comme le font des amis. Lorsque Francesca a eu un problème de chaudière, il a tout laissé tomber pour venir la réparer. « Il m'a fallu du temps pour comprendre que si Francesca était en train de se construire une nouvelle vie, je ne faisais que chercher des signes que nous allions nous remettre ensemble, comme avant. »

Petit plus. Un grand pas sépare l'état d'amoureux et l'amitié, et il est impossible de faire cette transition en une nuit. Faites une pause de trois mois avant de vous revoir. Si vous avez des enfants, le contact est inévitable, mais tenez-vous-en à des échanges factuels à leur sujet.

Se battre pour une « question de principe »

C'est généralement le signe que l'un des partenaires, voire les deux, essaie de punir l'autre et recherche des preuves de sa « bonté » envers son ex, lequel est « le méchant ». Il s'agit presque toujours d'une voie sans issue qui ne fait qu'augmenter la douleur. Il vaut bien mieux être rationnel, essayer de régler les vieilles disputes et canaliser les nouvelles. C'est particulièrement important quand il y a des enfants. Victoria et

Scott se chamaillaient en permanence au sujet de l'heure à laquelle doit rentrer leur fille de 6 ans. « Si je ne la ramène pas à l'heure pile, Victoria s'emballe. Mais je n'ai pas envie de passer cette journée spéciale, que je partage avec ma fille, à regarder l'heure. C'est mon moment avec elle et, dans la limite du raisonnable, je devrais pouvoir la ramener quand c'est le bon moment », explique Scott. Victoria voit évidemment les choses d'un autre œil : « Elle a besoin d'avoir des habitudes. Pas que son père la ramène à n'importe quelle heure et qu'elle rentre fatiguée et soit de mauvaise humeur le lendemain. Si j'appelle pour savoir où ils sont, Scott prend la mouche et me raccroche au nez. » Malheureusement, aucun des deux n'était décidé à changer, et leur motif de conflit est passé de l'heure à respecter aux droits de visite.

Petit plus. Les disputes sont plus faciles à régler quand on traite un problème à la fois. Pour vous empêcher de passer d'un problème à un autre, avant d'avoir terminé avec le premier, mettez un élastique autour de votre poignet. Quand vous êtes au téléphone avec votre ex et que vous êtes tenté de dire : « Et encore autre chose… », faites claquer l'élastique. Cette brève douleur détournera votre attention suffisamment longtemps pour perdre l'habitude. Après coup, notez votre question et pensez à la soulever à une autre occasion. Souvent, ce n'est pas d'une grande importance.

Obsession

Si le couple a rompu, l'un des partenaires est décidé à rester dans la vie de l'autre, avec seulement une certaine distance. Cela peut impliquer des comportements comme téléphoner pour raccrocher, passer près de chez lui en voiture ou retrouver des amis communs afin de tirer des bribes d'information. Danielle, 29 ans, est même allée plus loin : « Je faisais des recherches sur Google pour voir s'il y avait quelque chose de nouveau. Comme je connaissais son mot de passe, je lisais ses courriels et je le traquais sur Internet. » Elle avait travaillé dans la même entreprise que son ex, mais dans une autre branche, et ils partageaient donc la fête de Noël des employés. « On aurait dit une opération militaire. J'ai passé des semaines à suivre un régime, à faire du sport et à chercher la robe qui le ferait regretter ce qu'il avait perdu. Vous auriez dû voir sa tête ! Nous avons fini chez lui et c'était merveilleux. Sauf que, le lendemain matin, rien n'avait changé. J'avais cru que coucher ensemble allait nous réconcilier, mais pour lui c'était la nuit de la rupture. » Au final, un comportement obsessionnel absorbe tellement d'énergie qu'il n'y a aucune place dans votre vie pour autre chose.

Petit plus. La prochaine fois que vous éprouverez le besoin d'enquêter sur votre ex ou que vous serez sur le point de céder à un autre comportement obsessionnel, arrêtez. Quel est ce sentiment que vous essayez de faire taire ? Est-ce de la colère ou de la dépression ? Que craignez-vous ? N'oubliez pas, ces distractions vous retiennent en arrière, vous empêchant de guérir et de saisir l'occasion d'atteindre l'acceptation.

Vengeance

Ce scénario ne manque pas de colère. Mais l'un des partenaires s'en sert pour contourner la dépression et aller tout droit vers l'acceptation. Les stratégies typiques sont de coucher avec le meilleur ami de votre ex, répandre de vilaines rumeurs, détruire un bien de valeur ou refuser les droits de visite des enfants ou d'un animal commun. « Je me disais que, si je parvenais à faire souffrir Callum autant qu'il m'avait fait souffrir, je me sentirais mieux », a expliqué Kate, 29 ans, pendant sa séance. Elle avait appris qu'il avait mis la maison en vente et s'était posée en acheteur potentiel. « Je faisais exprès de n'être disponible que pendant les heures où il travaillait afin de pouvoir visiter les lieux avec l'agent immobilier. Pendant qu'elle était au téléphone, je déchirais quelques photos, réarrangeais les magnets du frigo pour écrire des insultes et renversais du bain de bouche sur son matelas de façon à ce qu'on ait l'impression qu'il avait fait pipi au lit. Je rentrais chez moi en ricanant, même s'il allait deviner que c'était moi. » Si Kate avait affirmé que la vengeance l'aiderait à aller mieux, au bout de quelques questions elle a rapidement admis qu'elle s'était également détestée.

Petit plus. Non seulement la vengeance encourage l'autre à rendre la pareille, ce qui ne fait qu'augmenter notre colère, mais cela prolonge notre attachement à notre ex. La prochaine fois que vous serez tenté, essayez le comportement opposé en faisant quelque chose d'agréable, comme rendre un objet cher. Sur le long terme, cela vous aidera à aller mieux.

Dévouement désespéré

Même si la relation amoureuse est morte, ou sans futur envisageable, certains continuent à s'accrocher des deux mains. Ils tirent un plaisir pervers des éléments tragiques de leur amour perdu. Par exemple, relire des vieilles lettres d'amour, écouter des chansons qui leur rappellent l'être cher ou regarder des films dramatiques en noir et blanc. Cassandra, 52 ans, raconte : « Notre amour était pur, un phare brillant dans la médiocrité du quotidien. À la moitié de notre premier week-end ensemble, nous étions à la terrasse d'un café. C'était le premier beau jour du printemps et il a dit : "Je ne peux pas imaginer être sans toi." Je savais qu'il n'y avait rien de plus vrai et nous avons fêté cela au champagne. » Malgré tout, six mois plus tard, l'entreprise de son amoureux l'a renvoyé en Égypte. Cassandra voulait le suivre, mais elle a découvert qu'il avait une femme et des enfants. Ce fut un coup dur et ses amis l'ont soutenue au début. Puis, au bout de six ans, ils ont perdu patience. C'est pourquoi, en particulier quand la relation est d'assez courte durée, il vaut mieux tirer des leçons et tourner la page.

Petit plus. En thérapie, je m'aperçois souvent que les gens qui entretiennent un dévouement désespéré sont plus attachés à l'idéal de l'amour parfait qu'à la personne elle-même. Comment faire pour avancer ? Passez un marché avec vous-même pour ne pas alimenter le fantasme. Cessez d'écouter ces chansons que vous inventez et rangez les objets chéris dans un tiroir ou au grenier. Si vous commencez à rêvasser à des « si seulement », changez-vous les idées en faisant quelque chose de vigoureux, comme récurer le carrelage de la cuisine, ou occupez votre esprit avec une grille de mots croisés.

CINQ MÉTHODES POUR PASSER À AUTRE CHOSE

Après avoir considéré les fins en théorie et de quelle façon elles peuvent mal se dérouler, voici des étapes pratiques que l'on franchit pendant le processus de deuil. Je les ai illustrées avec des cas rencontrés au cabinet.

Trouvez une explication à la fin de votre histoire

Graham, 26 ans, s'interroge jusqu'à l'obsession : pourquoi la fille avec qui il était depuis quatre ans a rompu, l'a repris, l'a trompé pour mettre un terme définitif à leur relation ? Il souffrait tellement qu'il m'a dit : « Je pourrais sauter d'une falaise simplement pour échapper à la douleur. » Durant notre séance, il revenait constamment à la même question : « Comment a-t-elle pu me faire ça ? » D'autant qu'il croyait « avoir tout fait pour la rendre heureuse ». Il est devenu clair que, tant que nous n'aurions pas la réponse à cette question centrale, Graham n'avancerait pas. Son parcours et celui de son amie Martina étaient des plus différents. Les parents de Graham étaient heureux en mariage depuis près de trente ans. Le père de Martina avait été alcoolique et sa mère souffrait de troubles mentaux. La grand-mère de Graham avait très bien résumé la situation : « Une fille adorable, mais qui n'arrive pas à se poser. » Le commentaire le plus révélateur de Martina sur son histoire d'amour s'était adressé à la mère de Graham : « La bulle est sur le point d'éclater. » Même si sa mère avait tenté de la rassurer en affirmant que son fils « n'était pas comme ça », l'expérience de Martina lui avait appris autre chose. Si la vision de Martina était légèrement pessimiste, celle de Graham était franchement optimiste : « Je vois tout ce qu'elle pourrait être. »

Après avoir longuement parlé, Graham s'est dit que l'histoire était terminée « parce qu'ils n'avaient pas envie de la même chose ». En comparant l'infidélité de son amie à sa loyauté farouche, il avait fini par admettre : « Nous n'avions pas les mêmes valeurs. » Dès lors, quand il s'est retrouvé à se poser des questions au sujet de leur histoire, par exemple en se demandant : « Pourquoi étais-je toujours le premier à envoyer des textos pour dire : "Je t'aime" ? », il a eu une réponse toute trouvée. Cela lui a permis de se débarrasser rapidement des évocations de son ex, au lieu de les ressasser jusqu'à l'obsession ou la dépression.

Accordez-vous du temps

Personne n'a envie d'accepter cet élément de la guérison. Nous souhaitons tous nous débarrasser de la souffrance le plus rapidement possible : un week-end devrait suffire, non ? Malheureusement, aller mieux est souvent plus long que nous ne l'imaginons. Graham a eu besoin de dix mois avant de trouver la distance nécessaire pour comprendre correctement son histoire avec Martina. Comme beaucoup de gens qui ont vécu une rupture douloureuse, il était sorti avec quelqu'un pendant plusieurs semaines. Heureusement, il avait reconnu que cette fille ne l'intéressait pas vraiment, même si elle était enthousiaste, et il a mis fin à leur histoire. Non seulement il est injuste d'utiliser quelqu'un pour aller mieux ou de s'en servir comme d'un doudou, mais la rupture suivante, inévitable, ne fait qu'accroître la douleur. En repensant à mes vingt-cinq années d'expérience de conseiller conjugal, où j'ai aidé des gens à vivre leur rupture, les cas de souffrance la plus extrême impliquent de s'être lancé dans une histoire après une séparation récente. L'inévitable catastrophe semblait tripler le sentiment d'échec, d'isolement et de dépression de la première rupture.

Vérifiez à deux fois qu'il est passé suffisamment de temps

De toute évidence, aucune règle établie ne permet de savoir si l'on est prêt à rencontrer quelqu'un. Tout dépend à la fois de la durée et du sérieux de la relation précédente. Cependant, en général, je recommande d'attendre une année. Passer toutes les dates anniversaire importantes a un effet thérapeutique : premier anniversaire seul, leur anniversaire, Noël, etc. Si vous avez du mal à vous en sortir, ou que vous n'êtes pas fait pour attendre, regardez ce que vous avez appris. Aucune expérience, si affreuse soit-elle, n'est aussi pénible dès lors qu'on lui trouve un côté positif. Graham était étonné que je l'aie interrogé sur les avantages de cette rupture. Mais, au bout d'un certain temps, il a fini par trouver quatre réponses : il se connaissait mieux ; il irait plus doucement avec les filles à l'avenir ; il se sentait plus fort; enfin, il ne laisserait plus personne profiter de lui. Comme Graham l'a admis : « Je fais souvent des choses pour les autres que je ne ferais pas pour moi. » Auparavant, il était très heureux de passer chercher les gens pour les conduire à des matchs de squash qui se déroulaient à des kilomètres, même s'il avait l'impression que personne ne l'emmènerait jamais. Fort de cette leçon, Graham a trouvé un arrangement plus équitable avec son équipe de squash. Il est vrai qu'il aurait préféré garder Martina plutôt que d'aboutir à cette compréhension de lui-même. Mais il avait commencé à transformer son passé et à poser les fondations de son avenir.

Mettez de la nouveauté dans votre vie

Si vous continuez à faire les mêmes choses qu'avant, vous vivrez la même vie. Développer de nouveaux centres d'intérêt ou passe-temps présente deux avantages évidents : premièrement, ce choix vous procure un enthousiasme temporaire mais bienvenu ; secondement, il permet de passer du temps qui, sans cela, pourrait servir à nourrir les obsessions de votre ex. La vie amoureuse prend beaucoup de temps et l'un des pires effets secondaires d'une rupture est la solitude des week-ends vides qui s'éternisent. Au lieu de téléphoner tard le soir sous le coup de l'alcool à un ancien amoureux ou de commencer une nouvelle histoire dans le but de se réconforter, remplissez ce vide par une occupation positive. Graham avait déjà commencé à apprendre à conduire des motos et à employer ses dimanches à faire de longues promenades. Il a également décidé d'apprendre à jouer de la guitare. Avant de démarrer mon programme, il pensait que seuls ces loisirs pouvaient aider à sa guérison. Ni la moto ni la guitare ne sont des moyens de rencontrer des femmes, mais l'intérêt réside justement là. Ces loisirs ne sont que pour vous. Vous avez toujours eu envie de vous lancer sans avoir eu le temps ni l'argent nécessaires. De cette façon, vous prendrez soin de vous au lieu de vous précipiter pour rechercher quelqu'un qui incarnera la réparation rapide apportée par une nouvelle relation amoureuse.

Apprenez à distinguer les moments où vous devez écouter votre voix intérieure, des moments où vous en détourner

Même si votre rupture a trouvé une explication et que vous avez intégré les méthodes qui permettent de passer à autre chose, vous restez vulnérable face aux pensées en direction de votre ex. Graham faisait de grands progrès et avait cessé de se complaire dans le passé. Il est malgré tout arrivé à notre quatrième séance en se plaignant d'avoir passé l'essentiel de la semaine à penser à Martina. Aucune de ses techniques de distraction, comme aller faire un tour à moto, n'avait fonctionné. Dans ces circonstances, j'estime que la voix intérieure se manifeste pour une raison précise. En d'autres termes, elle essaie de nous dire quelque chose. Malheureusement, un excès d'analyse brouille le message.

Tandis que nous évoquions sa semaine, Graham a expliqué que la mère de Martina était morte. Il avait eu du mal à décider s'il devait envoyer ses condoléances à Martina par texto ou non. Que se passerait-il s'il s'exécutait ? Si elle lui répondait, ses vieilles blessures se rouvriraient, et si elle ne répondait pas il déprimerait. Graham a donc décidé de ne rien faire. « Y a-t-il autre chose, ai-je demandé ? » Il s'inquiétait que Martina boive quelques verres de trop le samedi soir, qu'elle devienne mélancolique et l'appelle. (C'est de cette façon qu'ils s'étaient remis ensemble après leur première séparation.) Que pouvait-il faire ? Il décida de couper son portable le samedi soir. La voix intérieure de Graham avait en effet de bonnes raisons de s'exprimer. Si vous voulez des conseils pour distinguer les questions importantes des idées obsessionnelles, reportez-vous à « Comment écouter efficacement votre voix intérieure », dans la partie Exercices (p. 162).

STIMULEZ VOTRE CONFIANCE EN VOUS

Si la fin d'une relation significative a ébranlé votre confiance en vous, il faudra du temps pour que tout revienne à la normale. Il est également possible qu'elle n'ait jamais été très forte. Les huit étapes suivantes, prises l'une après l'autre, en arrêteront la dégradation, offriront une image plus équilibrée et aideront au rétablissement.

1 *Cessez de vous rabaisser.* Il est incroyable qu'autant de gens ponctuent leur conversation de phrases telles que : « Ce n'est probablement pas une bonne idée. » Ou qui s'arrangent pour arriver quelque part en se rabaissant avec un : « Ce n'est que moi. » Écoutez la conversation des autres et rassemblez d'autres exemples, puis engagez-vous à les sortir de votre vocabulaire.

2 *Ne vous comparez pas aux autres.* Il y a toujours des gens qui semblent trouver la vie facile et qui irradient d'assurance. Mais on ne peut jamais savoir ce qui se passe réellement dans leur tête. Il est possible qu'ils ne soient que de bons comédiens. Il se peut même qu'ils vous envient ! En fin de compte, se comparer aux autres n'offre aucune perspective. Concentrez-vous sur votre propre parcours !

3 *Recadrez vos pensées.* Tournez le négatif en positif. Au lieu de : « Je ne peux pas... » ou « Je ne ferai jamais ceci... » (par exemple, je ne ferai plus jamais confiance à quelqu'un), dites : « Je fais le choix de... » (passer plus de temps avec mes amis ou apprendre une langue étrangère).
4 *Imaginez ce que vous voulez au lieu de ce que vous ne voulez pas.* Si nous savons généralement ce que nous cherchons à éviter, comme la solitude, nous avons souvent une idée plus floue de ce que nous recherchons.
5 *Déterminez des buts modestes et réalistes.* Le changement effraie et la peur nous pousse à nous fermer, à nous replier sur nous-même et à nous considérer comme des échecs. Les petits pas faciles à réaliser permettent en revanche de contourner la peur et aident à se sentir brillant.
6 *Soyez patient.* Rien d'important ne se réalise en un jour.
7 *Ne laissez pas tomber.* Il y aura toujours des obstacles. Certains réussissent parce qu'ils recherchent un moyen de contourner le problème ou se donnent simplement une autre chance.
8 *Acceptez ce que vous êtes, avec vos défauts et tout le reste.* Ne confondez pas la confiance en vous avec la perfection. (Pour en savoir plus, voir les « Quatre étapes pour augmenter son amour de soi » dans la partie Exercices, p. 165.)

En consultation, quand je reçois des patients qui viennent d'achever une longue vie commune et qui désespèrent de retrouver l'amour, je leur rappelle qu'ils possèdent d'ores et déjà des compétences vitales. Ils ont appris à essayer de comprendre l'autre et ouvert suffisamment d'espace pour laisser quelqu'un entrer dans leur existence. S'ils l'ont fait une fois, ils peuvent le refaire. Dans de nombreux cas, je m'aperçois qu'ils ont déjà commencé à rencontrer d'autres personnes, mais qu'ils les ont écartées parce qu'ils n'ont pas réussi à tenir tout au long de leur parcours. C'est une erreur…

LA JOIE DES « MINI-HISTOIRES » DE CŒUR

Notre société croit que plus une histoire d'amour dure, meilleure elle est. Or, notre obsession du « heureux pour toujours et jusqu'à ce que la mort nous sépare », nous fait négliger les avantages que présentent des relations mesurables en mois et non en années. Quand l'une de ces histoires se termine, les protagonistes l'écartent d'emblée de la liste des expériences importantes. Comme s'il s'agissait d'une aventure n'ayant succédé qu'à la rupture d'une union sérieuse.

Pourtant, réévaluer une histoire qui n'a pas duré longtemps peut être bénéfique. À cet égard, Kara, directrice de marketing de 27 ans, est tout à fait caractéristique des patients qui ont effectué cette démarche. « Je suis sortie avec cet homme adorable et sensible pendant environ cinq mois et je croyais vraiment que c'était le bon. » Le sentiment d'échec de Kara était complexe parce que son mari avait mystérieusement disparu deux ans plus tôt. En dehors d'un bref coup de fil reçu du bout du monde, elle n'avait aucune explication sur la raison qui avait conduit à la rupture de son mariage. Au fil de nos séances, Kara a cessé de considérer que sa relation avec son ex-petit ami était née à la suite de cette séparation et a fini par tirer des leçons de cette expérience. « J'ai décidé de l'appeler pour avoir une vraie conversation sur ce que j'avais fait de mal. Plus tard, il m'a envoyé une longue et belle lettre, et j'ai soudain réalisé que c'était exactement ce que j'aurais voulu de mon ex-mari. Ça a eu un effet salutaire sur moi et j'ai l'impression d'avoir pu passer à autre chose. »

De nombreux autres patients parlent des bienfaits de certains changements et de l'intérêt croissant éprouvé lorsqu'ils apprenaient à connaître quelqu'un. Rebecca, une enseignante de 42 ans, raconte : « Je n'ai pas dû voir Anthony plus d'une bonne vingtaine de fois. Mais, durant l'une de ces longues conversations que l'on a quand on vient de rencontrer quelqu'un, je lui ai parlé de mon désir d'apprendre la méditation. Comme il faisait partie du centre bouddhiste de mon quartier, il m'a emmenée à une séance à l'heure du déjeuner. » Même si la relation avec Anthony n'a pas duré, Rebecca continue d'aller au centre Bodhisattva. « Ça m'a vraiment aidée à me recentrer, et je n'aurais jamais eu le courage d'y aller seule. » Si les relations de courte durée permettent invariablement de vivre de nouvelles expériences, la plupart des partenaires engagés dans des relations sont prudents, voire hostiles si leur ami(e) s'adonne à de nouveaux centres d'intérêt.

Quand ces relations ont peu de chances de conduire au mariage ou au concubinage, elles n'en ont pas moins de valeur. Jody, 55 ans, aimait passer du temps avec Javier, un gérant d'hôtel de 50 ans, même si elle prévoyait les obstacles. « Il y a trois points qui n'allaient pas avec lui : il avait une collection de disques choquante, il était sur le point d'être muté à Saint-Pétersbourg et surtout il était espagnol. Mon pauvre mari était espagnol et ce point commun me semblait trop douloureux. » Jody a malgré tout décidé de continuer et de profiter de Javier pendant ses trois derniers mois en Angleterre. « C'était merveilleux de manger de la vraie cuisine espagnole et de me remettre à parler cette langue. En fait, ça ne m'a pas rappelé trop de souvenirs douloureux. J'ai appris que l'Espagne constitue une partie importante de mon passé et ce n'est pas parce que mon mari est décédé que je dois m'en détourner. »

En observant les relations heureuses mais brèves, je me suis aperçu qu'elles avaient plusieurs points en commun. Elles surviennent à des périodes de développement personnel accéléré, par exemple après un divorce ou pendant une formation d'adulte. L'un des partenaires ou les deux étant en période de changement, le plaisir tiré du moment l'emporte sur les projets d'avenir ou les querelles sur le passé. La pierre angulaire est toujours une bonne communication. Il ne s'agit pas seulement des heures passées à papoter, mais d'une réelle honnêteté émotionnelle. Bruce, un électricien de 39 ans, raconte : « Je suis sorti avec cette femme qui était douée pour détecter les balivernes, et je lui ai sorti toutes ces idées sur moi. Elle me disait ce qui avait l'air vrai et ce qui n'était qu'un mensonge que je me faisais à moi-même. » Cette ouverture contraste avec la plupart des relations naissantes où l'on se présente toujours sous notre meilleur jour. Pour comprendre ce phénomène, et le différencier d'une simple relation amoureuse, il est important de le nommer. J'ai choisi le terme de « minirelations ». Car il suggère ce qu'il y a de mieux quand deux personnes partagent leur vie tout en reconnaissant que ça ne durera pas.

Puisque les minirelations sont si profitables, pourquoi se terminent-elles au bout de quelques mois ? En réalité, une minirelation et une relation engagée reposent sur des bases très différentes. Si la première s'appuie sur la guérison et l'épanouissement, la seconde implique stabilité et longévité. Dans une minirelation, les amoureux ont besoin d'être souples, de s'adapter et de faire l'expérience d'être avec quelqu'un d'autre. Bruce est même allé jusqu'à l'expliquer clairement au début de sa minirelation : « Je lui ai dit que j'avais besoin de cette relation pour trouver qui j'étais. » La plupart de mes patients se mettent ensuite à changer et ce qui a attiré leur partenaire éphémère peut très bien disparaître. Sylvia, la petite amie de Bruce, a avoué : « M'apercevoir qu'un homme grand et fort avait besoin de moi était très attirant et j'imagine que ça a également regonflé ma confiance en moi. Mais, au bout de, quelques mois, la passion avait subsisté alors qu'il n'avait plus besoin de moi. Cependant, nous avons réussi à rester amis et c'est très agréable. » Grâce à des discussions approfondies, il est effectivement possible de faire évoluer une minirelation en amitié. Je conseillerais d'y réfléchir. Car la nature temporaire de la minirelation est l'une de ses plus grandes forces. Bruce était de cet avis : « Je n'avais pas à me demander si elle se servirait de certains trucs que j'avais dits contre moi lors d'un autre rendez-vous. » S'arranger pour que tout se termine bien est crucial. Essayer de dépasser la date limite naturelle de la relation ne fait qu'engendrer de l'amertume et gâcher une expérience positive.

Quand mes patients comprennent le concept de minirelation, certains s'inquiètent d'en avoir trop vécu. Je ne m'inquiète que si quelqu'un a été occupé à aider son partenaire à guérir au point d'ignorer ses propres besoins, ou s'il continue à affronter les mêmes problèmes sans parvenir à une évolution. Cependant, la plupart s'aperçoivent que chacune des minirelations a apporté sa part de bienfaits. La majorité des problèmes de couple remontant à l'enfance, il est naturel d'avoir besoin de plusieurs minirelations pour les traiter.

Repensez à toutes les histoires que vous avez vécues depuis votre séparation. Avez-vous eu une ou plusieurs minirelations ? Qu'avez-vous appris de ces expériences ? Les réponses vous aideront dans votre quête de l'amour durable. Cependant, si vous avez fait taire votre sens critique, en le calquant sur le message social selon lequel le long terme est meilleur que le court terme, vous avez du mal à identifier vos progrès.

En résumé

- *Aimer sous le coup d'une rupture complique les problèmes de guérison liés à une séparation.*
- *Quand une relation est réellement terminée, il vaut mieux cesser de rechercher une fin irréaliste pour se concentrer sur l'acceptation d'une vraie fin.*
- *Il n'y a pas de raccourcis dans un travail de deuil : ça prend du temps, mais vous finirez par atteindre l'acceptation.*
- *Même si plaire à d'autres personnes peut vous aider à retrouver de l'assurance, la véritable force vient de la connaissance de soi.*

EXERCICES

Comment écouter efficacement votre voix intérieure ?

1 Notez tout.

À mesure que les idées surgiront, notez-les : pas de censure, même si c'est totalement grotesque. N'essayez pas d'apporter une réponse. Passez seulement à l'idée suivante. Voici ce que Graham a écrit en faisant cet exercice lors de l'une de nos séances.

Pourquoi coucher avec quelqu'un d'autre ?

Comment peut-elle être aussi méchante ?

Comment peut-elle m'accuser de tous les torts ?

Comment peut-on dire qu'on aime quelqu'un si ce n'est pas vrai ?

Pourquoi dire quelque chose comme... avant je ne t'aimais pas mais maintenant je t'aime ?

Pourrai-je faire confiance à quelqu'un un jour ?

Pourrai-je parler à quelqu'un un jour ?

Comment éprouver les mêmes sentiments pour quelqu'un d'autre ?

Tout ce que je veux, c'est être heureux.

Avant, j'étais tellement facile à vivre...

2 Transformez les affirmations en questions.

Des phrases comme : « Tout ce que je veux, c'est être heureux » et « Avant j'étais tellement facile à vivre » nous encouragent à avoir l'impression d'être coincé et désespéré. Il vaut mieux les tourner en questions.

Que puis-je faire pour être heureux ?

Comment puis-je retrouver ma légèreté ?

Immédiatement, nous avons une tâche à accomplir et nous pouvons chercher une solution. Le second intérêt est de ne plus se sentir passif ou prisonnier de ses sentiments.

3 Reprenez tout et répondez aux questions.

À présent que les questions sont couchées sur le papier au lieu de tourner en rond dans votre tête, elles sont plus faciles à appréhender. Graham s'est aperçu qu'il pouvait rapidement répondre à des interrogations qui le troublaient depuis un moment.

Pourquoi coucher avec quelqu'un d'autre ? Elle en avait envie et n'a pas pensé à moi.

Comment peut-elle être aussi méchante ? C'est facile de tout reprocher aux autres.

Comment peut-elle m'accuser de tous les torts ? Voir ci-dessus.

Comment peut-on dire qu'on aime quelqu'un si ce n'est pas vrai ? Ce ne sont que des mots.

Pourquoi dire quelque chose comme... avant je ne t'aimais pas mais maintenant je t'aime ? Voir ci-dessus.

Pourrai-je faire confiance à quelqu'un un jour ? Oui.

Pourrai-je parler à quelqu'un un jour ? Oui.

Comment éprouver les mêmes sentiments pour quelqu'un d'autre ? Je ne sais pas mais j'espère que j'y arriverai.

4 Certaines questions méritent réflexion.

Souvent, derrière toute cette inquiétude sur la fin d'une histoire se cachent de plus grandes questions qui débouchent sur de plus grands problèmes.

Dans le cas de Graham, c'était :

Que puis-je faire pour être heureux ?

Comment puis-je retrouver ma légèreté ?

Graham avait répondu aux questions précédentes sans réfléchir, mais ces deux dernières ont été plus difficiles. Il a fini par trouver cela :

Conduire ma moto. Un jour, je rencontrerai quelqu'un d'autre.

Il y a des fois où ce n'est pas grave que je perde patience. Ça fait partie de ce qui permet de ne pas laisser les autres profiter de moi.

En cas de besoin, appelez un ami pour en parler. Il est courant d'avoir du mal à demander de l'aide, de peur d'avoir déjà suffisamment ennuyé nos proches en parlant perpétuellement de notre ex. Cependant, il existe une différence entre rabâcher le passé et évoquer des questions précises comme celles-ci.

Procédez à une purification affective

1 Si vous avez eu de nombreuses relations de courte durée, cette expérience vous aidera à quitter le manège de la rencontre amoureuse. Pour faire le point, choisissez une image de chaque personne avec laquelle vous avez eu une histoire sérieuse et étalez-les devant vous. À première vue, chacun de vos dossiers vous semblera différent. Un type précis étant rare, vous aurez fréquenté des gens d'aspects différents, avec des métiers et des parcours différents. Le secret est de mettre au jour les points communs cachés. Voici quelques thèmes courants.

- *Relations extrêmes.* Ils étaient tous difficiles, mais vous avez aimé le défi ou le côté dramatique de ne jamais savoir à quoi s'attendre.
- *Relations de confort.* Ils vous maintenaient dans du coton et vous admiraient, mais ils ont fini par vous ennuyer.
- *Partenaires « trophée ».* Ils impressionnaient vos amis mais, en fin de compte, il n'y avait rien de spécial entre vous.
- *Oiseaux blessés.* Ces personnes ont fait ressortir votre côté protecteur, vous donnant l'impression d'être plus fort, utile ou important.
- *Chevaliers en armure.* Ils ont promis de résoudre vos problèmes ou de prendre soin de vous, mais ont fini par tout contrôler.
- *Relations sociales.* Si vous l'aimiez bien, les vraies complicités de l'esprit se sont faites avec sa famille, ses enfants ou son réseau d'amis.

Gardez à l'esprit qu'opter pour un contraire ne représente pas un pas en avant. C'est jouer le même dilemme sous un autre angle. Par exemple : si on vous a trompé dans une relation, ne pas être fidèle dans la suivante.

2 Quels problèmes reviennent sans cesse ? Votre passé affectif recèle-t-il un élément parlant ? Au lieu de sauter vers l'histoire suivante pour probable-

ment rejouer le même scénario, existe-t-il un autre moyen de régler ces questions ?

3 Évitez les rendez-vous amoureux pendant une période allant de trois à six mois tout dépend du degré d'attachement passé. Cette décision est particulièrement importante si vous avez une mauvaise image de vous. Employez ce temps à réparer les dégâts. Vous pouvez lire des livres de développement personnel, faire une retraite ou suivre des cours du soir. Une bonne façon de stimuler l'amour-propre est de faire du bénévolat. Proposer de réparer les gouttières d'un voisin âgé ou accompagner un enfant pendant des vacances à l'aventure peut non seulement détourner votre attention de vos problèmes, mais les louanges et les remerciements vous aideront à aller mieux.

4 Cassez les schémas habituels : recherchez de nouveaux hobbies et centres d'intérêt, sortez avec d'autres copains ou changez de trajet pour vous rendre au travail.

Quatre étapes pour augmenter son amour de soi

1 Construire sur une base solide

Une partie de mon corps que j'aime bien.

Un aspect de ma personnalité que j'apprécie.

Une réalisation passée.

Un aspect au potentiel inexploité.

Prenez une feuille et écrivez une seule remarque sous chaque titre. Puis réfléchissez à la remarque que ferait votre meilleur ami et ajoutez-la à côté. Enfin, imaginez l'annonce qu'une agence de publicité respectant l'éthique rédigerait sur vous et ajoutez-la. Puisqu'elle respecte l'éthique, elle peut exagérer, mais non mentir.

Si vous ne trouvez rien pour l'un des titres, ne vous inquiétez pas puisque cet exercice prend du temps. Mettez la feuille de côté et demandez à un ami de vous aider. Mais soyez assuré que les idées viendront et, quand vous vous y attendrez le moins, elles surgiront et vous obtiendrez douze compliments pour remonter votre taux d'amour de vous-même.

2 Quel unique point aimeriez-vous changer en vous ?

Fermez les yeux et imaginez précisément ce que serait la vie si c'était chose faite. Que voyez-vous ? Quel effet cela fait-il ? Élargissez l'image et marchez autour. Quelles odeurs sentez-vous ? Quelles saveurs goûtez-vous ? Qu'entendez-vous ? Que pouvez-vous toucher ? Libérez tous vos sens.

3 Que pouvez-vous faire pour que ça arrive ?

Avant toute chose, assurez-vous que votre but est défini en termes positifs. Par exemple, au lieu de : « Arrêter d'être timide », préférez : « Je veux me sentir heureux de parler devant des étrangers ». Ensuite, demandez-vous : comment saurais-je que j'y suis arrivé ? Ce peut être : « Quand je parlerai pendant une réunion au travail » ou « Quand je poserai une question pendant une conférence publique ou un débat ». Une fois que vous avez fixé cet objectif, demandez-vous : comment m'en approcher ? Par exemple, lire l'ordre du jour de la prochaine réunion du personnel afin d'être totalement préparé ou faire des recherches sur un auteur qui va venir au salon du livre de votre région afin d'avoir des questions à poser le moment venu. Réserver une place pour la conférence ou vous vous portez volontaire pour être désignée par le comité de votre entreprise.

4 Récompensez-vous

Chaque fois que vous faites un petit pas qui vous rapproche de votre but, notez votre progression et offrez-vous une récompense. Il peut s'agir d'un morceau de chocolat, d'un dimanche matin passé au lit à regarder la télé comme de vous offrir un gadget ou un produit de luxe. Quoi que vous choisissiez, il est important de fêter vos réussites.

5

Se préparer à l'amour

Pendant un programme d'accompagnement, mes patients connaissent souvent cet état où ils se sentent dépassés et risquent de sombrer encore plus bas dans le *piège du célibat*. Certains doutent de trouver un jour quelqu'un avec qui partager une relation durable. Cependant, c'est là que le dur labeur commence à porter ses fruits. Nous avons atteint le point déterminant positif, quand la pénible évolution des derniers chapitres va commencer à produire ses bienfaits. Trois tâches clés sont à accomplir avant d'être prêt à aimer. Bonne nouvelle, vous avez déjà accompli la première, vous êtes à mi-chemin de la deuxième et vous avez probablement bien entamé la troisième. Quelles sont ces tâches ?

Comprendre le passé.

Écarter les obstacles.

Savoir ce qu'on peut attendre de l'avenir.

À la fois pour récapituler le chemin parcouru ensemble et pour vous préparer à la dernière partie de ce livre, je vais utiliser des histoires détaillées extraites de mes expériences professionnelles.

COMPRENDRE LE PASSÉ

À ce stade du voyage, Sandy, une femme attirante de 41 ans, avec trois enfants dans les 15-20 ans, se sentait épuisée et dépassée. Divorcée depuis six ans, elle avait eu une série d'histoires qui allaient de la déception au désastre. Elle a soupiré en me disant : « Vous devez penser que je suis vraiment foutue. » Pour tout vous dire, j'admirais sa franchise et sa capacité à se pencher sur les moments difficiles de sa vie. Je voyais que, sous un extérieur fragile, se cachait une femme pleine de ressources et de loyauté, qui serait une partenaire merveilleuse. Sandy avait grandi dans un univers de femmes. Sa mère était une femme belle mais légère qui semblait passer son temps devant le miroir, à se préparer pour le retour de son mari. Sandy avait une sœur cadette et une grand-mère qui vivait avec eux. Son père, un homme d'affaires, était absent la semaine et même s'il rentrait le vendredi soir, il passait l'essentiel de son week-end sur le terrain de golf. Elle décrivait son père, mort quelques années plus tôt, comme « jaloux, séduisant et adorable ». L'un des souvenirs les plus forts de son enfance la ramenait à la fenêtre, le lundi matin. « J'avais l'impression que c'est moi qu'il quittait. » En l'absence de son père, Sandy devenait responsable et réparait tout à la maison. Il n'est pas étonnant qu'elle s'attendît toujours « à ce que les hommes s'en aillent ».

En écoutant l'histoire de Sandy, j'ai été frappé par l'image qu'elle avait d'elle-même, tout en noir et blanc : « la gentille écolière » qui à 16 ans était devenue la « voleuse à l'étalage agressive ». Pendant sa vie de femme mariée, elle était passée de la « mère heureuse et dévouée » qui se sentait façonnée par son mari (fréquemment absent) à la « fêtarde avec la gueule de bois qui n'arrivait pas à se lever le matin ». Les deux dernières histoires de Sandy semblaient, en apparence, totalement différentes. Comme elle l'a dit, « avec chaque homme, j'ai une personnalité différente ». Le premier était très facile à vivre, ce qui a fait ressortir le comportement opposé chez Sandy. « Je devenais folle de jalousie parce qu'il ne semblait pas s'en faire et que ça n'était pas rassurant. Alors je faisais des choses terribles pour attirer son attention comme coucher avec d'autres hommes et le frapper. » Le second homme était terriblement jaloux et recherchait ses messages dans son téléphone portable. « Ça ne me dérangeait pas vraiment. C'était le genre de choses que je faisais avant. Alors je comprenais. » Malheureusement, dans les soirées, il buvait beaucoup et accusait les autres hommes de trop s'intéresser à elle. Une fois, il s'est battu avec six videurs devant une boîte de nuit et la police a dû intervenir. Comme Sandy l'a expliqué : « J'étais devenue comme l'une de ces horribles femmes que l'on voit dans les documentaires télé sur les beuveries, où ces femmes répètent en hurlant : "Ne fais pas ci, ne fais pas ça." » Il avait promis de changer et Sandy songeait à le laisser revenir dans sa vie et dans sa maison. Pourquoi ? « Avec un homme jaloux, je peux me détendre. Adieu les matins de paranoïa et les réveils alcoolisés, je peux aller bien », a-t-elle expliqué. Si ces deux histoires sont différentes, leur dynamique est similaire. Dans l'une, Sandy a joué le rôle de la jalousie et dans l'autre, celui de l'innocente.

Quand Sandy a terminé son histoire, je l'ai aidée à voir que toutes les pièces du puzzle allaient ensemble. En comprenant sa relation avec son père, elle a commencé à saisir le sens de son comportement et a cessé de se sentir, comme elle l'a dit, un « monstre ». Elle a également commencé à s'interroger sur sa façon de voir les choses en noir et blanc. Elle a fini par être prête à accepter qu'elle n'était pas quelqu'un de « mauvais », mais une femme qui avait eu une enfance difficile et qui n'avait pas toujours fait les bons choix, interprétation plus nuancée des faits. Nous étions prêts à passer à l'étape « se préparer à l'amour ».

ÉCARTER LES OBSTACLES

Sandy se servait de sa vie sentimentale pour étayer la mauvaise image qu'elle avait d'elle-même. À ce sujet, l'ancien petit ami qui l'avait suppliée de lui accorder une seconde chance avait fait des merveilles. « Je crois que je ne me rendais pas compte qu'il m'aimait jusqu'à ce qu'il soit trop tard », a-t-elle dit avec un petit sourire, en cédant probablement à ses rêveries intimes où il la sauverait de ses démons. Cependant, les relations amoureuses sont suffisamment compliquées pour qu'on n'y ajoute pas l'effort d'améliorer une mauvaise image de soi. De plus, il existe d'autres façons plus efficaces de se sentir mieux. C'était comme si une lampe s'était allumée au-dessus de la tête de Sandy. « Un nouveau petit ami pourrait m'aider à me sentir séduisante, voire satisfaite de ce que je suis, mais ça ne marche pas sur la durée. S'il n'appelle pas, ou si nous nous disputons, ma confiance en moi s'effondre. Rencontrer quelqu'un est pour moi une stratégie à haut risque. »

En fait, il existe des millions d'autres moyens de remonter son amour de soi. Par exemple, longer à pied le mur d'Hadrien, avoir une peinture acceptée dans une exposition locale, faire la moitié d'un marathon, obtenir un diplôme en cours du soir ou simplement faire les courses d'un voisin âgé. Ce n'est qu'une question de goûts et de centres d'intérêt. Sandy avait déjà repris le travail, spécialement pour améliorer son image d'elle-même, et avait trouvé un poste intéressant à responsabilités : une réussite pour quelqu'un qui avait quitté le marché du travail afin d'élever ses enfants. Notre but était de trouver d'autres centres d'intérêt ou des projets sur lesquels construire un développement positif.

Pour Graham, le jeune homme de 26 ans qui se remettait d'une histoire difficile, dans le chapitre précédent (p. 152), l'obstacle consistait en ce que les gens profitaient de lui. Ainsi, et même s'il était associé avec son frère, il était souvent traité comme un employé. Après quelques séances, il a pris la mouche à propos d'un détail : que son avis soit pris en compte pour les pauses déjeuner de son entreprise. Cette prise de conscience a changé de façon radicale leurs rapports et a aidé Graham à se valoriser comme quelqu'un dont les opinions devaient être consultées et considérées. C'était la dernière pièce du puzzle. Et quelques mois plus tard, Graham a recommencé à sortir avec quelqu'un : « C'est une fille très gentille. Ça change tellement de choses ! Au lieu que ce soit moi qui fasse tout, elle aime appeler en premier pour proposer qu'on se voie. Quand j'ai dû décommander un dimanche parce que nous avions décidé de faire le grand ménage au bureau, elle a proposé de nous aider. C'était merveilleux ! » Pour d'autres personnes, l'obstacle peut être d'ordre pratique. Patricia est la partenaire de mon cousin et nous étions invités chez elle. Dans l'entrée, j'ai immédiatement été accueilli par deux épagneuls turbulents qui sautaient dans tous les sens. Il y avait une petite barrière entre l'entrée et le salon ouvert, semblable à celles que l'on installe pour empêcher les jeunes enfants de tomber dans l'escalier. Elle a fermé la barrière, laissant les épagneuls dans l'entrée et nous nous sommes assis pour discuter devant une bière. Voyant tous les poils sur le canapé, j'ai compris que les chiens avaient le droit d'entrer, mais je n'étais pas prêt pour l'anarchie qui allait régner. Les chiens gémissaient pour qu'on les libère et Patricia n'arrivait pas à se concentrer sur notre conversation. Elle a donc ouvert la barrière. Il était impossible de parler avec ces animaux qui sautaient autour de nous et qui essayaient de nous lécher le visage. J'aime bien les chiens, j'en possède même un. Mais ces épagneuls étaient insupportables. Patricia m'avait invité parce que mon travail sur les célibataires l'intéressait. Sans le vouloir, elle venait de me montrer son obstacle. « Que pensent vos petits amis de vos chiens ? », ai-je demandé. « Ils les détestent. J'en ai eu un qui préférait louer une chambre d'hôtel pour faire l'amour. » Elle m'a montré sa chambre où trônaient deux paniers. Mais les épagneuls dormaient avec elle. Pis que tout, le mâle pouvait devenir agressif avec les hommes qui partageaient son lit. Je ne suis pas spécialiste en comportement animal, mais ces chiens étaient incontrôlables. Rien qu'en me regardant, Patricia a compris ce que j'en pensais. « Si vous me promettez que je trouverai un homme, j'apprendrai à dresser mes chiens », a-t-elle dit. « Je ne peux vous garantir qu'une seule chose : si vous ne dressez pas vos chiens, vous ne trouverez jamais personne. »

Cependant, pour la plupart des gens, l'obstacle réside dans leur attitude. Elle est généralement si profondément enracinée qu'ils n'en sont pas conscients. Voici les cinq plus courantes.

1 Aimer comme un sauveur

Le pouvoir de l'amour qui aide à résoudre les problèmes est mis en avant dans la plupart des films. Edmund White, l'un des plus grands écrivains contemporains américains, est probablement celui qui a le mieux résumé cette idée dans son autobiographie *My Lives,* quand il décrit un sourire que lui rend la personne qu'il aime : « Le temps d'un instant, j'ai imaginé que j'avais été promu au rang le plus élevé de l'humanité par ce nageur, un géant blond qui lisait du latin. » Il n'était plus l'adolescent mal à l'aise, avec un père peu réceptif et une mère désespérée, mais l'un des élus. Même si l'amour peut aider à oublier temporairement les problèmes, il n'y a pas de réparation simple, durable et bouleversante. Nous restons nous-mêmes, ce qui est finalement, si l'on y réfléchit bien, rassurant.

2 Vous devez être exceptionnel

Derrière les produits cosmétiques, la gym et la culture de la beauté se cache un message subliminal, afin que personne n'ait à l'exprimer clairement : achetez ce produit, faites travailler votre corps et vous aussi serez digne d'amour. Pourtant, sur le front de l'amour au quotidien, soit vingt-cinq années passées à conseiller des personnes ayant des problèmes d'ordre affectif, je constate en permanence que des gens ordinaires tombent amoureux et se battent pour reconquérir l'amour. Les couples banals aussi. Même ceux qui sont franchement laids.

Pourtant, en lisant des biographies d'hommes et de femmes célèbres que le monde acclame pour leur beauté, on découvre fréquemment que la perfection ne garantit pas l'amour. Tout dépend de la personnalité, de la sincérité et du courage. Bien sûr, si vous appartenez au petit pourcentage de la population qui ne s'est jamais soucié de son apparence, il est utile de demander conseil avant d'acheter de nouveaux vêtements ou de se faire couper les cheveux. Si faire du sport vous aide à vous sentir bien, allez-y. Mais pour les autres : ne reportez pas votre quête de l'amour jusqu'au moment où vous aurez perdu ces trois kilos en trop, que vous aurez assez d'argent pour acheter cette tenue ou changé de style. Récemment, une amie m'a montré une image d'elle prise dix années plus tôt en disant : « Si seulement j'avais eu conscience que j'étais belle ! » N'attendez pas que dix années soient passées pour vous tourner vers le passé ! Vous êtes suffisamment bien aujourd'hui !

3 La culture de la comparaison

Notre société est obsédée par les comparaisons. La moitié du plaisir éprouvé à partir en vacances à l'étranger n'est pas d'y aller mais de rendre ses amis envieux. Trop souvent, les partenaires ne sont pas valorisés pour ce qu'ils sont, mais pour l'image qu'ils renvoient de nous. Pis encore, nous regardons quelqu'un dont le partenaire a les qualités requises en se demandant ce qu'il ou elle a et que nous n'avons pas. Au lieu de s'inquiéter de ce que pensent les autres, il vaut mieux se concentrer sur ce que l'on considère digne d'amour.

4 Le seul et unique

Cette légende dépasse les limites du rationnel. Mais l'amour est peut-être le triomphe de la conviction sur la réalité ? Selon cette conception, il n'y a qu'un seul être qui soit fait pour vous. Et s'il était de sortie ce soir-là, et qu'on passait à côté ? Et s'il était déjà amoureux de quelqu'un d'autre ? Encore pire, et s'il ne répondait pas à nos messages ? Soumettre la personne la plus saine à une tension intolérable est déjà suffisant. Croyez-moi, des tas de partenaires potentiels ne demandent qu'à vous rencontrer.

Je parle d'expérience personnelle. Après le décès de ma première partenaire, quand j'avais une trentaine d'années, je pensais que je ne trouverais plus jamais d'amour comme celui-là. À la quarantaine, je suis de nouveau tombé amoureux. Si c'est différent, c'est aussi bien.

5 C'est la faute des autres

Il est très facile de regarder autour de soi et de se plaindre du comportement des autres. Ce n'est qu'un mécanisme de défense pour nous empêcher de nous regarder. En séance, je m'aperçois souvent que mes patients sont sujets à ce même comportement. Par exemple, Georgia, 38 ans, est arrivée dans mon cabinet en déclarant :

« Quand je rencontre un célibataire de plus de 30 ans, je me demande ce qu'il a qui ne va pas.

– Pourquoi devrait-il avoir un problème ? ai-je demandé.

– S'il était bien, une femme aurait fini par l'attraper, a-t-elle répondu, sur la défensive. »

Il a fallu plusieurs semaines pour qu'elle admette qu'elle avait l'impression que « quelque chose clochait en elle » et que c'était pour cette raison qu'elle était seule. Nous avons franchi une étape importante : au lieu de manifester du mépris et de faire peu de cas des éventuels défauts des partenaires possibles (quelque chose qu'elle ne pouvait pas changer), Georgia a commencé à se regarder (quelque chose qu'elle pouvait changer).

Après avoir écarté les obstacles, qu'il s'agisse de comportements, de problèmes affectifs ou de style de vie, nous pouvons passer à la troisième partie de « Se préparer à l'amour ».

SAVOIR CE QU'ON PEUT ATTENDRE DE L'AVENIR

Rebecca a 38 ans et désespère de trouver l'amour. Elle confie : « Si à 40 ans je suis toujours célibataire, je me jette sous un train. » Malgré tout, elle a peu d'expérience avec les hommes. Son petit ami récent le plus sérieux était Adam, un producteur de télévision de 42 ans. Il était exaltant et d'excellente compagnie, mais totalement imprévisible. À cause de son travail, il pouvait appeler à la dernière minute pour annuler un rendez-vous. « Il me rendait folle. Par exemple, il affirmait qu'il devait aller à Manchester mais quelqu'un l'avait vu au bar alors qu'il se rendait au football. Quand je lui ai dit que je savais, il s'est contenté de rire. Ça ne me dérangeait pas tant que ça qu'il annule, mais je ne pouvais pas lui faire confiance. » Ils avaient commencé à sortir ensemble deux jours seulement après qu'il ait rompu avec sa précédente petite amie, laquelle l'avait aidé quand il souffrait d'un cancer – fort heureusement en rémission. « Le jour même où il a annulé notre rendez-vous pour le football, j'ai appris qu'il devait la voir elle aussi, en amie », explique Rebecca. Même si elle se sentait terriblement délaissée, Rebecca a poursuivi cette relation pendant six mois. « Il était d'âge mûr et sensible, et parfois il me disait des choses merveilleuses. Comme : "Ce n'est pas parce que je ne téléphone pas que je ne pense pas à toi" ».

Son petit ami précédent s'appelait Daniel. S'ils étaient amis depuis de nombreuses années, ils sont sortis ensemble pendant neuf mois. « C'est le beau-frère de l'ex-mari de l'une de mes sœurs. C'est assez compliqué. Il était très vulnérable et très doux mais il avait trop de démons. J'ai essayé de le sauver, mais je n'ai pas réussi et il a continué à sombrer dans la dépression et l'alcoolisme. » Un autre petit ami, Harry, était guide touristique sur un circuit en camion qu'elle avait suivi en Afrique du Sud. Ils s'étaient mis ensemble pendant le voyage et s'étaient revus de temps en temps lorsqu'il était rentré à Londres. « C'était un solitaire, farouchement indépendant. Il m'ignorait la journée, et me rejetait avec froideur. Mais il me câlinait le soir devant le feu de camp. Plus tard, il a expliqué qu'il trouvait mal de me traiter différemment pendant la journée, parce que ça aurait pu sembler injuste aux autres clients. J'aurais aimé qu'il me le dise à ce moment-là afin que je puisse comprendre. » Rebecca a expliqué que la mère de Harry avait quitté le foyer quand il avait 13 ans. Son père avait rencontré une autre femme quand il en avait 15, et était parti à son tour. Après ça, Harry avait vécu seul. Il n'y avait donc rien d'étonnant à ce qu'il ait du mal à faire suffisamment confiance à quelqu'un pour le laisser se rapprocher de lui. Rebecca avait connu sa première histoire à 20 ans durant un échange universitaire aux États-Unis. Jay avait été un amoureux exaltant et séduisant, mais il l'avait également trompée. Finalement, sa plus longue histoire de cœur avait été avec Alexander. Ils étaient sortis ensemble pendant deux ans alors que Rebecca approchait de la trentaine. « Il travaillait dans l'informatique et était tout à fait normal. Ses parents étaient toujours mariés et vivaient dans le Dorset. Cependant, c'est celui de mes petits amis auquel j'étais le moins attaché, parce que j'étais détendue et bien dans ma peau. Le problème était que je n'éprouvais aucun désir. Il était très patient et j'ai vu un docteur, mais rien n'a vraiment marché. Je pensais que je pouvais vraiment lui faire confiance. Or, il m'a trompée et m'a quittée. » Peu après avoir rompu avec Rebecca, Alexander s'était marié.

Pour aider Rebecca à dresser son historique sentimental et à apprendre ce qui lui conviendrait, j'ai dessiné un arbre relationnel. Chaque amoureux y est représenté par une branche. Les commentaires sur la relation concernée sont dispersés autour de cette branche, comme des feuilles (voir le diagramme ci-contre).

Le nom de Rebecca a été écrit sur le tronc et à chacun de ses amis ont été associés des adjectifs et une brève description. À la fin de la séance, j'ai noté sur les racines de l'arbre le besoin déterminant de Rebecca. Nous y reviendrons. Quelle a été sa réaction en voyant son passé schématisé de la sorte ? Elle a immédiatement perçu les thèmes importants : « J'ai eu tendance à choisir des hommes exaltants, mais soit ils étaient indisponibles, soit indignes de confiance, soit très distants, voire les trois. » La seule exception avait été Alexander qui était très fiable (jusqu'à ce qu'elle le repousse). Cependant, il était tellement fiable qu'il n'y avait plus de réelle attirance. Rebecca avait reconnu les deux extrêmes de son schéma amoureux. À l'avenir, a-t-elle décidé, il vaudrait mieux s'orienter vers le centre.

En repensant au concept central de la partie de ce livre, qui se ressemble s'assemble (si vous êtes dans un bon état d'esprit, vous attirerez des gens qui sont dans une disposition similaire, et si vous allez mal vous attirerez des personnes qui vont aussi mal que vous), que Rebecca pouvait-elle apprendre d'autre à son sujet ? Elle a immédiatement saisi

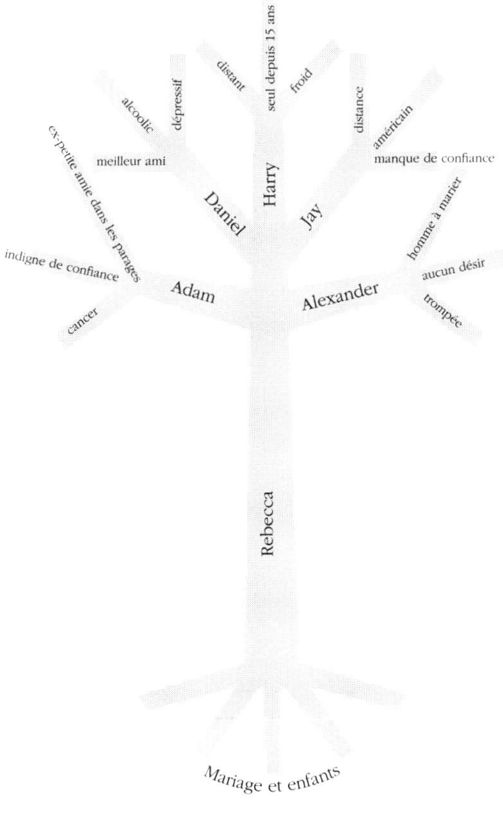

l'idée : « Je comprends l'association avec Daniel : j'ai eu des problèmes de dépression et quand il avait des soucis d'alcoolisme, j'avais mes troubles alimentaires. » Heureusement, elle avait réglé son problème latent de nourriture et n'avait plus attiré ce genre d'homme. Cette découverte avait augmenté sa confiance en elle avant d'admettre que le projet de suicide, si elle était toujours seule à 40 ans, était « trop dramatique ». Cependant, cela l'a conduite vers le besoin primordial (à placer sur les racines du diagramme) : mariage et enfants.

FINALEMENT, ÊTES-VOUS PRÊT ?

Avant de passer à la dernière partie du livre, « comment trouver l'amour », il est intéressant de faire le point pour vérifier que vous avez bien accompli les trois phases permettant de « se préparer à l'amour ». Avez-vous l'impression d'avoir compris vos relations amoureuses passées ? Avez-vous écarté les obstacles ? Savez-vous quel genre d'homme ou de femme il vous faut chercher à l'avenir ? À ces questions, j'en ajouterai une autre : éprouvez-vous de l'amertume, de la colère ou du ressentiment ? Si la réponse est positive, vous auriez besoin de rester un temps sans personne. Envisagez de « faire une purification affective » dans la partie Exercices du chapitre 4 (p. 164). À long terme, cet effort supplémentaire vaudra le coup. Prenez Mike qui, à 38 ans, a vécu une succession de relations insatisfaisantes après que sa femme l'a quitté : « Un soir, je passais en revue tous les profils sur un site de rencontres en ligne en songeant à m'inscrire. Mais soudain je me suis dit : “Comment empêcher la même chose de se reproduire à l'infini ?” » Il a donc décidé d'arrêter, d'analyser son comportement et de trouver une approche différente. « J'avais fréquenté des amies d'amis ou des femmes que je rencontrais par le travail, non pas parce que j'avais envie d'être avec quelqu'un mais pour sortir de chez moi et alléger ma solitude. Après avoir regardé de la danse de salon à la télé, j'ai décidé de prendre des leçons. Juste pour me détendre et m'amuser. Les gens étaient très sympas et je semblais plaire à une femme. Je restais tiède avec elle parce que si ça se passait mal entre nous, les cours risquaient d'en être perturbés. De plus, elle est devenue trop insistante, lançant toutes ces invitations à dîner et des : “Tu voudrais aller voir ce film ?” J'ai commencé à me dire que nous étions faits pour être amants même si je n'en avais pas très envie. Ça m'a rappelé que c'est ainsi que je m'étais retrouvé marié. Je ne voulais pas laisser tomber ma femme ! Bref, cette femme et moi sommes restés amis et partenaires de danse, à l'occasion. Six mois plus tard, je suis allé à un bal où j'ai rencontré cette femme splendide. Le reste, comme on dit, c'est inutile de vous le raconter. » En effet, Mike avait compris ses relations amoureuses passées, écarté les obstacles et découvert quel genre de relations il voulait avoir. Cependant, il avait bénéficié de la thérapie pour tout examiner en détail et faire remonter à la surface les schémas cachés. Afin de vous aider à accomplir un travail similaire, je dois vous accompagner pour trouver le chemin vers votre inconscient.

C'est plus facile si l'approche est latérale, subtile plutôt que frontale. La partie suivante risque de vous paraître étrange. Mais soyez patient.

OUVREZ VOTRE JOURNAL AMOUREUX SECRET

Depuis la nuit des temps, l'humanité est fascinée par les histoires, pas uniquement pour se distraire mais aussi pour donner un sens au monde. Chose extraordinaire, le plus vieux manuscrit connu, trouvé par l'explorateur Henry Layard en 1839 sous un monceau de terre dans le désert de Mésopotamie, est d'une formidable actualité. *L'Épopée de Gilgamesh* évoque en effet une société menacée par un terrible personnage diabolique. Le repaire de ce fléau se trouve dans une caverne souterraine et lointaine. Le héros, Gilgamesh, s'arme d'une hache redoutable et s'en va sauver le monde. Quand il rencontre ce mal personnifié, appelé Humbaba, ils commencent par des échanges moqueurs. Gilgamesh est capturé, mais parvient à vaincre des créatures extraordinaires, à s'échapper et à tuer le monstre. Gilgamesh a donc sauvé le monde et peut rentrer chez lui, triomphant. Même si cette épopée a été retrouvée dans les vestiges de l'une des plus anciennes villes construites par l'humanité (la Ninive biblique), nous continuons d'aller la voir au cinéma, par exemple sous la forme du dernier James Bond.

Quel rapport y a-t-il avec le fait d'être célibataire ? Deux idées importantes sont à développer. Toutes les cultures, à travers les âges, ont raconté les mêmes histoires. Ces intrigues offrent un aperçu extraordinaire de la condition humaine et des problèmes qui y sont liés (je poursuivrai l'exploration de cette notion plus loin). Second point, dès que nous sommes assez grands pour nous concentrer sur des images et comprendre des mots, nos parents nous racontent des histoires. On nous présente le monde qui nous entoure à travers des récits et nous restons hypnotisés pour le restant de nos jours. Il ne s'agit pas que de films, de livres et de fictions télévisées. Les réalisateurs de documentaires, les historiens, les journalistes, les producteurs de télé-réalité se servent tous des mêmes éléments pour nous aider à transformer des millions de bouts d'informations disparates et souvent contradictoires en une narration cohérente et convaincante. Quand nous retrouvons des amis et leur demandons les dernières nouvelles ou potins, nous échangeons des histoires. Chaque nouvelle expérience, bonne ou mauvaise, prendra place dans une histoire plus étendue : notre autobiographie. Quand nous rencontrons quelqu'un, nous devenons un personnage de l'histoire de sa vie. Que cela nous plaise ou non, la façon dont nous serons perçu sera influencée par le parcours personnel que suit l'autre. C'est pour cela que comprendre les histoires que nous nous racontons, et que les autres nous racontent, est un chemin qui mène directement à notre inconscient.

L'un des moyens les plus efficaces pour décoder les histoires est de s'appuyer sur les idées d'un livre intitulé *The Seven Basic Plots : Why We Tell Stories (Les Sept Intrigues fondamentales : pourquoi nous racontons des histoires),* du Britannique Christopher Booker. L'auteur pense que la compréhension des histoires nous offre un aperçu sur nos propres vies et nous aide aussi à comprendre le monde qui nous entoure. Quelles sont ces sept intrigues fondamentales ?

1 Vaincre le monstre

La vie ordinaire se déroule dans une crainte terrible. Un jeune héros émerge pour se battre contre des personnages extraordinaires, vaincre le monstre. Il en ressort plus sage, plus fort et plus mature. La société dans son ensemble en a profité et tout le monde est de nouveau en sécurité.

Exemples : L'Épopée de Gilgamesh, Les Dents de la mer, La Guerre des étoiles, Jack et le Haricot géant.

À qui peut servir cette intrigue ? À quelqu'un qui vient de se sortir d'une relation préjudiciable ou d'un problème d'addiction (où le monstre est d'une certaine façon son comportement).

2 L'ascension spectaculaire

Une personne ordinaire, exclue par tous, vient occuper le centre de la scène et s'avère être spéciale. C'est peut-être l'une des intrigues les plus populaires.

Exemples : Cendrillon, Pretty Woman (la Cendrillon des années 1980), *Cocktail* (film où le personnage interprété par Tom Cruise place un homme dans le rôle de Cendrillon), *Le Vilain Petit Canard, Aladdin* ou *Jane Eyre.*

À qui peut servir cette intrigue ? À tous ceux qui pensent que l'amour peut transformer leur vie, mais qui attendent l'arrivée de quelqu'un qui les fera grandir ou les inspirera.

3 La quête

Le héros tire ses leçons d'un but inestimable, qui vaut tous les efforts du monde pour l'atteindre. Il quitte la maison et part pour un périlleux voyage. Quoi qu'il se passe en chemin, l'histoire ne peut pas être résolue avant qu'il ait atteint ce but.

Exemples : Le Seigneur des anneaux, L'Odyssée, Da Vinci Code.

À qui peut servir cette intrigue ? À tous ceux qui recherchent activement l'amour, le but inestimable de nombreuses histoires, au lieu d'attendre que quelqu'un les « sauve ».

4 Le voyage aller et retour

Au lieu de délibérément partir pour une quête, le héros se retrouve dans un monde étrange et vit de nombreuses aventures exaltantes.

Mais il finit par décider de rentrer chez lui. En général, il n'a pas été profondément changé par ses aventures.

*Exemple : Alice au pays des merveilles (*Alice tombe dans le terrier du lapin et, au réveil, elle considère que tout n'était qu'un rêve), *Le Magicien d'Oz (*Dorothy est envoyée sur Oz par un ouragan mais apprend au moins que « c'est toujours mieux à la maison »), *Autant en emporte le vent, Le Tour du monde en 80 jours.*

À qui peut servir cette intrigue ? À quelqu'un qui a connu une série de rendez-vous amoureux exaltants ou terrifiants, mais qui reste la même personne.

5 La comédie

C'est une intrigue particulière, et non pas simplement une histoire drôle. On la reconnaît instantanément comme le genre cinématographique qualifié de « comédie romantique ». Les racines remontent cependant au drame de la Grèce antique. Deux vrais amoureux sont séparés par les circonstances (traditionnellement les parents qui désapprouvent l'union) ou par un malentendu entre les amoureux. Les choses vont de mal en pis, et on a l'impression que les amants ne vont jamais se retrouver. Au dernier moment, les obstacles sont surmontés. Le couple est réuni. Mieux, leurs familles et leur communauté célèbrent l'événement.

Exemples : les livres de Jane Austen (qui a révolutionné le genre en introduisant l'idée que l'obstacle pourrait venir en partie du personnage du héros et non pas seulement des forces extérieures), *L'Importance d'être constant, Certains l'aiment chaud, Notting Hill, Mariage à la grecque.*

À qui peut servir cette intrigue ? À tous ceux dont l'histoire d'amour a rencontré un stade critique et qui recherchent des moyens de surmonter les obstacles créés par les autres, ou les malentendus nés du fait de ne pas connaître vraiment les sentiments de l'autre.

6 La tragédie

Cette intrigue est appelée « comédie avec une fin malheureuse », et la forme des deux styles est remarquablement similaire. Dans les deux intrigues, un groupe plus large est dans l'ombre parce que quelqu'un ne pense qu'à lui, à ses besoins ou à ses opinions. Dans la tragédie, le héros est normalement à la source du problème. Il a des qualités, mais également un défaut fatal. Même si tout se passe bien pendant un temps, les obstacles finissent par être de plus en plus présents. À l'inverse de la comédie, ces problèmes ne sont pas vaincus. Le héros ne parvient pas à apprendre ni à changer jusqu'à ce qu'il soit trop tard et que la conclusion soit triste (en général, la mort). Cependant, la société en tire une leçon et est purifiée par l'expérience.

*Exemples : Othello (*comporte de nombreux malentendus de la comédie classique, comme les mouchoirs que l'on laisse tomber, mais ils ne sont pas résolus et le héros assassine l'héroïne), *Madame Bovary, Anna Karenine, Bonny and Clyde, La Dame aux camélias.*

7 La renaissance

Une ombre obscure pèse sur le héros. Pendant un moment, le danger peut être écarté mais il finit par tout consumer jusqu'à ce que le héros se retrouve sur le point de vivre une mort symbolique. Cependant, au dernier moment, il est racheté par quelqu'un qui est considéré comme moins puissant, par exemple un enfant, un vieil homme ou une femme. Et tout le monde finit heureux.

Exemple : La Belle et la Bête, La Belle au bois dormant, Blanche Neige, Charlie et la chocolaterie.

À qui peut servir cette intrigue ? À quelqu'un qui veut sauver l'être aimé, en général de lui-même, ou plus vraisemblablement de mauvaises habitudes, de dettes ou de problèmes affectifs.

Il semble extraordinaire que seulement sept intrigues puissent couvrir toutes les différentes péripéties que les écrivains puissent trouver et que la vie nous réserve. En réalité, quand un film ou un livre est décevant, ou qu'il semble s'arrêter de lui-même au lieu de se terminer par la résolution de son intrigue, c'est en général parce que l'auteur a essayé de se détacher de ces sept formes fondamentales. Comme Christopher Booker l'explique, ces « histoires nous présentent ce qui revient à un genre de carte des reliefs de la nature et du comportement humain, gouverné par un ensemble absolument constant de règles et de valeurs. Ces valeurs, comme les structures archétypes qui modèlent ces histoires, sont programmées dans notre inconscient de telle façon qu'elles ne peuvent être ni modifiées ni contrôlées ».

Dans la vraie vie, il est possible de voir les événements à travers diverses intrigues simultanées, et selon le point de vue que l'on choisit. La femme qui est tombée amoureuse d'un homme marié peut être vue selon l'angle de « la renaissance ». L'être qu'elle aime subit le sortilège d'une sorcière qui n'aime pas sincèrement son mari, détruisant ainsi sa vie. Elle est arrivée pour le sauver et le rendre vraiment heureux. De son côté, l'épouse verrait probablement les événements selon l'angle « vaincre le monstre » incarné par la maîtresse. Le mari peut au départ être placé dans une « comédie », et de nombreuses farces sont construites autour de l'homme qui fait tout pour garder sa femme et sa maîtresse à distance. Cependant, pour les observateurs extérieurs à ce triangle, ce sera probablement une « tragédie ». Parcourez les sept intrigues en réfléchissant à l'histoire de votre vie. Avez-vous déjà eu l'impression de vivre ces histoires ? Si c'est le cas, desquelles s'agit-il ? Si vous continuez à voir le même scénario se répéter, ou que vous attendez de l'amour qu'il soit conforme à l'une de ces intrigues, cet aperçu sur votre subconscient est utile. Pour plus de détails, voir la partie Exercices (p. 190).

L'analyse des sept intrigues de Christopher Booker nous livre plusieurs messages. Pour l'un des plus importants, les histoires nous offrent un guide de « savoir-vivre ». En analysant ce dont un héros a besoin au début d'un récit, ce qu'il gagne à travers ses aventures et pourquoi certaines histoires tournent à la tragédie, nous pouvons apprendre ce qui compose une bonne existence. Quelles leçons codées peut-on tirer de chaque histoire ?

1 Au début de chaque histoire, il manque quelque chose au héros.
2 Le héros manifeste un certain déséquilibre.
3 Dans une Comédie, ce qui manque au héros est représenté d'une façon ou d'une autre par l'héroïne. Il doit apprendre sa valeur afin qu'ils puissent être réunis et former un tout équilibré.
4 Dans une Tragédie, le héros est de plus en plus déséquilibré jusqu'à un point ou rien ni personne ne peut le sauver. Il finit seul ou décède.
5 Dans la Quête et la Victoire sur le monstre, l'objet recherché, le monstre vaincu, ou les leçons apprises pendant le voyage vont équilibrer le héros.
6 Dans Ascension spectaculaire et Renaissance, le héros émerge de l'ombre. La société, ou le héros lui-même, a une vision plus juste.
7 L'histoire se termine bien quand tout le monde, et la société en général, a trouvé l'équilibre.

Qu'est ce que j'entends par l'« équilibre »? C'est là que j'ai besoin de faire appel aux théories de Carl Jung, l'un des pères fondateurs de la psychologie, qui a étudié les mythes et les légendes. Il pensait que, comme les rêves, ils offrent un aperçu sur les coins sombres de notre esprit. (Après tout, ces histoires survivent et se développent parce qu'elles font violemment écho à quelque chose qui est en nous.) Jung conclut qu'une personne heureuse et épanouie est en contact avec deux parties distinctes de sa psyché : l'*animus* (tourné vers l'intérieur) et l'*anima* (tourné vers l'extérieur).

Animus	**Anima**
Force	*Compassion*
Discipline	*Intuition*
Self-control	*Sensibilité aux besoins des autres*
Fermeté	*Compréhension*
Rationalité	*Capacité à avoir une vision d'ensemble*

En général, les caractéristiques associées à *animus* sont perçues comme masculines et celles de l'*anima* sont féminines. Cependant, il va sans dire que les hommes peuvent être sensibles et les femmes peuvent être rationnelles. C'est là que réside le génie de Jung : au lieu de tomber dans ces stéréotypes en vigueur au début du XXe siècle, il pensait que, pour atteindre l'équilibre, chacun des deux sexes doit être en contact avec les deux listes de caractéristiques.

EN QUOI TROUVER UN ÉQUILIBRE PEUT AIDER À TROUVER L'AMOUR ?

Les histoires démontrent les problèmes qui jaillissent lorsque quelqu'un est déséquilibré. Par exemple, les héros tragiques sont captivés par la partie *animus* de leur psyché et sont tellement obsédés par leurs besoins qu'ils n'ont pas conscience du chaos qu'ils provoquent. Othello est rongé par la jalousie. Il est tellement rationnel (*animus*) qu'il ne perçoit pas la fausse logique que lui présente son rival Iago en lui servant des mensonges sur sa femme. Avec son *animus* fermement maîtrisé, Othello est coupé de son *anima* (capable d'avoir une vision d'ensemble claire), au point qu'il ne peut pas atteindre l'équilibre. Et la pièce se termine par un tas de cadavres.

Dans une histoire ayant une fin heureuse comme *La Belle et la Bête*, la force, la discipline et le sang-froid de la Bête sont piégés jusqu'à ce qu'arrive la Belle avec toute sa compassion, sa compréhension et d'autres caractéristiques associées à l'*anima*. Au début du roman

Orgueil et Préjugés de Jane Austen, Elizabeth est trop en contact avec son *animus* (rationalité et maîtrise de soi) et est donc incapable d'accéder à son *anima* (compassion). Ainsi, elle juge injustement M. Darcy qui est mal à l'aise en société et n'est donc pas au meilleur de lui-même pendant le bal. Dans toutes ces histoires, l'équilibre est enfin atteint et tout le monde peut vivre heureux.

Si Jung fait bien de dire que nous devrions tous être en contact avec à la fois notre *animus* et notre *anima*, plusieurs valeurs sont contradictoires. Comment être à la fois rationnel et intuitif ou ferme et sensible ? À travers les mythes, les légendes et les films populaires, on trouve peu de caractères qui soient équilibrés dès le début : Merlin des légendes arthuriennes, Gandalf du *Seigneur des Anneaux,* Athéna la déesse de la sagesse dans *l'Odyssée.* Il est intéressant de constater que ce sont tous des solitaires qui n'ont aucun besoin d'être avec quelqu'un puisqu'ils sont déjà complets. Comme il est difficile pour les simples mortels de contrebalancer les qualités de l'*anima* et de l'*animus*, nous avons projeté celles de l'*anima* sur les femmes et celles de l'*animus* sur les hommes.

Pour en revenir au problème spécifique du célibat, les histoires nous enseignent que nous avons besoin d'un partenaire pour nous sentir entier et trouver l'équilibre. Pensez au nombre de contes de fées, de mythes et de légendes qui se terminent par un mariage, symbole de l'union de l'*anima* et de l'*animus.* Les histoires montrent également qu'on est pris dans le *Piège du célibat* quand on ne fait pas ce qu'il faut. Pour commencer par les hommes, j'ai reçu Martyn, 32 ans, au sujet d'une succession de relations intenses qui ont fini par ne mener à rien. En nous penchant sur les schémas récurrents, nous avons remarqué qu'il allait toujours vers les femmes en détresse. « Leurs vies sont souvent sens dessus dessous et je vois ce qui devrait être fait pour tout arranger. Seulement, même si elles sont reconnaissantes, la flamme finit par s'éteindre pour se transformer en amitié », explique-t-il. En effet,

Martyn avait tellement de compassion, d'intuition et de compréhension (en contact avec son *anima*) qu'il n'était pas équilibré et à un niveau inconscient ; ses petites amies ont cru qu'il n'avait rien de plus à offrir. Un autre homme Luke, 28 ans, a eu du mal à se mettre en couple. « J'en suis arrivé à la conclusion que les femmes préfèrent les salauds aux gentils garçons. » Pendant nos séances, j'ai rapidement découvert qu'il voulait tellement plaire et qu'il était tellement sensible aux besoins des femmes qu'il avait du mal à formuler ce qu'il voulait. « Je préfère largement faire ce qu'il faut pour leur faire plaisir. » Je savais de mes patientes femmes que cette situation est parfait, un temps. Mais elle empêche d'apprendre à connaître l'homme et, encore pire, les femmes considèrent ce comportement comme « faible » et donc sans attrait. Une fois de plus, Luke était trop en contact avec la partie *anima* de sa psyché. Parmi d'autres hommes présentant ce dilemme, on trouve ceux qui sont trop proches de leur mère ou des divorcés qui se sont trop rapprochés de leurs filles. Dans ces deux cas, les hommes ont atteint un équilibre avec l'*anima*, dans une version tordue qui finit par être malsaine.

En nous tournant vers les femmes, voyons si, elles aussi, ne sont connectées qu'à un seul côté de leur psyché. Une femme qui est contrôlée par son *anima* deviendra trop attentionnée, aura trop de compassion et sera tellement sensible aux besoins de son homme qu'elle pourra supporter n'importe quel comportement abusif ou irrespectueux. Ainsi, elle pourra finir coincée dans un mariage malheureux. Si ces femmes avaient de la force, de la fermeté et de la rationalité (*animus*), elles s'en iraient. À l'opposé, de nombreuses femmes restées seules pendant un long moment, ont un déséquilibre qui les fait pencher vers l'*animus*. Karen, 38 ans, est apparue dure, cassante et un peu égocentrique quand je l'ai interrogée. Elle m'a parlé de son histoire avec Brian, un routier long-courrier qu'elle voyait depuis trois mois, et qui s'est terminée le jour de son anniversaire : « Je ne l'avais pas vu depuis une semaine parce qu'il avait des livraisons en Europe. J'avais organisé un dîner pour son anniversaire avec des bougies, le grand jeu, mais quand je l'ai accueilli à la porte en l'embrassant, il m'a saisi les seins. J'étais folle de rage. J'avais prévu une jolie soirée et il ne voulait que du sexe. » Karen avait une idée très précise de la façon dont Brian allait passer son anniversaire : commencer par une coupe de champagne avec une fraise dans le verre. « Je m'étais dit qu'on pourrait se les mettre dans la bouche l'un de l'autre. » Ensuite, ils auraient évoqué son voyage pendant l'entrée, les nouvelles de Karen pendant le plat de résistance et il aurait ouvert son cadeau avant le dessert. Ils auraient enfin glissé vers la chambre comme par magie. Cette détermination à tout contrôler et le refus déterminé de ne pas passer directement aux ébats amoureux (Karen trouvait Brian terriblement sexy) est typique de l'*animus*. Si elle avait été plus en contact avec son *anima*, elle aurait pu envisager les désirs de Brian. Après tout, c'était son anniversaire, pas celui de Karen. Elle aurait également pu considérer la situation d'un autre œil : il avait passé une semaine sur les routes et elle avait dû lui manquer terriblement. Au lieu de cela, Karen était si furieuse de voir ses projets tomber à l'eau qu'elle avait initié une dispute et que Brian était parti sans avoir eu son cadeau. Dans la partie Exercices, vous trouverez plus de détails, pour les hommes comme pour les femmes, sur la réalisation de l'équilibre entre l'*anima* et l'*animus* (p. 198).

Pour résumer, les histoires tournent autour du conflit entre nos besoins personnels et la coopération nécessaire si l'on veut tous vivre ensemble dans une paix raisonnable. Cependant, à ce stade de l'histoire de l'humanité, le monde développé a penché du côté de l'*animus*. De nombreuses histoires modernes ne sont qu'une diversion (elles ont été détachées de leur réelle signification) ou se sont arrêtées brusquement, sans véritable conclusion. Pendant ce temps, se développe une épidémie de célibataires qui est due à la rupture du capital social, comme nous l'avons vu dans le premier chapitre de ce livre, mais également parce que nous attachons tous moins d'importance aux valeurs de l'*anima*.

Cependant, tout n'est pas si sombre. En travaillant sur les idées de cette partie du livre, non seulement vous aurez appris des leçons importantes sur qui vous êtes et ce dont vous avez besoin, mais vous vous êtes également ouvert à de meilleures relations. La dernière partie du livre se penche vers ce qu'il faut faire pour trouver la bonne personne.

En résumé

- *Il est important de vérifier que vous êtes réellement prêt avant de vous lancer dans la recherche d'un partenaire.*
- *Apprendre à mieux se connaître est vital pour savoir quel genre de partenaire il vous faut et ceux qu'il faut éviter.*
- *Il y a un autre avantage à travailler sur soi : quand on se sent mieux, on attire des gens qui se sentent tout aussi bien.*
- *Les histoires, comme les rêves, sont une voie express vers notre inconscient. Comprendre quel genre d'histoires vous racontez et lesquelles vous aimez ouvrira votre journal amoureux secret.*

EXERCICES

Dressez un contrat amoureux avec vous-même

- Cet exercice doit être fait sans précipitation. Prenez votre temps et retournez-y autant que nécessaire.
- Vous pourriez avoir envie d'y revenir dans les jours suivants pour ajouter quelques détails. Je suggérerais de garder sur vous un petit carnet afin de noter les pensées à mesure qu'elles vous traverseront à l'esprit.

• Si les nombres ci-dessous vous dérangent, ne vous en faites pas. Ils ne sont là qu'à titre indicatif. Si vous avez une bonne réponse sous chaque titre, c'est suffisant. Si vous avez plus de réponses c'est très bien aussi, en particulier pour les leçons apprises. Cependant, si vous avez une longue liste sous les deux derniers titres, reprenez-les pour sélectionner les points les plus importants. De cette façon, votre but sera plus clairement défini et donc plus facile à atteindre.

Ce que j'ai appris en chemin :

1 ....

2 ....

3 ....

4 ....

5 ....

Un changement à opérer :

Ce dont j'ai besoin :

1 ....

2 ....

3 ....

À éviter :

1 ....

2 ....

3 ....

• À « Un changement à opérer », essayez de faire une réponse pratique et positive. Par exemple : « Apprendre à chanter » au lieu d'un état d'esprit comme : « Être plus joyeux ». Si la réponse qui vous vient est négative, par exemple : « Arrêter de téléphoner à un ex tard le soir », formulez-la de façon positive : « Appeler un ami quand je n'ai pas le moral ».

• Votre unique changement peut paraître petit comparé aux besoins. Mais n'oubliez pas qu'un unique changement peut être le début d'une série de changements positifs qui conduiront à une relation heureuse et épanouissante.

• Méfiez-vous des gros changements. Il y a toujours un danger à aller à l'opposé du comportement actuel. Cela entretiendra le problème et vous finirez par jouer le rôle opposé du même drame.

Voici les réponses que Sandy et moi avons créées ensemble.

Ce que j'ai appris en chemin :

1 *Je n'ai jamais vraiment connu mon père.*

2 *Je suis pleine de ressources.*

3 *Avec de l'aide, je peux écarter de gros obstacles. (Elle avait commencé sa thérapie dans le but de maîtriser son problème d'alcool.)*

4 *Je suis quelqu'un de généreux.*

Un changement à opérer :

Donner un coup de main à la troupe de théâtre du quartier qui travaille avec des enfants handicapés et robustes. (Le bénévolat est un excellent moyen de stimuler l'amour de soi.)

Ce dont j'ai besoin :

Apprendre à connaître un homme avant de tomber amoureuse.

À éviter :

1 Les hommes qui veulent tout contrôler.

2 Les hommes qui m'idolâtrent et qui supporteraient tout de moi.

Les histoires d'amour en action

Notre société envoie des messages complexes aux célibataires. D'un côté, on célèbre les mérites de l'indépendance et de l'autonomie. De l'autre, on renforce constamment l'importance de se mettre en ménage. C'est pour cela que la plupart des contes de fées, des mythes et des légendes se terminent par un mariage. Même une intrigue comme « vaincre le monstre » voit son héros épouser la princesse, afin de souligner sa transformation de petit garçon en homme. Ne vous sentez pas désolé d'avoir très envie d'être avec quelqu'un. Mais plongez dans le projet sans réserve.

Identifiez votre intrigue personnelle

Il y a deux façons d'aborder cette partie de l'exercice.

1 Regardez les livres, films et histoires qui vous ont vraiment touché. Par exemple, mes choix récents seraient : *Brokeback mountain* d'Annie Proulx (Renaissance : un homme en deuil et sa famille quittent New York pour la terre de leurs ancêtres, partie reculée et gelée de Terre Neuve), *Le Bizarre Incident du chien pendant la nuit* de Mark Haddon (la Quête : un garçon de 15 ans présentant le syndrome d'Asperger part en voyage pour retrouver sa mère) et *La Promesse du bonheur* de Justin Cartwright (Renaissance : une fille sort de prison pour vol d'œuvres d'art et sa famille émerge de la crise). En tant que thérapeute, il n'est pas étonnant que mes goûts reflètent mon intérêt pour le changement et les gens qui découvrent quelque chose d'important sur eux-mêmes. Cependant, jusqu'à ce que je fasse moi-même cet exercice, je n'avais pas conscience que mes préférences avaient des thèmes similaires. Que vous apprennent de vous-même vos histoires préférées ?

2 Observez votre vie. Imaginez que vous allez écrire votre autobiographie. Quel titre lui donneriez-vous ? Laquelle des sept intrigues dominerait ? Quels événements majeurs seraient traités ? En imaginant que vous donniez un chapitre entier à ces événements, comment s'appellerait ce chapitre ? Vous pouvez éventuellement prendre quelques feuilles, inscrire le titre

de votre autobiographie sur la première, puis noter les titres des sous-parties. Quel genre d'histoires vous racontez-vous à vous-même et sur vous-même ?

Comprendre ce que ces histoires disent de vous.

Ci-dessous se trouvent les sept intrigues et quelques suggestions sur ce que chacune peut signifier, en particulier si votre autobiographie, ou l'un des chapitres qui la composent, se conforme à la construction de votre histoire.

Vaincre le monstre

La question la plus importante à vous poser est : « Ai-je vaincu tous les monstres ? » Dans beaucoup de films qui ont recours à ce thème, il y a souvent plusieurs monstres mineurs avant de rencontrer l'adversaire principal. Par exemple, dans le film de Peter Jackson *King Kong,* l'héroïne est menacée par plusieurs dinosaures avant de se retrouver face à ce qu'elle croit être sa plus grande menace : Kong. Dans la vraie vie également, un problème n'arrive jamais seul et nous devons traverser diverses stratégies de destruction avant d'atteindre le véritable ennemi qui se cache en dessous. Un exemple en est donné par Kate, 37 ans, qui s'est battue contre un grave problème d'alcool : « Je faisais des choses idiotes et dangereuses comme sortir pour boire, m'endormir dans le métro et être réveillée par un gardien au terminus. Il était si tard que le métro était fermé et que je devais prendre un taxi pour rentrer chez moi. » Kate a entrepris un programme de soins et a fait d'énormes progrès. « C'est alors que mon ancien problème de désordre alimentaire a refait surface pour se venger et j'ai commencé à m'empiffrer de gâteaux achetés à l'épicerie. Le problème avait commencé quand j'étais enfant. J'arrachais des morceaux de papier peint de ma chambre pour les sucer. Quand j'ai tout raconté à mon psy, je ne pouvais plus m'arrêter de pleurer. » Elle était enfin prête à parler de l'abus dont elle avait souffert de la part de son frère aîné. Si c'est votre intrigue, fêtez ce que vous avez d'ores et déjà accompli, et les monstres périront. Mais soyez réalistes quant aux défis à venir.

L'ascension spectaculaire

Le problème avec cette intrigue est que le héros peut être dans l'attente d'être tiré vers le haut, généralement par un prince ou une princesse, au lieu de trouver par lui-même le moyen de sortir de l'ombre. Même dans des films comme *Flashdance* (une soudeuse veut entrer dans une école de danse très sélective) où l'héroïne développe un talent afin d'obtenir la reconnaissance, le récit oublie de préciser le nombre d'heures de travail à fournir. En général, c'est un intérêt d'ordre amoureux qui permet d'accéder au succès. Les émissions fondées sur le talent, comme « Star Academy » *et* « La Nouvelle Star », s'appliquent également à l'« Ascension spectaculaire ». Cependant, les producteurs cachent toujours le fait que les vainqueurs prennent des leçons de chant depuis qu'ils ont cinq ans afin que le public puisse s'identifier à ce garçon ou à cette fille « ordinaire » qui devient célèbre. Si ce thème fait de bonnes émissions de télé, il conforte malheureusement les gens dans l'attente d'être découverts. Si c'est votre intrigue préférée, demandez-vous : « Que puis-je faire pour que ça m'arrive ? », « Suis-je en train de reproduire le même schéma (le même emploi, les mêmes amis, aller dans les mêmes endroits) mais en attendant que quelque chose de nouveau se passe ? », « Comment puis-je changer ? »

La quête

Ce type d'intrigue est très positif. Le héros a un but précis. Il s'attend à rencontrer des obstacles et des revers mais il ne se laisse pas décourager. Contrairement au *Voyage aller et retour* (voir ci-après), il apprend quelque chose d'important durant sa quête, et le lecteur ou le public a l'impression qu'il mérite d'atteindre ce but. Si vos livres ou films préférés s'appuient sur cette intrigue, félicitez-vous puisque cela suggère que vous êtes quelqu'un de positif et d'optimiste. Si un chapitre de votre autobiographie correspond à cette intrigue, considérez quelles capacités, caractéristiques et stratégies vous aident à atteindre votre but. Demandez-vous : « Comment puis-je m'en servir dans ma recherche d'un partenaire ? »

Le voyage aller et retour

En échangeant des histoires de rendez-vous catastrophiques avec des amis, vous correspondez souvent à cette intrigue. En d'autres termes, vous êtes allé dans un monde bizarre. Vous avez vu des choses étranges mais vous avez décidé de rentrer à la maison. Même si cette expérience vous a appris quelque chose, c'est en général d'ordre superficiel. Par exemple, ne pas porter de talons hauts pour danser avec un homme de petite taille. Ne vous en faites pas si ça ressemble à votre autobiographie ou à quelques chapitres puisque tout le monde traverse cette étape du voyage de l'adolescence à l'âge adulte. Le secret est de passer de « Voyage aller et retour » à la « Quête » et d'apprendre quelque chose d'important à travers vos expériences. Repensez à l'un de vos rendez-vous amoureux, en particulier avec quelqu'un de critique, et demandez-vous : « Que dit cette histoire à mon sujet ? » Par exemple, dans l'histoire où il s'agissait de danser avec un homme petit : « Ai-je porté un jugement hâtif sur des caractéristiques superficielles sans vraiment connaître la personne ? » Chez l'autre, avez-vous attribué des défauts à sa personnalité, alors que le même comportement appliqué à vous serait dû à des circonstances précises ? Par exemple, quand quelqu'un crie, il est coléreux, et quand c'est vous qui criez, vous réagissez à une provocation ou êtes temporairement de mauvaise humeur.

La comédie

Hollywood s'est servi de cette forme d'histoire tellement souvent que nous savons au bout de quelques minutes qui va tomber amoureux de qui. L'intérêt est de voir de quelle façon ils vont surmonter les obstacles pour atteindre le grand amour. Cependant, peu de spectateurs s'arrêtent pour s'interroger sur la forme du récit, ce qui montre à quel point elle est enracinée dans notre subconscient. En quoi la forme de la comédie influence-t-elle notre image de l'amour ? La question est très bien résumée dans une réplique du *Songe d'une nuit d'été,* l'une des comédies de Shakespeare les plus jouées : « Il semble que le véritable amour n'ait jamais cours facile. » En d'autres termes, nous sommes entraînés à nous attendre à des problèmes tout en sachant que « l'amour vaincra » (le poète romain Virgile, 70-19 av. J.-C.). Résultat, nous croyons que nous pouvons tomber amoureux de quelqu'un qui ne nous convient pas du tout, mais encore que l'amour atténuera les problèmes, résoudra nos différends et offrira une fin heureuse. De plus, nous pouvons supporter le pire des comportements de la part d'un nouvel amoureux (manque de correction, langage abusif ou même du mépris) puisque, dans les films romantiques, la plupart des couples commencent par se détester. Si c'est votre intrigue préférée ou que vos histoires d'amour passées ont suivi la première partie de l'intrigue de la comédie, demandez-vous : « Est-ce que j'attends trop de l'amour ? » Si l'amour peut être magique, il ne peut pas faire disparaître les problèmes.

La tragédie.

Sous l'effet de quelques verres, il est facile de devenir mélancolique et de se voir comme un héros tragique. Selon les mots de l'un des héros tragiques de Shakespeare, le roi Lear, si nous avons fait quelque chose de mal, comme coucher avec un homme (ou une femme) marié, nous sommes en réalité les victimes d'un mal plus sérieux. Le monde entier est contre nous. Même si cette stratégie peut nous aider à aller mieux à court terme, elle nous empêche également de reconnaître correctement nos erreurs, notre part de responsabilité dans notre malheur, et d'apprendre quelque chose de bénéfique pour l'avenir. Que faire si votre autobiographie semble correspondre à cette forme d'intrigue ? Dans les histoires, le héros tragique finit seul ou décède parce qu'il est en proie à son *animus* et ne parvient plus à considérer les points de vue des autres. Vous pouvez vous reporter à l'exercice ci-dessous. Dans certains cas, je trouve que les gens aux autobiographies tragiques se sont considérés d'un œil trop noir. Un bon exemple serait celui de Molly, une mère célibataire de 28 ans qui a un fils de 12 ans. Quand elle était plus jeune, elle avait gardé les enfants du meilleur ami de son père. « J'ai toujours été proche de cet homme. Il était comme un oncle pour moi, et ça se passait mal à l'école. Il m'a écoutée et vous devinez la suite. Enfin, ça a brisé le cœur de mon père quand il a tout découvert. J'avais essayé de cacher ma grossesse et j'imagine que j'étais dans le déni. Mon père avait été dans la marine avec cet homme et ça a détruit leur amitié. Cet homme a fini par divorcer. Comment ai-je pu être aussi égoïste ? » J'ai dû rappeler à Molly qu'elle était mineure et elle a doucement accepté que tout n'était pas de sa faute. Elle a fini par changer d'intrigue pour « vaincre le monstre ». Est-ce que cela vous aiderait ?

La renaissance

Voici une autre intrigue positive puisqu'elle implique quelqu'un qui change et qui se libère des ténèbres. Cependant, contrairement à « l' ascension spectaculaire », le héros fait l'essentiel du travail par lui-même. Si vous appréciez ce type d'intrigues dans les livres ou les films, ou que vous trouvez que votre autobiographie est plongée dans les ténèbres, comment vous servir de ces leçons pour atteindre la renaissance ? De temps à autre, dans les histoires de renaissance, le héros est très isolé. Picsou n'a pas d'amis et garde ses distances avec son neveu. Dans le *Jardin secret*, Mary est une orpheline envoyée dans une demeure lointaine des landes du Yorkshire. Considérez votre propre vie : pourquoi êtes-vous isolé ? Que pouvez-vous faire pour changer cela ? L'autre fil courant dans les cas de renaissance est de voir le problème avec un regard neuf. Pour Picsou, c'est la visite des trois fantômes et pour Mary c'est l'arrivée du printemps. Comment pourriez-vous changer de point de vue sur votre vie ? N'oubliez pas que vous n'êtes pas en train de chercher quelqu'un qui va bouleverser votre vie mais qui va vous donner l'impulsion nécessaire pour le faire par vous-même.

Retrouvez l'équilibre entre l'*animus* et l'*anima*

1 Quelles sont vos attitudes en général ?

• Commencez par votre réaction naturelle face à un événement important de votre vie. Penche-t-elle vers l'*animus* ou l'*anima* ?

- Si elle tend vers l'*animus*, regardez si les avantages à court terme lorsque vous êtes tourné vers vous-même (par exemple, suivre votre route) l'emportent sur les avantages à long terme lorsque vous considérez les autres (peut-être une meilleure coopération de la part de vos collègues). Si elle tend vers l'*anima*, même s'il y a des avantages à court terme à toujours faire passer les autres en premier (par exemple, ça vous fait du bien ou ça vous procure un sentiment de paix), quels sont les mauvais côtés à long terme (peut-être que tout cela soit pris pour argent comptant) ?

2 Allez vers les autres

(Uniquement pour ceux qui tendent vers l'*animus*. Si vous tendez vers l'*anima*, passez au numéro 3.)

- Quels sont les besoins des autres ? Quels impacts a votre comportement sur leurs besoins ?
- Qu'en est-il de la communauté en général ?
- Quelles seraient les conséquences si tout le monde se comportait comme vous ?

3 Mettez-vous à la place des autres

Imaginez que vous êtes un ami ou un membre de la famille suffisamment proche pour être touché par votre comportement.

Quelle serait son opinion de vous ?

Qu'en pensez-vous ?

Toujours en vous mettant à sa place : comment jugeriez-vous votre propre comportement ?

4 Que pourriez-vous faire autrement la prochaine fois ?

Avec un regard neuf, pensez aux changements que vous voudriez opérer.

Si vous ne trouvez pas d'idée, essayez le contraire de votre approche habituelle.

Cela est destiné à vous aider à faire l'expérience de la partie opposée de votre psyché.

5 Ensuite, analysez les changements

Qu'est-ce qui fait du bien ?

Qu'est-ce qui a été difficile mais contrôlable ?

Comment pourriez-vous vous en servir pour l'avenir ?

Première étape : les sept leçons clés

1 *Ne vous punissez pas.* Notre société individualiste et égoïste rend plus difficile de se lancer dans une relation et de la maintenir.

2 *Qui se ressemble s'assemble.* S'ouvrir et devenir plus honnête attirera des partenaires qui auront les mêmes qualités.

3 *Pardonnez à vos parents.* Même si les décisions de vos parents ainsi que leur conception du rôle parental tiennent une part importante dans la construction de vos attitudes, dans la vie en général et amoureuse en particulier, ils sont à leur tour le produit de leur propre éducation.

4 *Acceptez vos sentiments et tirez-en des leçons au lieu de les ignorer ou de vous abrutir.* La plupart des problèmes affectifs les plus difficiles proviennent du fait que l'on a essayé de les ignorer ou de prendre des raccourcis pour contourner des problemes plus simples.

5 *Débarrassez-vous des séquelles d'une histoire d'amour avant de vous lancer dans la suivante.* Sans cela, les problèmes liés à un couple se déplaceront sur le suivant et obscurciront la prochaine histoire. Des ombres sur des ombres peuvent aboutir au désespoir le plus sombre.

6 *L'amour ne guérit pas tout.* Les problèmes sont tapis dans les extrêmes, mais la voie du milieu est la plus victorieuse.

7 *Soyez plus modéré.* Les problèmes tirent vers les extrêmes, la voie du milieu est toujours la meilleure.

Seconde étape
Trouver l'amour durable

6

Voir autrement le rendez-vous amoureux

Le but de ce livre est de vous amener à vous voir différemment et à vous interroger sur la façon dont vous avez recherché l'amour. Pour la plupart des gens, cette démarche implique des rendez-vous galants. Mais est-ce vraiment la meilleure façon de trouver le partenaire de votre vie ? L'accent est souvent mis sur l'idée de rencontrer le plus grand nombre possible de personnes, dans le plus petit laps de temps possible et presque toujours dans des conditions artificielles. On opte pour la dernière fantaisie à la mode, comme dîner dans le noir (où les serveurs portent des lunettes spéciales et les lumières ne s'allument qu'à la fin du repas) et, pendant un bref instant, l'espoir est placé dans cette légère différence. Nous pouvons faire un parallèle avec le dernier régime alimentaire à la mode : de même que peu de gens se demandent si faire un tel régime est le meilleur moyen de perdre du poids, peu de gens se demandent si cumuler les rendez-vous est la meilleure façon de juger si deux personnes sont réellement compatibles. D'un autre côté, le principe du rendez-vous amoureux s'enracine profondément dans notre culture, au point d'en venir à imaginer que c'est le seul moyen de rencontrer quelqu'un. Cependant, il est le produit d'une période précise et d'un ensemble de circonstances spécifiques.

Histoire du rendez-vous amoureux : l'exemple des États-Unis

Jusque dans les années 1920, un système appelé *calling* (« visiter ») était au centre de la cour que se faisaient les hommes et les femmes des classes moyennes et supérieures. Inviter quelqu'un à lui rendre visite était une activité principalement féminine, puisque les femmes contrôlaient la vie sociale. Une hôtesse décidait des jours où elle pouvait recevoir ses invités. Tout comme dans le principe du rendez-vous, les visites répondaient à un ensemble de règles complexes qui couvraient aussi bien la période à respecter entre une invitation et une visite (deux semaines ou moins), la durée d'une visite, les rafraîchissements servis que la distraction adéquate (probablement la fille de la maison jouant du piano). Même les familles de classes modestes et moyennes pouvaient s'offrir des bonnes qui, ouvrant la porte, informaient un gentilhomme que la dame de la maison était « visible » ou non. Le *Ladies' Home Journal*, bastion de la respectabilité, rapportait ainsi, d'un ton approbateur, comment des ouvrières d'une usine s'étaient réunies pour louer le petit salon d'une veuve, afin d'avoir un chaperon et un lieu où rencontrer des hommes.

Le changement est venu en fait du bas et du haut de l'échelle sociale. La plupart des foyers de la classe ouvrière étant ternes et surpeuplés, les couples naissants s'installèrent dans des rues plus attrayantes. Dans l'aristocratie, les jeunes filles retrouvaient les hommes à l'extérieur de leur domicile, une sorte d'acte de rébellion envers leurs mères qui contrôlaient leur vie amoureuse. Lady Bracknell en témoigne lorsqu'elle informe sa fille dans *The Importance of Being Earnest* (« L'Importance d'être sincère ») : « Pour une jeune fille, les fiançailles devraient arriver par surprise, qu'elle soit agréable ou non. »

Comme de nombreuses innovations sociales, le rendez-vous amoureux, *dating* en anglais, vient des États-Unis, ainsi que l'essentiel de ses règles. Alors que le principe d'invitations concernait la sphère privée, la maison, sous l'œil vigilant de la famille, cette nouvelle façon de courtiser allait se dérouler dans le monde extérieur, dans l'anonymat des espaces publics. Non seulement le rendez-vous galant a fait passer le pouvoir des parents aux enfants, mais également des femmes aux hommes. Si la sphère domestique appartient aux femmes, la sphère publique appartient aux hommes. Ainsi, une invitation à sortir ensemble était littéralement une invitation à se rendre dans le monde des homems. Quant à la visite, une hôtesse lançait une invitation, les invités ne pouvant pas venir d'eux-mêmes. Cependant, pour sortir avec quelqu'un, les femmes étaient acculées à attendre qu'on leur propose de sortir.

En 1914, le terme *dating* entra même dans le *Ladies' Home Journal*. Et, aux États-Unis, cette époque a connu d'énormes changements culturels au profit des femmes célibataires. Jusqu'en 1907, elles ne pouvaient manger avec un homme dans un restaurant, même un parent, sous peine de se voir étiquetées « de mauvaise réputation » par les clients présents. Mais, avant les années 1920, les filles du Radcliffe College, intégré à l'Ivy League du Massachusetts, dressèrent une liste de restaurants où elles pouvaient aller dîner avec un homme. Néanmoins, elles ne pouvaient fréquenter certains de ces endroits qu'avant 19h30.

Peu à peu, le rendez-vous amoureux commença à être codifié en tant que loisir. Le jeune couple « sortait » et « dépensait de l'argent », au lieu de passer simplement du temps ensemble, comme c'était le cas avec les invitations. Les magazines féminins mettaient leurs lectrices en garde contre les hommes qui n'aspiraient qu'à passer du temps chez elles. Cependant, l'importance accordée à ces dépenses d'argent donnait beaucoup de pouvoir à la personne qui payait l'addition : le jeune homme. L'avènement de l'automobile offrit par ailleurs à la jeunesse de la mobilité et de l'intimité, ce qui limita d'autant plus la capacité des mères à contrôler la vie sentimentale de leurs filles.

Même si nous avons tendance à concevoir le rendez-vous galant comme le moyen naturel de rencontrer le sexe opposé, il existait deux modes contradictoires, toutes deux dictées par la situation sociale de l'époque. La première était appelée *competitive dating*. Aux États-Unis, les années 1920 étaient vues comme une période d'abondance, particulièrement pour les hommes. Les jeunes gens sortaient donc dans un esprit de compétition. Dans *Male and Female* (1949), son étude sur les lycées américains, l'anthropologue Margaret Mead évoque ainsi le phénomène *dating and rating* (« essayer pour comparer »). La danse, qui constitue le premier moyen de rencontrer des personnes du sexe opposé, avait compliqué les règles. La plus grande crainte était en effet de rester coincé avec le même cavalier toute la soirée. Si personne ne venait taper sur l'épaule de l'homme pour lui demander de danser avec sa partenaire, deux possibilités s'offraient : la ramener auprès de son groupe d'amis ou continuer à danser. On ne pouvait pas abandonner l'autre au bord de la piste. C'est pourquoi, le fait de passer toute la soirée avec une seule personne était tellement marqué socialement que de nombreuses femmes prétextaient un mal de tête pour demander à être reconduite chez elles. Dans le livre *From front porch to Back Seat* (« De la porte d'entrée au siège arrière »), Beth Bailey raconte l'histoire d'un jeune homme qui ne parvient pas à se défaire d'une cavalière indésirable. Il va jusqu'à à agiter un billet d'un dollar dans le dos de la demoiselle afin de soudoyer ses amis pour qu'ils interrompent la danse. Réalisant ce qui se passe, la jeune fille fait preuve d'une grande force de caractère en lui proposant de monter à cinq dollars le prix pour qu'elle rentre chez elle.

Avec le *competitive dating*, et pour les deux sexes, accumuler les partenaires était synonyme de réussite et suscitait l'envie. Dans certaines écoles, les filles se mettaient d'accord pour ne pas accepter de rendez-vous certains soirs afin de pouvoir étudier. De cette façon, elles étaient assurées que, dans le cadre de ces compétitions, aucune fille ne sortirait avec un homme convoité. Au final, en sortant avec quelqu'un dans cet esprit de compétition, il ne s'agissait pas de courtiser ni même d'apprécier la compagnie d'une fille ou d'un garçon en particulier mais simplement d'être vu accompagné.

Le second type de rendez-vous galant, le *going steady*, consistait à sortir avec une seule personne.

Après le crash de Wall Street de 1929, l'ère de l'abondance étant terminée, les commentateurs se plaignirent du manque d'hommes à épouser – en d'autres termes, de bons partis ayant une situation financière suffisamment solide. La Seconde Guerre mondiale ne fit qu'amplifier les avantages de la relation stable. Du coup, les jeunes gens s'installèrent au sein de couples résolument monogames, bien que, à peine sortis de l'adolescence pour la plupart, peu d'entre eux s'attendaient à passer de cette stabilité au mariage. Auparavant, les jeunes gens les plus en vue avaient des centaines de rendez-vous. Mais au début des années 1950, les comportements changèrent fondamentalement. En 1953, selon une enquête de l'Université du Wisconsin, parmi les étudiants les plus en vue, 36 % « avaient opté pour la stabilité », 33,4 % « sortaient souvent avec la même personne » et seulement 8,7 % « sortaient avec tout le monde ».

Conformément à ce « sortir avec une seule personne », les garçons devaient appeler un certain nombre de fois par semaine et assurer des rendez-vous le soir, la fréquence de ces coups de fil et de ces sorties variant selon les règles locales. Il existait également un système compliqué d'échange de bagues et d'autres symboles d'amour éternel. En outre, privilégier un seul partenaire présentait un avantage sur le *dating and rating*. Les deux sexes pouvaient se détendre après quelques semaines intenses et avaient la garantie d'avoir un partenaire avec qui se distraire. Cependant, les couples étaient tellement stables que celui qui ratait la « ruée » pouvait tout oublier de la vie amoureuse pour le restant de l'année scolaire. Aujourd'hui, ce principe d'exclusivité peut sembler très fermé. Même si les garçons et les filles pouvaient sortir avec des amis du même sexe les soirs où il était permis de ne pas sortir en couples, ils devaient en informer leur partenaire stable. Dans les années 1950, les parents n'appréciaient pas ces arrangements. Comment leurs enfants pouvaient-ils faire de bons choix à long terme si, contrairement à ce qui se passe avec le *dating and rating,* leur expérience du sexe opposé était si peu variée ? Cependant, sous la désapprobation officielle des parents se cachait une peur que la « monogamie chaude » encourage les couples à s'embrasser, se caresser et probablement plus. Il est intéressant de voir qu'ils croyaient que sortir avec de plusieurs personnes et pas assez longtemps pour devenir intimes garantissait la sécurité de leurs filles. Des peurs bien différentes de celles qu'ont les parents de nos jours.

Il faut bien sûr replacer le rendez-vous amoureux dans son contexte historique. D'une part, ce survol montre que les débuts d'un couple n'ont jamais connu d'âge d'or. Chaque système a présenté ses avantages et ses inconvénients. Et même si nous voulions revenir en arrière, nous sommes très différents de nos prédécesseurs. D'autre part, l'histoire réfute les théories sociobiologiques selon lesquelles les hommes et les femmes seraient stéréotypés par nature : ils seraient biologiquement faits pour chasser ou pour être chassés. La vérité est tout autre. Faire la cour a toujours été le produit des circonstances de chaque époque.

Pourquoi courtiser est-il si démoralisant ?

Les racines du rendez-vous amoureux contemporain américain sont toujours fermement implantées dans le code des années 1950 : sortir avec une seule personne. En fait, les idées sont contenues dans le guide le plus populaire sur le sujet, *The Rules* (« Les Règles »), publié en 1995. Parmi ces « règles » que préconisent les auteurs, Ellen Fein et Sherrie Schneider, il convient de ne pas adresser la parole à un homme en premier (ni l'inviter à danser), de ne pas faire moitié-moitié pour payer une addition, de le laisser passer d'abord. Mais ces règles sont inappropriées dans un monde où une femme peut devenir présidente d'une multinationale, faire le tour du globe à la voile en solitaire et combattre aux côtés des hommes en Irak. Il existe bien des tentatives visant à actualiser le rendez-vous amoureux, par exemple Rachel Greenwald, dans *Find a husband after 35 – Using what I Learned at Harvard Business School.* On y suggère qu'une femme doit se transformer littéralement en produit de marché, condition pour se vendre. Or, si sa seule possibilité est d'attendre passivement qu'on l'invite à sortir, de monter des machinations ou de jouer un jeu, notre monde est bien triste.

Par ailleurs, la décision d'avoir des enfants a été reportée de la vingtaine d'années à trente ans et plus, ce qui renforce le principe d'exclusivité. Ainsi, lorsqu'elle avait une vingtaine d'années, Joanna, une femme de 30 ans qui travaille dans l'édition, avait le même petit ami depuis longtemps. « En y repensant, je crois que nous étions plutôt sérieux et je me demande souvent ce qu'aurait été notre vie si nous nous étions mariés, mais ce n'était pas le bon moment. Nous n'étions pas prêts à faire le grand saut et nous nous sommes éloignés l'un de l'autre. » Joanna et son compagnon se comportaient « comme s'ils étaient mariés », à l'image des adolescents étasuniens des années 1950, même s'ils n'étaient pas prêts sur le plan financier et émotionnel.

Parallèlement, le rendez-vous galant moderne a développé une approche totalement schizophrène en ajoutant l'esprit de compétition à la stabilité, ce qui a gâché les deux systèmes à la fois. Sortir avec de nombreux hommes ou femmes, comme dans le dating and rating, est la dernière preuve que l'on est désirable. Dominique, 28 ans, raconte : « J'aime recevoir de l'attention de la part des hommes, ça m'aide à me sentir bien dans ma peau. Même les rendez-vous ratés me fournissent des anecdotes amusantes à raconter à mes collègues de travail. En réalité, parfois je me dis que j'aime en parler après coup plus que je n'apprécie ces sorties. » Il n'est pas étonnant que nous soyons aujourd'hui perdus dans la façon de se fréquenter : nous sommes poussés dans deux directions contraires.

Deux autres tendances ont rendu le rendez-vous amoureux encore plus précaire. La première est notre conviction que nous manquons de temps. Avec le « pas assez d'heures dans une journée », nous prenons des décisions quasi-instantanées sur la personne que nous fréquentons ou sur l'inconnu de la soirée. Comme il est impossible de juger à la fois la compatibilité de caractère et la compatibilité affective, nous retombons dans ce qui compte aux yeux de la société, des amis et des médias : la jeunesse, l'allure, le statut et les possessions. Pis encore, ces standards sont de plus en plus exigeants, la liste des critères acceptables plus restreinte. Souvent, nous pouvons discréditer quelqu'un, non pas en nous fondant sur nos propres goûts intrinsèques, mais sur ce que pourraient penser les gens en général. La seconde tendance est l'abondance. Jusque dans les années 1950, la plupart des femmes et des hommes se mettaient en couple avec quelqu'un vivant dans le voisinage, la recherche étant limitée par la distance que l'on était prêt à parcourir à pied ou en vélo. Dans de nombreuses campagnes, le choix pouvait être particulièrement limité. La voiture élargit le réseau, mais nos parents continuèrent d'épouser quelqu'un de la même ville ou des environs : un choix plus large tout en restant facile à maîtriser. Depuis, Internet et les compagnies aériennes à bas prix ont fait exploser ces repères : il existe des millions de partenaires potentiels qui ne demandent qu'à nous rencontrer. Non seulement l'abondance rend le choix plus difficile à faire, mais elle nous autorise à discréditer quelqu'un sous le plus futile des prétextes.

UN RENDEZ-VOUS RÉUSSI NE SIGNIFIE PAS NÉCESSAIREMENT UN COUPLE HEUREUX

Dans les années 1980, les chercheurs de l'université d'Ontario, Canada, se sont penchés sur la différence entre « aimer quelqu'un » et « bien l'aimer ». L'équipe (Seligman, Fazio et Zanna) pense que, face à un partenaire potentiel, nous réagissons à deux catégories de caractéristiques différentes : extrinsèques et intrinsèques. Les éléments extrinsèques se concentrent autour de ce que quelqu'un peut faire pour nous, mais ils n'ont rien à voir avec la personnalité, c'est-à-dire les qualités intrinsèques.

Par exemple, dans *Orgueil et Préjugés*, Elizabeth révèle une qualité extrinsèque quand elle répond à la question de sa sœur sur le moment où elle est tombée amoureuse de M. Darcy : « Je pense pouvoir le dater à la première fois que j'ai vu ses belles terres à Pemberley. » En réalité, Elizabeth taquine sa sœur parce que l'attrait principal de Darcy c'est ses qualités intrinsèques, c'est-à-dire son caractère. Dans ce cas, elle aime sa loyauté envers ses amis, sa générosité d'esprit et son jugement. Mais revenons à Seligman, Fazio et Zanna. Ils ont séparé les avantages intrinsèques et extrinsèques chez des couples d'étudiants qui sortaient ensemble depuis moins de douze mois (durée moyenne de six mois) en leur demandant de compléter les phrases suivantes « Je passe du temps avec mon ou ma petit(e) ami(e) parce que je... » – ce qui appelle les qualités intrinsèques –, « Je passe du temps avec mon ou ma petit(e) ami(e) dans le but de... » – ce qui appelle les qualités extrinsèques. Même si tomber amoureux est une expérience notoirement difficile à identifier, c'est probablement le moment où les qualités extrinsèques deviennent intrinsèques. En d'autres termes, les raisons extrinsèques nous poussent à apprécier quelqu'un, mais les qualités intrinsèques à l'aimer. Nous aimons bien quelqu'un parce qu'il nous conduit au travail, mais nous continuons à aimer notre partenaire même s'il est malade et alité et qu'il ne peut rien faire pour nous.

L'équipe de l'université d'Ontario cherchait à découvrir si aider quelqu'un à prendre conscience des avantages extrinsèques du couple facilite le développement de l'amour entre deux personnes qui entament une relation. Ils ont divisé au hasard les étudiants en deux groupes. Le groupe de contrôle n'a fait que compléter les phrases intrinsèques/extrinsèques avant de s'en aller. Le second groupe est resté pour participer à une discussion sur les avantages extrinsèques du couple. Le jour suivant, tous les étudiants ont participé à un test qui mesurait à quel point ils appréciaient leur petit(e) ami(e) et à quel point ils les aimaient. Les étudiants qui avaient discuté des avantages extrinsèques ont obtenu des scores plus élevés sur l'échelle de « bien aimer » et de plus petits scores sur l'échelle « aimer ». Dans un troisième test, ils voyaient moins facilement leur petit(e) ami(e) comme un partenaire à long terme. Clairement, plus les avantages pratiques et sociaux d'un couple étaient mis en avant, moins les personnes avaient de chances de tomber amoureux. Malheureusement, sortir avec quelqu'un souligne ces qualités superficielles et extrinsèques. Teresa, 38 ans, raconte : « En théorie, il avait tout de quelqu'un de bien. Un bon boulot. Il m'emmenait dans d'excellents restaurants. Mes parents approuvaient. Je n'arrêtais pas de me dire que le temps passait et que j'appréciais sa compagnie. Ma meilleure amie me disait de bien me tenir parce qu'elle me le prendrait sans hésiter. On a continué à se voir pendant six mois. Mais j'ai compris que je me forçais à le rappeler et j'ai fini par rompre. »

Comme je l'ai déjà développé, dans les contes de fées, les princes et les princesses se déguisent dans le but d'être aimés pour ce qu'ils sont vraiment, non pour leur château ou leurs bijoux. Les mythes perdurent parce qu'ils nous livrent un message important : nous voulons tous être aimés pour ce que nous sommes. Si l'amour reposait sur des qualités extrinsèques, que se passerait-il si l'on voyait surgir quelqu'un de plus riche ou de plus beau ? Tout d'abord, nous nous sommes identifiés à l'homme ou à la femme ordinaire dont la vertu, qualité intrinsèque, était récompensée en découvrant que l'être qu'il ou elle chérissait était en réalité de sang royal. Cependant, notre culture abondante a changé tous les crapauds que nous sommes en princes et en princesses, mais avec la peur maladive qu'on profite de nous. Comme l'équipe de l'université d'Ontario l'a découvert, plus nous recevons de récompenses potentielles lorsque la personne tombe amoureuse de nous, plus il est difficile de croire en ses motivations et, de surcroît, de décider si nous sommes nous-mêmes amoureux.

Un autre point est à souligner : les rendez-vous amoureux sont particulièrement stressants. Tout d'abord, on est inquiet de savoir si cette personne va accepter ensuite de décider de l'endroit où aller, puis de savoir si tout va bien se passer et s'il y aura un autre rendez-vous.

Quand on est tendu ou qu'on se sent jugé, on sort plus facilement de soi-même ou on a davantage tendance à jouer un jeu.

Brian, un ouvrier de 32 ans, rapporte : « Mes copains me disaient que la meilleure stratégie était d'être joyeux et ouvert, mais je ne suis pas comme ça. Au bout de quelques rendez-vous embarrassants où je me suis tourné en ridicule, j'ai décidé que la tragédie était l'atout des hommes pétillants et j'ai cessé de jouer. » Brian est marié depuis trois ans. Cependant, certains sont tellement décidés à impressionner l'autre qu'ils mentent ou omettent des informations essentielles sur leur passé. Du coup, dissimuler est devenu si courant que l'on a pris l'habitude de vérifier les références de quelqu'un sur Google avant le premier rendez-vous.

Fiona est venue en thérapie après que sa désastreuse histoire de quatre mois s'est finalement arrêtée. « Il m'a fait croire qu'il était avocat, et il en avait sûrement le baratin, mais il était en réalité clerc à la rédaction des actes de propriété. J'avais des doutes depuis un moment. Une fois, j'ai passé la nuit chez lui et j'ai trouvé une enveloppe ouverte sur son coffre à tiroirs. C'est ainsi que j'ai appris qu'il avait plusieurs milliers de livres de dettes. » Cependant, au fil des séances, Fiona a avoué qu'elle non plus n'avait pas été totalement honnête. « D'accord, je ne lui ai pas dit qu'un ex-petit ami me harcelait et me menaçait car je pensais que ça le repousserait. » Malheureusement, la manière dont une histoire débute joue un grand rôle sur ce qui se passe ensuite. En effet, si l'on s'est prémuni d'un éventuel rejet en recourant à la malhonnêteté ou en donnant une version plus brillante et meilleure de nous-même, il est presque impossible, par la suite, de se montrer ouvert et honnête, ingrédients vitaux d'une relation heureuse et durable.

Venons-en maintenant au rendez-vous plus «officiel». Par sa nature même, et par l'élaboration qu'il suppose, le grand moment n'arrive que quelques jours ou semaines plus tard. Pendant ce temps, l'imagination a de multiples occasions de se déchaîner. Maria, 45 ans, explique : « Je ne crois pas en cette histoire “du bon”, mais je commence à imaginer des vacances ensemble ou quel cadeau il aimerait pour Noël. Pour être honnête, j'ai une image de l'homme parfait. Il est d'âge mûr et sa femme est décédée ; les enfants sont suffisamment grands pour ne pas me détester, mais assez jeunes pour ne pas être coincés avec leurs propres enfants. Ils sont donc disponibles pour partager des déjeuners à Londres ou apprendre l'équitation avec moi. » Maria est assez consciente de ce qu'elle dit pour en rire. Mais, dans la course au rendez-vous, elle est occupée à réécrire son fantasme. « Quand nous sortons finalement ensemble, c'est presque toujours une déception parce qu'il a rétréci de dix centimètres et j'ai oublié qu'il ne parlait pas de grand-chose d'autre que de l'association des amateurs de Jaguar. » Peut-être que cet homme était nerveux et qu'il n'avait donc pas remarqué que Maria ne s'intéressait pas aux voitures. À moins qu'il n'ait été qu'un raseur. Un second rendez-vous lui en apprendrait plus. Mais, comme elle l'avoue : « À ce stade, je suis déçue au point d'être passée à autre chose. »

LE PARTENAIRE PARFAIT

La culture contemporaine nous encourage à nous concentrer sur ce que nous attendons d'une relation amoureuse. D'une certaine façon, si nous parvenons à formuler ces désirs, souvent dans les moindres détails, nous aurons fait un pas de plus vers ce partenaire idéal et l'amour éternel.

Lydia approche de la quarantaine et a un enfant en bas âge. Mais elle est désabusée parce que les hommes qu'elle attire « sont tous des losers, chacun à sa façon. Ils sont attirants mais boivent trop, fument trop de pétards ou ont des problèmes d'argent. En réalité, ils ne sont pas capables de se prendre en charge ». Décidée à ne pas refaire les mêmes erreurs, Lydia a dressé une liste des conditions que doit remplir l'homme idéal. J'ai ajouté ses explications en italique.

• Âgé de 38 à 48 ans. (« *Dans l'idéal, il devrait avoir quatre ans de plus que moi.* »)

• Peu conventionnel. (« *Le père de mon enfant a eu une enfance très ordinaire, ce qui fait que nous ne nous sommes jamais vraiment compris.* »)

• A eu un passé en dents de scie mais qu'il a réglé. (« *Je m'ennuie facilement et je peux rapidement étouffer dans une relation "normale".* »)

• A voyagé.

• A lu *Stone Junction* de Jim Dodge. (*Si vous n'aimez pas ce livre, qui est tout à fait hippie et plein de réalisme magique, vous n'êtes pas reçu.* »)

• Créatif.

• Avec le film *Gummo*, d'Harmony Korine (« *Il n'est pas nécessaire d'avoir vu ce film, mais c'est un test de plus. Sans cela, comment puis-je savoir s'il supportera mon côté sombre ?* »)

• À des goûts musicaux alternatifs (« *J'aime le jazz contemporain et le funk.* »)

• Est spirituel mais pas religieux.

• A de beaux tatouages.

• N'est pas possessif.

À première vue, j'ai cru que Lydia blaguait, mais elle était sérieuse. En réalité, elle a même proposé d'inclure son adresse électronique dans mon livre au cas où quelqu'un remplirait ces conditions. Je lui ai ensuite demandé si ces critères étaient négociables. « Peut-être les tatouages. Je pourrais accepter qu'il en ait un ou deux bizarres. Mais, avec quelqu'un qui n'en aurait pas du tout, je pense que nous serions trop différents pour que le courant passe. » La liste de Lydia en disait long sur elle. Tellement que j'ai commencé à me demander si elle se projetait sur ce partenaire idéal. Si cet homme parfait existait, il serait presque son jumeau et ils pourraient vivre en harmonie parfaite. Tout a l'air merveilleux. Mais qu'en est-il de la réalité ? Vingt-cinq années de conseil conjugal m'ont appris que, dans un couple, être trop semblables est presque aussi mauvais qu'être trop différents. Ces couples jumeaux deviennent comme des frères et sœurs ou de bons amis, et la flamme s'éteint. En effet, nous avons besoin des différences pour faire vivre la relation, la rendre intéressante et lui permettre de se développer. La différence est comme le grain de sable pour la coquille d'huître. S'il est agaçant pour ce mollusque, il produit quelque chose d'incroyable : une perle. Je me demande si le partenaire idéal est bénéfique pour nous. Après tout, « ce que nous voulons » et « ce qu'il nous faut » sont peut-être deux choses différentes.

Cette idée est développée par Linda Hirsham, professeur de philosophie et d'études sur les femmes de l'université de Brandeis, Massachusetts. Dans les listes des désirs de nombreuses femmes, le plus commun est de trouver un homme qui n'a pas de problèmes d'argent. Cependant, Hirsham pense que celles qui réussissent devraient épouser des hommes sans perspective professionnelle ! Elle est arrivée à cette conclusion après avoir étudié la rubrique des jeunes mariés du *New York Times*. En 1996, à l'époque de ces mariages, ces femmes étaient docteurs, avocates ou cadres à Wall Street. Mais, dix ans plus tard, elles avaient soit régressé dans leur carrière, soit totalement laissé tomber afin de s'occuper de leur famille. Sa conclusion : ces femmes s'étaient mariées avec quelqu'un de supérieur parce que le partenaire qui gagne le moins doit sacrifier son avenir professionnel à l'éducation des enfants. Son conseil aux femmes : épouser un artiste (au sens le plus large du terme). Intéressant et stimulant, il représentera un contraste au monde sans âme de l'entreprise. Et, ce qui est le plus important, il ne sera pas en mesure de faire du chantage pour que la mère s'occupe des enfants, puisque la famille ne pourra pas vivre de son seul revenu. De plus, il travaillera probablement à son compte et pourra adapter ses heures de travail aux exigences des enfants. De son côté, la femme pourra avancer dans sa carrière. Les convictions d'Hirsham peuvent être discutées, bien sûr. Mais elles illustrent à quel point les listes d'exigences sont rarement la meilleure façon de choisir un compagnon.

LES DERNIÈRES TENDANCES DU RENDEZ-VOUS AMOUREUX

Il va sans dire qu'Internet a révolutionné la façon dont nous communiquons et faisons des rencontres. Cependant, malgré tous les espaces consacrés à la discussion et au réseau social, la majorité des jeunes gens – qui ont grandi avec Internet – continuent à trouver leurs petit(e)s ami(e)s au lycée, par l'intermédiaire de leurs amis, dans les bars et dans les soirées. Et donc, en réalité, de manière traditionnelle. En fait, ces sites de rencontres ont été colonisés par les plus de 30 ans. Il y a deux raisons à cela : premièrement, la plupart des personnes de cette génération sont déjà en ménage et leur vie sociale tourne autour des couples. Secondement, ils sont pressés et ces sites se vendent en assurant un nombre de membres suffisant et la promesse d'une alliance rapide. Cependant, rechercher ainsi l'âme sœur peut être préjudiciable. Erin, une divorcée de 38 ans, explique : « Il faut l'aborder en gardant les yeux grands ouverts. Il y a beaucoup de faux, d'hommes mariés et de tordus. J'ai rapidement compris que les menteurs étaient nombreux. Ils retranchent quelques années à leur âge et ajoutent quelques centimètres à leur taille. C'est un peu comme les drogues dans le sport : comme tout le monde le fait, on fait la même chose pour être au même niveau. » Tous ceux qui ont effectué des rencontres sur Internet partagent des histoires à la fois amusantes et horribles. Il existe certes des parcours prometteurs d'hommes et de femmes qui s'en sont sortis, mais peu d'entre eux vivent heureux ensemble. « Je pense qu'il existe une nouvelle forme de mythe urbain est apparue : le couple qui s'est rencontré sur Internet s'est marié et a eu un bébé. Quand un ami ne jure que par un site en particulier, pour cette simple raison, je lui demande des noms et si je pourrais les rencontrer afin qu'ils me donnent des conseils. Il se trouve qu'il s'agit toujours de l'ami d'un ami d'un ami. Existent-ils réellement ? », poursuit Erin.

Je peux rassurer tout le monde : ces personnes chanceuses existent. J'ai rencontré un couple chez un ami à Toronto. Pendant le dîner, j'ai eu tout le temps de découvrir le secret de leur succès. Qu'avaient-ils fait de différent ? Premièrement, ils étaient « vierges en rencontres sur Internet » et n'étaient inscrits que depuis quelques semaines. En fait, Isabelle, 35 ans, n'avait pas mis de photo quand elle a commencé à échanger des courriels avec Lewis, également 35 ans. Cette fraîcheur leur a permis de rester ouverts et de ne pas rejeter quelqu'un pour des raisons arbitraires, comme l'absence de photo. Ensuite, Lewis était plus intéressé par la rubrique « livres préférés » et « films » que par l'allure ou l'âge : « J'étais stupéfait de voir le nombre de gens qui laissent la rubrique « livres » et « films » préférés vide, ou qui avaient mis le *Da Vinci Code.* » Troisièmement, ils ont passé des semaines à s'échanger des messages avant de se rencontrer. « Le plus grand nombre de mots que l'on peut envoyer par message est 2 000. Je le sais parce que nous avons souvent essayé de le dépasser. » Quand Isabelle a fini par mettre sa photo, elle était habituée à jouer franc-jeu avec Lewis. « Ma seule photo récente avait été réalisée par un professionnel. Je suis chanteuse d'opéra et elle a été prise avec un maquillage complet, les cheveux bien coiffés et un éclairage flatteur. Le genre de portrait que l'on envoie à un employeur potentiel ou que l'on insère dans le programme du concert. Je ne ressemble pas à ça dans la vie courante. J'ai donc dit à Lewis qu'il pouvait avoir la photo mais qu'il ne devait pas se faire trop d'illusions. » Isabelle et Lewis ont réussi à se rencontrer en évitant le cynisme, les tricheries habituelles et les mensonges qui accompagnent normalement la rencontre sur Internet.

Cependant, le plus grand avantage de la rencontre en ligne est également son plus grand problème : le nombre d'inscrits. Avec un tel choix, il faut trouver des moyens rapides de resserrer les recherches. Les femmes se plaignent que les hommes veulent quelqu'un de dix ans plus jeune : « Si je suivais cette idée, je sortirais avec des hommes de 50, voire 55 ans. Mais j'ai envie de rencontrer des hommes de mon âge », explique Erin. Les hommes se plaignent que les femmes ne veulent que des « grands ». Ben, 36 ans, explique : « Je mesure 1 m 68, mais même les femmes qui mesurent entre 1 m 50 et 1 m 60 veulent un minimum de 1 m 75. » Même si l'on recherche des points d'intérêt communs, au lieu des caractéristiques superficielles comme l'allure, le problème demeure et peut nous faire passer à côté de quelqu'un. Par exemple, Nathan et Jane sont mariés depuis dix ans et aiment se taquiner sur leurs goûts respectifs. « Il lit des pavés avec des morts violentes à chaque page et se plaint que je lise des livres ennuyeux, qui pourraient remporter des prix littéraires mais où rien ne se passe. J'aime me moquer de sa musique, en général des dinosaures du rock que vous pensiez morts depuis un million d'années. Mais il se venge quand il me voit sautiller dans la cuisine en écoutant de la pop à la radio. Le plus important est que nous rions et pleurons des mêmes choses, ce qui est plus difficile à découvrir en quelques courriels, j'imagine. » Jane a vu juste : si resserrer les recherches peut permettre de réduire le nombre de contacts, les raisons pratiques peuvent l'emporter. On croit alors que l'être aimé doit correspondre à un nombre restreint de critères, et l'on se ferme à tous les autres.

Lorsque l'on progresse, passant des messages en ligne au téléphone puis au rendez-vous dans un café, le monde virtuel continue de produire ses effets. Non seulement la personne que vous rencontrez va essayer de voir si le courant passe, mais elle va chercher à vous comparer à tous ses autres rendez-vous. Dans les années 1980, Susan, 47 ans, s'est servie de la rubrique des cœurs à prendre. Après son divorce, elle s'est lancée dans la rencontre sur Internet. « J'ai toujours eu l'impression de passer un entretien et non de faire des rencontres, que je devrais faire un numéro de claquettes pendant que l'homme lèverait une pancarte en notant ma personnalité, mon allure et ma présentation. Cependant, même dans les publications grand public, on n'obtient qu'une poignée de lettres, alors qu'à présent les possibilités sont infinies. Parfois, je me demande si nous nous donnons une chance avant de crier "Au suivant". » Le volume d'inscrits sur Internet a encouragé une nouvelle pratique : essayer plusieurs personnes à la fois. Susan explique : « J'étais surprise de voir à quel point c'est devenu acceptable. Il y a ceux avec qui l'on flirte en ligne, peut-être un autre avec qui on échange des SMS. Et on peut fréquenter deux hommes ou plus, en chair et en os, pour ainsi dire. Non pas qu'aucun ne soit au courant pour les autres, puisque vous ne voulez pas les repousser, mais ils s'y attendent en quelque sorte et font sûrement la même chose. On peut espérer passer à quelque chose de plus sérieux en se préparant à dire : "Devrions-nous cesser de fréquenter d'autres personnes ?" Je me suis toujours dit que ça faisait très Américain, mais il n'y a peut-être pas d'autres façons de l'exprimer. »

L'autre avantage de la nouvelle technologie peut également être un fléau : pouvoir rassembler de vastes quantités de données et de critères de classement. Plusieurs sites de rencontres permettent ainsi de noter les autres adhérents et de créer des graphiques de leurs membres les plus populaires. Même sans ces accessoires, les rencontres sur Internet nous offrent de mesurer notre propre succès chaque fois que nous nous connectons. « Il n'y a rien de mieux que de trouver sa boîte pleine de messages. C'est excellent pour l'ego, surtout après une mauvaise journée de travail », témoigne Erin. Malheureusement, certains utilisent des recours peu scrupuleux pour accroître leur popularité : enlever quelques années à son âge, en particulier si l'on vient de fêter un anniversaire clé, ou mettre des photos prises des années auparavant. Megan, 42 ans, explique : « L'une des choses à négocier dès les premiers rendez-vous est le nombre de mensonges contenus dans le profil. J'ai toujours

38 ans, et je m'y tiens, puisque de nombreux hommes ne filtrent pas avec les plus de 40 ans. » Que se passe-t-il quand on se rencontre et qu'on commence à sortir ensemble ? Megan a essayé de faire durer le mensonge, mais elle n'arrêtait pas de se contredire. « Une fois, j'ai commencé une histoire à l'époque de la fête de mes 40 ans et j'ai dépassé le point de non-retour avant de m'apercevoir de mon erreur. J'ai essayé de faire des petits mensonges sur le premier sujet de conversation, et de les glisser à la moitié de notre premier rendez-vous. Mais, quoi qu'on fasse, ça passe toujours bizarrement. »

Les rencontres sur Internet posent un autre problème : le temps passé. Susan en parle : « Il faut être prudent sous peine de passer la soirée en ligne. Je me promets de simplement vérifier mes messages et, avant que je me rende compte, je suis sur l'ordinateur depuis deux heures. C'est une sorte de dépendance, alors je dois me rationner. » Cependant, quand elle a eu une dure journée au travail, elle se « récompense » avec quelques heures de flirt. « Ça fait vraiment du bien de voir qu'un garçon qui vous plaît vraiment a "taggé" votre profil. Recevoir un SMS de la part d'un rendez-vous potentiel après une réunion pénible, où personne n'a eu envie de vous écouter, peut vous donner de la force pour la journée. Mais j'ai décidé de ne plus me connecter pendant un moment. Je me suis aperçue que je faisais peut-être pas mal de "rencontres", mais que je ne fais la connaissance de personne, dans le fond. Les premiers jours, je me sentais nerveuse en me disant que l'homme de ma vie m'avait peut-être envoyé un message. Puis j'ai appris à me maîtriser et je me surprends à être aussi calme. Je peux enfin recommencer à me concentrer sur mon travail et sur mes amis. » Il est important de comprendre que les rencontres sur Internet peuvent offrir une solution rapide à certaines difficultés. Par exemple : l'alcool, la caféine, le chocolat et d'autres substances qui sont très agréables quand elles sont consommées avec modération, mais dont l'excès est la source de problèmes. Si vous craignez que les rencontres sur Internet vous échappent, remplissez le questionnaire qui se trouve dans la partie Exercices (p. 230).

LA GUERRE DES SEXES

Le principe du rendez-vous amoureux a toujours renvoyé les hommes l'un contre l'autre, la plus belle femme de la pièce étant la récompense, et les femmes l'une contre l'autre afin d'obtenir l'attention du meilleur parti. On aurait pu espérer que l'égalité des sexes permette aux hommes et aux femmes de mieux se comprendre et de se rencontrer le cœur ouvert. Loin de s'améliorer, les relations entre les sexes semblent aller en se détériorant. Prenons par exemple l'arrivée des livres proposant des astuces de séduction aux hommes. Dans le passé, les conseils s'adressaient aux femmes recherchant un homme. En effet, dans l'histoire, les hommes avaient le droit de poursuivre les femmes avec ardeur et sans retenue, alors qu'on attendait des femmes qu'elles poursuivent les hommes avec ardeur mais en secret. La seconde attitude étant beaucoup plus difficile à adopter, les femmes avaient plus besoin d'aide que les hommes. Il est regrettable qu'on encourage désormais les hommes à adopter des stratégies secrètes à leur tour.

Un ouvrage récent, *The Game. Les Secrets d'un virtuose de la drague* (paru en français en 2008), propose aux hommes une multitude de ruses pour choisir une femme. Dans les interviews, l'auteur, Neil Strauss, a défendu la duplicité, se plaignant que les femmes aient tout le pouvoir dans le domaine de la drague – les écrivaines recourent à la même justification pour défendre leurs astuces.

En tant que conseiller conjugal, je constate que les deux camps tiennent l'autre pour responsable, en particulier dans les couples en crise qui expriment des plaintes identiques. Il arrive que le mari et la femme racontent tous deux que leur partenaire a tout le pouvoir et qu'il se sent impuissant. Mon travail consiste à démêler le jeu, à aider chacune des parties à comprendre ses forces et ses points faibles, à mieux communiquer et enfin à apprendre à coopérer. La même approche peut s'appliquer à la drague. Mais nous devons d'abord approfondir notre étude, pour trouver des moyens de se rencontrer différents, moins stressants et moins critiques. De cette façon, nous pouvons non seulement être détendus et ouverts, mais, plus important, faire de meilleurs choix.

En résumé

- *Le stress modifie notre comportement, nous incite à raconter des mensonges et nous livrer à des combines visant à nous faire passer pour plus désirable.*
- *Jouer un jeu n'est pas une base solide pour une histoire durable.*
- *La drague pousse à émettre des jugements hâtifs et à faire entrer les gens dans des cases. Sur Internet, ce procédé est accéléré et les problèmes sont amplifiés.*
- *La « guerre des sexes » rend la quête de l'amour plus difficile.*

EXERCICES

Examinez vos exigences personnelles

L'exercice qui suit nécessite une grande honnêteté envers vous-même. Cependant, si vous parvenez à être honnête, vous serez capable d'aborder votre quête de l'amour de manière radicalement nouvelle.

Première partie : dressez une liste

- Quelles sont les critères exigés chez un partenaire ? Notez-les tous en étant aussi précis que possible. Par exemple, n'écrivez pas seulement « du même âge que moi » ou « plus jeune que moi ». Inscrivez la tranche d'âge désirée.

• Voici quelques idées pour vous aider : quelle est sa taille ? Quelle est sa couleur de cheveux ? Quelles sont ses caractéristiques physiques (par exemple, le poids, la musculature, le tour de poitrine) ? Quelle est sa profession ? Quel est son salaire ? Quels sont ses centres d'intérêt ? Où vit cette personne ? Qu'en est-il de sa famille ? Quel serait son vécu ? À quelle classe appartient-il ? Quelles sont les opinions ou exigences de votre famille ?
• Ensuite, penchez-vous sur les raisons vous ayant conduit à repousser ceux qui vous ont fait des avances par le passé. Par exemple : il portait une montre bas de gamme, ou elle avait un rire commun. Soyez honnête sur vos préjugés. Avec qui ne sortiriez-vous jamais ?
• Indiquez les histoires passées et les mauvaises expériences qui vous ont rendu prudent à l'idée de sortir avec quelqu'un qui aurait des goûts similaires ou des points communs même si de tels détails peuvent sembler insignifiants à certains. Mais, si vous êtes honnête, ils sont rédhibitoires à vos yeux. Quand j'ai fait cet exercice avec Connor, 32 ans, il a confié : « Je vérifie toujours la collection de musique, surtout depuis que je suis sorti avec cette fille qui n'avait que des chanteurs connus pour un seul tube atroce. Je ne savais même pas que certains avaient sorti un album jusqu'à ce que je les trouve chez elle. Je me suis interrogé sur ses valeurs. Et en plus j'ai eu peur qu'on se chamaille en permanence sur ce qu'on écouterait pendant un long trajet en voiture. » Pour être plus sérieux, l'ancien petit ami de Phoebe était une brute. « Il ne m'agressait jamais, mais j'avais l'impression qu'il le pourrait s'il ne parvenait pas à ses fins. J'avais tendance à être nerveuse en face d'hommes grands, en particulier ceux qui ont une voix qui porte. »
• Y a-t-il autre chose à ajouter ? Même si cet élément vous fait passer pour superficiel, ajoutez-le à votre liste.

Deuxième partie : le compromis

• Après avoir dressé votre liste, reprenez-la pour l'examiner. Avez-vous des chances de trouver quelqu'un qui corresponde à ces critères ? Quand vous dites : « Je ne rencontre jamais personne qui me convienne » ou « Je ne rencontre jamais de femme sympa », entendez-vous par là : « Je ne rencontre jamais personne qui remplisse toutes mes conditions ? »

- Y a-t-il des éléments qui, après réflexion, vous semblent trop restrictifs ? Si c'est le cas, effacez-les de la liste.
- Ensuite, repensez à vos histoires passées : y avait-il des problèmes qui vous semblaient insurmontables mais que vous avez réussi à dépasser ? Par exemple, Phoebe n'aimait pas qu'on fume chez elle et refusait de sortir avec un fumeur. Malgré tout, elle a fait la connaissance de Jamie au travail. Il est parvenu à attirer son affection malgré elle. « Nous avons trouvé un arrangement. Il a accepté de fumer dehors et au bout de six mois il ne fumait plus que le samedi soir lorsque nous étions chez des amis fumeurs ou que nous allions en boîte. » Y a-t-il autre chose que vous pourriez rayer de la liste ?
- Imaginez que votre amoureux potentiel est une personne raisonnable. Pour chaque élément, serait-il possible de trouver un compromis ? Par exemple, Connor pourrait accepter de choisir la musique pendant un trajet sur deux en voiture, de mettre une station où l'on parle, ou de ne rien écouter et de discuter. Y a-t-il autre chose de négociable dans votre liste ?

Troisième partie : questionnez-la

- Considérez à nouveau vos convictions les plus profondément enracinées. Ces éléments peuvent sembler sacrés et indispensables. Mais en réalité ne seriez-vous pas en train d'obéir à la sagesse consacrée ?
- L'argent l'emporte-t-il sur toutes les autres qualités ? La taille de votre partenaire compte-t-elle à ce point ? Peut-on être attirant autrement qu'en optant pour l'allure convenue d'une star de cinéma ?
- Quels éléments de votre liste pourriez-vous faire passer du statut de condition préalable à celui de préférence ?
- À ce stade, je l'espère, votre liste révélera plus la personnalité de votre partenaire éventuel, ses qualités intrinsèques, que ses habitudes, son allure et sa situation, points extrinsèques.

En fin de compte, il vaut mieux avoir une liste courte qu'une liste longue et irréaliste. Si vous pensez que je suis en train de vous demander de vous contenter de n'importe qui, l'important étant de choisir quelqu'un, rassurez-vous. Il ne s'agit que de rester ouvert d'esprit. Si vous cessez de juger sans connaître, vous ne vous séparerez pas de quelqu'un qui pourrait se révéler être un merveilleux compagnon, et ce dès le premier obstacle.

Mon audit de drague

L'idée de cet exercice est de comparer la façon dont vous avez rencontré les gens importants de votre vie, afin de réexaminer votre actuelle quête de l'amour.

1 Faites la liste de tous les hommes et femmes qui ont eu de l'importance dans votre vie amoureuse. Par important, j'entends tous ceux avec qui vous êtes sorti six mois ou plus. Repensez-y et ajoutez tous ceux que vous auriez pu écarter avec le recul mais qui, à l'époque, ont eu de l'importance. Cet exercice fonctionne mieux avec le plus grand nombre possible de noms.

2 Reprenez la liste et notez à côté de chaque nom par quel biais vous vous êtes rencontrés. Par exemple : au travail, ami d'un ami, grâce à des centres d'intérêt communs, par une activité sportive, pendant une soirée, un rendez-vous arrangé par un ami, par Internet, on s'est adressé la parole naturellement, etc. Soyez aussi précis que possible.

3 Revoyez toute la liste et attribuez à chaque relation une note allant de 1 à 5.

4 À côté de chaque nom, ajoutez votre état d'esprit général et votre attitude à l'égard du rendez-vous amoureux lors de votre première rencontre. Une fois de plus, cela n'est efficace que si vous êtes totalement honnête envers vous-même. Lors de cet exercice, Rosemary, 44 ans, a noté les mots suivants à côté des noms : « Je ne voulais que quelqu'un à qui parler », « curieux », « apprendre mon nouveau métier m'intéressait plus que de sortir avec lui », « fuite », « sexy », « il avait l'air intéressant et j'avais envie de

faire sa connaissance », « ennuyeux », « je voyais plus ou moins quelqu'un d'autre, alors c'était la dernière chose dont j'avais besoin ».

5 Ensuite, recherchez les schémas récurrents. Avez-vous eu tendance à rencontrer tout le monde de la même façon ? Y a-t-il une différence entre la façon dont vous avez rencontré les amoureux qui ont eu une bonne note et ceux qui ont eu de plus petites notes et qui ont duré moins longtemps ? Quelle influence l'état d'esprit dans lequel vous étiez lors de votre rencontre a-t-il eue sur la relation qui s'est développée ? Quand Rosemary a comparé les notes avec son état d'esprit, les rencontres les mieux notées se sont produites alors qu'elle était plus ouverte d'esprit. « Fuite » est devenu une histoire de type social, où elle appréciait plus son cercle d'amis que l'homme. « Ennuyeux » n'est allé nulle part. « Je venais de me séparer de quelqu'un avec qui j'étais depuis longtemps et je pense que j'étais trop désespérée pour être agréable », explique-t-elle. « Sexy » a donné lieu à une certaine passion mais ça n'a pas duré, et elle lui a donné une note moyenne. Ses histoires les plus réussies ont été : « Apprendre mon nouveau métier m'intéressait plus que de sortir avec lui », « il avait l'air intéressant et j'avais envie de faire sa connaissance » et « je voyais plus ou moins quelqu'un d'autre, alors c'était la dernière chose dont j'avais besoin ».

6 Faites la comparaison entre le début de votre carrière amoureuse et les deux dernières années. Avez-vous changé de méthode de rencontre ? Comment cela se fait-il ? Que pouvez-vous apprendre de vos succès passés ? Quels changements aimeriez-vous opérer ?

7 Enfin, je voudrais que vous considériez vos dispositions actuelles sur le rendez-vous amoureux. Ci-dessous se trouve une série d'affirmations sur le sujet. Sans réfléchir à une réponse, inscrivez la première chose qui vous passe par la tête.

- Quand je me prépare pour aller à un rendez-vous, je me sens…
- Le jour suivant, après un rendez-vous, je me sens…
- Quels sont les trois mots qui vous viennent à l'esprit quand vous songez à vos expériences et à celles de vos amis en matière de drague ?

Si les mots sont positifs, optimistes et amusants, continuez à vous y prendre de la même façon. S'ils sont négatifs, destructeurs ou déprimants, il est probablement temps de faire une pause pour vous concentrer sur la première partie du livre. (Sans cela, de même que les relations mal notées de Rosemary, vous rencontrerez quelqu'un qui pourrait résoudre les problèmes immédiats, comme l'ennui, au lieu de poser les fondations d'une relation sur un pied d'égalité.) Vous pourriez également continuer à chercher l'amour, mais en prenant une autre tactique, plus ouverte, approche développée dans le chapitre suivant.

Évaluez vos habitudes de rencontre sur Internet

Lisez les questions suivantes et totalisez le nombre de « oui ».

1 Éprouvez-vous plus de tension ou d'excitation devant une possibilité de nouvelle connexion en ligne ?

2 Vous arrive-t-il d'avoir hâte de vous connecter ?

3 Organisez-vous votre vie autour d'Internet ?

4 Quand vous sortez avec des amis, vous arrive-t-il de penser à ce que vous êtes en train de rater sur Internet ?

5 Vous arrive-t-il de communiquer par SMS avec un rendez-vous éventuel alors que vous êtes de sortie avec des amis ?

6 Les moments que vous passez à flirter et à chasser sur Internet sont-ils une récompense au stress que vous subissez ?

7 Avez-vous l'impression qu'après avoir fait une conquête vous pouvez commencer à perdre de l'intérêt et à rechercher quelqu'un d'autre ?

8 La flatterie venant d'inconnus, même si vous les soupçonnez de ne pas être sincères, continue-t-elle à vous faire du bien ?

9 La vie en ligne vous aide-t-elle à oublier vos problèmes ?

10 Vous arrive-t-il de ne vous sentir vous-même que sur Internet ?

11 Dissimulez-vous ou mentez-vous sur le temps que vous passez sur Internet ?

12 Vous est-il déjà arrivé de discuter en ligne avec quelqu'un qui ne vous plaisait pas vraiment ou quelqu'un que d'autres pourraient trouver dégoûtant ?

13 Vous arrive-t-il souvent de vous retrouver à passer plus de temps que prévu sur votre site de rencontres préféré ?

14 Si vous vous réveillez en pleine nuit, vous levez-vous pour aller vérifier vos messages ?

15 Avez-vous peur qu'en vieillissant la vie devienne terne et ennuyeuse et qu'on ne vous trouve pas attirant ?

16 Est-il arrivé qu'un ami, un membre de votre famille ou un collègue de travail expriment une sérieuse inquiétude sur le temps que vous passez sur Internet ou sur vos habitudes de drague ?

17 Comprendriez-vous d'instinct quelqu'un qui répondrait positivement à la plupart de ces questions ?

Faites le total de vos réponses

Ce questionnaire est conçu pour vous amener à réfléchir. Il n'a pas pour but de fixer un stade à partir duquel vous auriez perdu, ou vous devriez réagir. Cela dit, vous devriez vous inquiéter si vous avez répondu « oui » à plus de cinq questions.

Comprenez votre score

J'ai adapté ce questionnaire à ceux dont on se sert pour évaluer les personnalités ayant développé une dépendance dite « croisée ». (Il est courant d'arrêter, par exemple, l'alcool, pour répéter le même comportement avec, des médicaments ou des boissons fortement riches en caféine.) L'un des pionniers dans ce domaine est le Dr Richard Heilman qui travaillait pour la Hazeldean Foundation dans le Minnesota. Le progrès a été de considérer des schémas de comportement au lieu de ne tenir compte que de la quantité ou de la fréquence de consommation de substances qui modifient le comportement ou de passe-temps. Il a identifié huit caractéristiques : *Préoccupation* (testée dans les questions 1 à 5); *Consommation seule* (inutile); *Employé pour l'effet produit* et *Utilisé comme un médicament* (testé dans les questions 6 à 10); *Protection des réserves* (testé dans les questions 11 et 12); *Consomme plus que prévu* (testé dans les questions 13 et 14); *Plus grande capacité que d'autres* (testé dans les questions 15 à 17); et *Perte temporaire de mémoire* (inutile).

Comment agir

Avant toute chose, je pense qu'un démenti est nécessaire. Il y a une grande différence entre abuser de l'alcool, des drogues et du sexe (qui ont un effet notoire sur la santé de celui qui souffre et provoque un sentiment de détresse au sein de la famille) et passer trop de temps en ligne ou être un dragueur compulsif. Je pense que ce comportement peut être contre-productif dans votre quête d'un partenaire sérieux. Que devriez-vous faire ? Il est temps de marquer une pause afin de réfléchir aux différentes façons de faire des rencontres. Vous trouverez plus d'informations dans le chapitre suivant. Quiconque a connu de graves problèmes de dépendance et a obtenu un score élevé au test devrait songer à consulter un médecin ou à entamer un programme de soins approprié.

7

L'art du mélange

Dans mon travail de conseiller conjugal, je commence toujours par considérer l'historique des relations amoureuses de mes patients. En vingt-cinq ans, j'ai entendu des centaines de récits sur la façon dont les couples sont tombés amoureux. Si le coup de foudre et certaines notions romantiques comme tomber amoureux d'inconnus continuent à être célébrés dans les livres, les films ou les chansons, la plupart des gens se connaissent vaguement, même de loin, avant de sortir ensemble. Voici un exemple : « Des amis m'avaient beaucoup parlé de David, et de son étrange sens de l'humour, avant que je le rencontre. Je trouvais sa blague – placer deux pailles dans ses narines pour boire son cocktail – totalement répugnante. Mais, je ne sais pas comment, il a fini par me plaire. Après nous être croisés dans des soirées chez des amis communs pendant six mois, nous avons décidé que nous étions faits l'un pour l'autre », raconte Sharon, une comptable de 32 ans.

Le travail est un moyen peu risqué d'effectuer des rencontres. « Nous avons fait connaissance par le système de courriels interne du bureau », explique Elizabeth, 38 ans, mariée avec Henry depuis cinq ans. « Il envoyait des messages très amusants et, même si je ne le connaissais pas puisqu'il travaillait dans un autre bâtiment, j'ai participé à l'une de ses blagues. Nous avons dû échanger une douzaine de courriels dans la journée. Et il est apparu devant mon bureau en se présentant avec un café *latte* sans matière grasse à la noix de coco, ma boisson préférée. »

D'autres couples partagent un hobby. Mike, le divorcé de 38 ans du chapitre 5, qui a rencontré sa partenaire lors d'un bal, explique : « Je l'ai invitée à danser une salsa, et plus tard dans la soirée nous avons dansé un *quickstep*. Puis je suis resté pour discuter avec elle et ses amies. C'était très détendu et, à la fin de la soirée, je lui ai demandé son numéro. Je n'étais pas nerveux en l'appelant deux jours plus tard pour lui proposer d'aller danser, parce qu'on s'était vraiment bien entendus. C'est merveilleux d'avoir quelque chose en commun, et nous envisageons de participer ensemble à des compétitions de danse en amateurs. »

Rencontrer quelqu'un dans des circonstances naturelles, par l'intermédiaire d'un ami, par le travail ou en partageant un hobby, présente un avantage essentiel : toutes les défenses sont baissées. On ne rencontre pas un éventuel partenaire pour la vie, on ne fait que discuter trente secondes en attendant l'ascenseur. On n'est pas en train de rêver à un pique-nique sur la plage avec cet inconnu du bar, mais de partager les minutes précédant la réunion parce qu'il manque des photocopies, ou d'apprendre à parler espagnol ensemble. Dans de telles circonstances, votre subconscient peut fonctionner de telle manière que vous saurez si vous allez bien ensemble, sans que votre partie consciente se mette à critiquer : trop gros, trop pauvre, trop différent de moi. Encore mieux, les enjeux sont si faibles qu'il n'y a pas lieu de tricher et vous avez plus de chances d'être vous-même.

En effet, ce que je suggère est un retour aux racines des méthodes employées pour faire la cour en Angleterre : parader, se mélanger et être courtois. Ne vous inquiétez pas, il ne s'agit pas de se balader sur des collines venteuses, mais de trouver l'équivalent moderne du mélange. Dans les soirées, il ne s'agit pas de rechercher un partenaire mais une conversation intéressante, qui pourrait permettre d'obtenir un conseil pour aller voir une exposition, puis de se retrouver à parler avec quelqu'un d'autre dans cette galerie. Il s'agit de s'inscrire à un cours de poésie, pas de trouver un amoureux potentiel. Parce que vous aimez les mots, vous allez assister à la lecture d'un camarade de classe dans un café et, là, vous serez présenté à un de ses collègues. Il s'agit de se porter volontaire pour participer à un groupe de réflexion au travail, d'être envoyé dans une autre branche de votre entreprise et de partager un taxi de la gare avec quelqu'un. Se mélanger implique de garder l'esprit ouvert à de nouvelles idées, à de nouvelles opportunités et finalement à de nouvelles personnes. C'est ainsi que ça fonctionne en pratique. Andrew, 35 ans environ, et Iliana, bientôt 30 ans, sont mariés depuis deux ans. Ils se sont rencontrés peu après que Iliana a emménagé dans un appartement de Londres. Elle avait besoin de papier pour tapisser ses tiroirs et sa penderie. Comme elle ne trouvait rien dans le magasin le plus proche, elle a demandé à la caisse. Entendant cette conversation, Andrew a suggéré un autre magasin du quartier. « J'aurais pu me gifler de l'avoir laissée partir. J'aurais dû lui proposer de lui montrer où c'était », explique-t-il. « Je dois admettre que je l'ai trouvé très attirant », dit Iliana. Heureusement, le destin les a poussés l'un vers l'autre dix minutes plus tard. « J'avais acheté le papier et je rentrais chez moi quand j'ai vu Andrew sur le trottoir. Je suis allée vers lui pour le remercier », raconte-t-elle. « Je n'allais pas la laisser partir une seconde fois. Je l'ai invitée à prendre un café », ajoute-t-il. Ils sont allés chanter des chants de Noël ensemble ; il l'a aidée à décorer son appartement et, doucement, ils sont devenus un couple. Point crucial dans cette histoire : aucun des deux n'était à la recherche d'un amoureux. Iliana était sortie faire des courses et Andrew n'a fait que rendre service. Même après ce premier café, ils ne sont pas sortis ensemble tout de suite. Ils ont simplement « passé du temps » tous les deux.

SEPT TECHNIQUES POUR SE MÉLANGER EFFICACEMENT

Ces sept techniques vont vous aider à rencontrer plus de monde. Et, autre bonne nouvelle, elles vont vous débarrasser de mauvaises habitudes acquises pendant vos expériences de drague. Quelles sont-elles ?

1 Laisser le temps filer ou le concept du « flot ».
2 Les six degrés de la séparation.
3 Ouvrir son cœur.
4 Flirter.
5 Prendre un risque.
6 Faire ce que vous voudriez qu'on vous fasse.
7 Devenir philosophe.

Certaines de ces techniques sont évidentes tandis que d'autres nécessitent une explication. Elles sont plus efficaces quand elles deviennent une seconde nature et, dans ce but, j'ai conçu une série d'exercices qui se trouvent en fin de chapitre (p. 258).

1 Suivre le « flot »

Vous est-il déjà arrivé d'être absorbé par quelque chose au point de vous apercevoir, en regardant votre montre, que le temps s'est envolé ? Les psychologues appellent cette immersion totale le « flot » : ce phénomène est extrêmement agréable, et en plus votre humeur est communicative, tolérante et créative. Mieux encore, nous nous oublions. Nous sommes donc moins gênés et avons donc moins de chances de pratiquer l'autocritique. Non seulement c'est le parfait état mental pour rencontrer quelqu'un, mais les chances sont incroyablement augmentées : c'est un bonheur de côtoyer des gens heureux !

Quelle est la différence entre une activité qui nous occupe et aller avec le « flot » ? Le père fondateur du concept est Mihaly Csikszentmihalyi, un professeur en psychologie de l'université de Claremont en Californie. Il pense que le flot atteint son sommet lorsque les « défis sont à la hauteur des capacités ». Le domaine le plus évident est le travail et, comme je l'ai précédemment évoqué, le travail est un excellent lieu de rencontre. Cependant, les recherches menées dans dix pays européens ont montré que les gens tirent plus de satisfaction d'activités extérieures au travail. Les exemples les plus courants sont le sport, qui appelle de nombreux défis. En dehors de cela, la satisfaction peut provenir de loisirs comme une chorale, ou tout ce qui est pris au sérieux et qui demande un certain niveau d'habileté. Un autre type d'activité de loisir qui correspond au concept de défi de Csikszentmihalyi est le bénévolat. En effet, quand les chercheurs se sont penchés sur les motivations des bénévoles à Londres, plus d'un tiers des personnes interrogées ont déclaré : « Ça me permet de ne pas être comme d'habitude. » Et deux tiers ont expliqué : « Je passe un excellent moment. » Malheureusement, notre activité de loisir la plus populaire, regarder la télé, procure peu de « flot » puisqu'elle requiert peu d'engagement ou de défi, et aucune habileté.

Comment trouver votre « flot » personnel ?

• Ce doit être quelque chose que vous trouvez personnellement gratifiant, qui ne vous lasse pas et n'est pas trop stressant. Même si, par exemple, une femme peut trouver plus de partenaires éventuels dans un cours de mécanique d'entretien, si elle n'a pas envie d'apprendre comment fonctionne un moteur, elle passera son temps à regarder les garçons au lieu de profiter du flot. Elle aura donc plus de chances de cocher des cases sur sa liste, mais moins de chances de faire la connaissance de ses camarades de classe. Même fréquenter un endroit où l'on a moins de chances de rencontrer des hétérosexuels, comme un groupe de lecture, est une meilleure solution. Dans le flot, une femme fera des rencontres et peu importe qu'il s'agisse d'autres femmes. Les chercheurs ont établi que les femmes mariées avaient plus d'amies que celles qui restent célibataires.

• Fixez-vous quelques buts réalistes. Il vaut mieux avoir pour ambition d'apprendre vingt mots d'espagnol par semaine que de savoir parler espagnol avant de partir en vacances. Alors qu'un but accompli procure un « flot », avoir un but trop élevé qui nous dépasse ne conduit qu'à l'échec et à la dépression.

• Assurez-vous que vos buts ne sont pas en contradiction. Vous aurez peu de chances de réussir si vos ambitions sont à la fois de gagner plus d'argent et d'améliorer votre revers au tennis. En fait, les chercheurs de l'université de Michigan ont découvert que les gens dont les buts ont trait à l'argent ou à la reconnaissance sociale ont moins de chances d'être heureux, et de façon significative.

• Cherchez à aider les autres au lieu de vous contenter de prendre soin de vous. Vous serez surpris d'en tirer des bénéfices personnels. L'étude de l'université de Michigan montre que le bénévolat est la deuxième plus grande source de joie, après la danse, qui est un bon moyen de rencontrer des gens, de se faire des amis et éventuellement de trouver un partenaire. La quantité de « participation à des buts personnellement et culturellement valorisés » d'une personne est le meilleur indicateur de bonheur, plus que la personnalité (à quel point on est extraverti et ouvert) et les ressources (richesse et opportunités à disposition). Souvenez-vous, les gens heureux sont des gens attirants !

Petit plus. Votre but étant de trouver un partenaire, cherchez des moyens de partager un « flot » avec d'autres personnes. Si les heures s'envolent quand vous êtes en train de jouer du piano, au lieu de jouer seul, rejoignez la compagnie des chanteurs d'opéra amateurs de votre quartier. Si vous aimez le squash, ne vous contentez pas de jouer contre vos adversaires habituels. Inscrivez-vous à un club. Si vous êtes un jardinier motivé, au lieu de simplement cultiver votre terrain, devenez membre d'un groupe de protection de l'environnement et aidez-le à entretenir une forêt. Si vous ne trouvez rien qui enflamme votre imagination et provoque un flot, reportez-vous à la partie Exercices (p. 258).

2 Les six degrés de la séparation

Quand je discute de mon travail avec des célibataires, ils se plaignent toujours de leur difficulté à faire des rencontres. Je dois réprimer un sourire parce que ces conversations ont souvent lieu au cours de soirées où nous sommes littéralement entourés de monde. Il se peut qu'aucun des autres invités ne soit un partenaire possible. Mais chacun d'entre eux a des amis et des connaissances qui pourraient être parfaits. En réalité, selon des sociologues de l'université de Duke en Caroline du Nord, la plupart des gens connaissent 750 personnes de nom ou de vue. Quand on pense que chacune de ces personnes possède le même nombre de relations, il est facile d'imaginer les connexions possibles. Frigyes Karinthy (1887-1938), un auteur et journaliste hongrois, affirmait qu'on peut se relier à n'importe quel autre être humain de la planète en ne s'aidant que de cinq intermédiaires, dont une relation personnelle. L'idée a été testée dans le cadre d'une expérience célèbre des années 1950, par un psychologue social américain, Stanley Milgram. Il a écrit à des correspondants pris au hasard, en leur demandant de faire suivre le message à un agent de change de Boston. Tout ce que les destinataires avaient à se transmettre était un nom et une adresse. L'idée était de rediriger le paquet vers quelqu'un qui, à son tour, l'enverrait encore plus près du destinataire final. En moyenne, il n'a fallu que six envois. Dans les années 1990, l'idée a été reprise par un collège d'étudiants américains dans le jeu « Les six degrés de Kevin Bacon ». Il s'agissait de relier n'importe quel acteurs, de n'importe quelle époque, ayant apparu dans les films de Kevin Bacon ou dans ceux d'un partenaire avec qui il avait joué. En fait, la plupart de ces acteurs n'avaient pas besoin de six intermédiaires, ce qui suggère que nous serions tous plus proches les uns des autres que nous ne l'imaginons.

Qu'en est-il si nous rapportons cette idée au fait de se mélanger et de trouver le partenaire idéal ? Premièrement, plus nous avons d'amis et de connaissances, plus nous avons de chances de le rencontrer. Le chercheur John T. Molloy a interrogé 2 500 couples sortant de bureaux des mariages américains et a écrit en 2004 le livre *Why Men Marry Some Women and Not Others* («Pourquoi les hommes épousent-ils certaines femmes et pas les autres»). Il a découvert que les femmes sur le point de se marier connaissaient beaucoup plus de monde. En fait, 90 % avaient entre sept et quatorze amies proches. Molloy a également interrogé des femmes qui n'avaient aucune proposition en vue et a découvert qu'elles avaient statistiquement moins d'amies. Secondement, six degrés de séparation soulignent l'importance qu'il y a à saisir la moindre occasion de parler à quelqu'un. Un inconnu pourrait être l'un des liens qui vous manque pour atteindre l'autre et, même s'il ne l'est pas, l'entraînement vous aidera à construire votre confiance en vous. Dans ce but, j'ai créé un exercice intitulé «Travailler les six degrés en votre faveur» (p. 260).

Petit plus. Afin de démontrer à quel point ce concept peut être puissant, repensez à vos anciens partenaires. Combien de fois avez-vous rencontré quelqu'un qui était l'ami d'un ami ? Même si vous vous êtes croisés par hasard, dans un bar, en boîte ou sur Internet, avez-vous des connaissances en commun ? Calculez combien de degrés de séparation existent entre vous et chacun de vos amoureux. Je dirais qu'il y en aura deux ou trois.

3 Ouvrir son cœur

Quel critère permet de savoir avec certitude si deux personnes seront attirées l'une vers l'autre ? Quand je pose cette question à des amis, à des relations de travail ou à des connaissances, la réponse générale est claire : l'allure. Lorsque je cherchais des célibataires à interroger pour mon livre, je m'entendais dire : « Elle ou il est très attirant/présentable. » Comme si seule cette clé permettait de rencontrer quelqu'un… Mes contacts avaient toujours l'air vaguement déconcertés que leur ami ne soit pas « pris ». Pourtant, dans votre propre cercle amical, vous trouvez des gens ordinaires et même banals, mais qui ont toujours quelqu'un avec qui sortir, ainsi que des gens magnifiques qui semblent voués à rester seuls. Que se passe-t-il donc ?

Les psychologues ont toujours été fascinés par ce qui attire les gens l'un vers l'autre, et le résultat va totalement à l'encontre de nos opinions préconçues. L'indice clé n'est pas l'allure mais « le seul nombre d'heures en contact ». Une étude classique des années 1950 s'est penchée sur les schémas des relations entre les étudiants d'un vaste campus universitaire. Au début du trimestre, les appartements étaient attribués au hasard. À la fin du trimestre, les chercheurs ont regardé lesquels étaient devenus amis ou partenaires. L'indice le plus fort n'était pas la personnalité ni l'allure, mais l'emplacement des appartements. Une autre étude portant sur l'attirance sexuelle a attribué à des étudiants leur siège en classe par ordre alphabétique. Une fois de plus, les étudiants les plus proches avaient plus de chances de former des couples. D'un côté, l'importance de la proximité ne devrait pas être surprenante. Si on ne rencontre pas quelqu'un, on peut difficilement se sentir attiré. D'un autre côté, les livres et les films romantiques sont construits sur le charme du séduisant inconnu. En d'autres termes, nous nous attendons à être attirés par l'inconnu, mais nous avons plus de chances de tomber amoureux du connu.

Les psychologues sociaux ont trouvé un second indice clé : la similarité. Par cela, ils entendent que nous sommes plus à l'aise avec des gens qui nous ressemblent parce que cela confirme et valide notre image du monde. Même si nous aimons le défi à l'occasion, peut-être pour un flirt ou une amourette, nous finissons par choisir quelqu'un qui nous ressemble sur un ou plusieurs des points suivants : l'attitude, la personnalité, les caractéristiques démographiques et le style de vie. Parce qu'elles permettent de constater que quelqu'un est comme nous, la similarité et la proximité augmentent les chances d'être attiré pour finalement tomber amoureux.

Comment passer d'une lueur d'intérêt pour quelqu'un que l'on voit plus ou moins régulièrement à une relation amoureuse ? C'est là que ma troisième connaissance du mélange efficace entre en jeu : avoir le cœur ouvert. Contrairement aux attentes courantes, la personnalité est plus importante que l'allure lorsqu'il s'agit d'attirer quelqu'un. La preuve vient d'une recherche menée sur 1 000 étudiants de première année à l'université de Kent, à qui l'on a demandé de noter des qualités chez des partenaires éventuels. Le résultat était le suivant :

1 Gentil/attentionné

2 Social/excitant

3 Artistique/intelligent

4 Facile à vivre/s'adapte facilement

L'équipe a poursuivi par des questions plus précises. Lorsque les étudiants ont eu à choisir une seule caractéristique constituant une relation idéale, l'amitié est arrivée en première position, à la fois pour les hommes (12 %) et les femmes (13 %). L'honnêteté est arrivée en deuxième à la fois pour les femmes (11 %) et pour les hommes (7 %). Seules différences significatives : les femmes insistaient sur la compagnie (7 %) alors que les hommes préféraient la gentillesse (5 %) ; les hommes plaçaient l'attirance dans les cinq premières qualités (5 %) alors que les femmes la mentionnaient à peine (1,5 %).

Dans ces conditions, comment être perçu comme quelqu'un ayant le cœur ouvert ?

• *Souriez*. Vous aurez l'air non seulement chaleureux, mais également facile d'approche.

• *Regardez les autres dans les yeux*. Les gens qui ne peuvent pas regarder les autres dans les yeux sont perçus comme des menteurs. Ou alors ils cherchent à cacher quelque chose.

• *Soyez positif*. Nous aimons les gens positifs parce qu'ils nous aident à nous sentir bien en général, et surtout avec nous-même. Quelqu'un qui critique, même si c'est un détail, par exemple la décoration, peut être perçu comme intelligent ou amusant, mais il éveille notre méfiance. Au fond de nous demeure la crainte qu'il dise du mal de nous dans notre dos ou, pire, que la critique s'attaque indirectement à nos goûts ou à notre personnalité.

• *Paraissez intéressé*. Cela implique de hocher la tête, de répéter des phrases clés afin que la personne qui parle sache que vous l'avez écoutée (« Alors comme ça il a surgi pile devant toi »). Et, ce qui est le plus efficace, d'identifier un sentiment (« Tu as dû avoir très peur »).

Même si tout le monde est heureux d'accepter d'ouvrir son cœur, quelque chose de très différent est souvent caché sous notre bonhomie apparente. Pendant que je menais des recherches pour ce livre, j'ai été surpris de constater la rapidité avec laquelle nous jugeons. S'il n'est pas socialement acceptable de faire des déclarations péremptoires sur quelqu'un en se fondant sur ses origines ethniques, sa religion ou ses préférences sexuelles, nous sommes satisfait de juger « un homme sans aucune attache » ou « une femme totalement célibataire ». Charlotte, 38 ans, était sans ambiguïté quant à son manque de choix : « Il ne reste plus que les losers. » Quand je lui ai demandé si cette phrase accablante pouvait vraiment s'appliquer à tous les hommes célibataires de Londres, elle a adouci ses propos, mais légèrement. « Bon, d'accord, mais je suis très méfiante face à un homme qui a réussi dans la vie et qui n'est pas avec quelqu'un. Je n'ai pas envie de devoir faire tout le travail ni de m'occuper de tout. » Puisqu'elle avait une opinion très mauvaise des hommes célibataires, je me suis demandé si les femmes célibataires étaient tout autant suspectes. « La femme moyenne est plus versée dans le bavardage, la compréhension et la compassion. Non, je ne pense pas qu'on puisse appliquer les mêmes règles aux femmes sur la scène du célibat », a-t-elle conclu. Malheureusement, les hommes célibataires et trentenaires ne pardonnent pas si facilement et émettent des jugements également dédaigneux sur les femmes célibataires de la même tranche d'âge. Simon, 36 ans et célibataire, a réalisé son rêve d'enfant de voyager sur les cinq continents et terminé sa formation de photographe. Mais il est prêt à se poser. « J'ai étudié le marché et je pense que je vais m'orienter vers une fille plus jeune que moi. Les femmes de 30 ans ont beaucoup de kilomètres au compteur. Elles ont été plaquées à plusieurs reprises et sont souvent amères. Elles ont donc besoin de faire beaucoup d'efforts pour s'adoucir. Je me surprends régulièrement à penser : "Je ne sais pas si je me donnerai la peine." » Charlotte et Simon ont voulu se décrire ouverts. (Simon a dit : « J'ai beaucoup à donner et je suis honnête envers moi-même et les autres » et Charlotte : « Je suis intelligente et j'ai bon cœur ».) Cependant, il n'a fallu qu'une simple enquête pour constater que leur jugement facile ébranlait leurs chances de rencontrer quelqu'un.

Petit plus. John Gottman, professeur émérite de l'université de Washington, a étudié comment les deux personnes d'un couple s'influençaient mutuellement sur une période de trente ans. Il a affirmé pouvoir prédire à 90 % quels jeunes mariés seraient toujours unis et lesquels seraient divorcés quatre à six ans plus tard. Il a insisté sur l'importance des attentions positives : les compliments, les mercis, se rassurer, reconnaître le point de vue de l'autre. Nous imaginons qu'un geste désagréable, comme critiquer ou se plaindre, peut être annulé par une attention positive. Mais les découvertes de Gottman suggèrent que notre instinct fait erreur. Les couples qui restent mariés équilibreront un point négatif avec cinq points positifs, alors que les couples qui divorcent peuvent souvent cumuler dix points négatifs pour un point positif. Par conséquent, si l'on veut passer pour quelqu'un au cœur ouvert, il est important d'accroître la proportion des positifs sur les négatifs. Il ne s'agit pas d'être joyeux aux limites du supportable ou d'inventer des compliments, puisque ces attitudes peuvent sonner faux, mais de communiquer plus efficacement. La plupart des gens ressentent tous les jours des centaines d'émotions positives face à de leurs amis et à leurs collègues de travail : « Ça me fait plaisir de vous voir » ou « J'admire vraiment votre façon de traiter ceci ». Hélas, nous taisons la plupart de nos pensées. Essayez d'exprimer vos pensées positives au lieu de les garder secrètes. Pour en savoir plus sur ce sujet, reportez-vous à l'exercice « Le pouvoir de la reconnaissance » (p. 261).

4 Flirter

Les deux premières compétences (« suivre le "flot" » et « les six degrés de séparation ») revenaient à l'art de parader, alors que la troisième (« ouvrir son cœur ») correspondait au fait de se mélanger dans sa forme la plus pure. La quatrième compétence rappelle la courtoisie d'antan, ce que, de nos jours, nous appelons « flirter ». Si vous avez quitté le jeu de la séduction depuis un moment, ce peut être particulièrement décourageant. Même si vous avez de l'expérience, ce récapitulatif peut vous être utile. Il existe essentiellement trois ingrédients clés pour réussir en matière de flirt : encourager le langage corporel, mener une conversation fluide et avoir confiance. Prenons-les un par un, en détail.

Encouragez le langage corporel

• Penchez-vous légèrement vers l'autre, mais pas trop près afin de ne pas envahir son espace personnel. Cette attention montre votre intérêt.

• Croiser les bras vous donnerait l'air d'être sur la défensive. Gardez une position ouverte.

• Les signes d'acquiescement sont encourageants, mais ils montrent également l'implication dans l'histoire que l'on vous raconte. Cependant, sachez que ces signes vont par paires. Trois hochements de tête signifient que l'on a envie de couper la parole.

• Cligner des yeux peut également être le signe d'une humeur romantique. Nous clignons des yeux toutes les deux ou trois secondes. Accroître ce rythme augmentera également celui de votre partenaire. Inversement, ralentir les clignements à un tiers de la vitesse naturelle peut être sexuellement attirant puisqu'il mime le clin d'œil.

• Copier la posture de quelqu'un comme dans un jeu de miroir peut amplifier tout sentiment d'intimité qui grandit entre deux personnes.

• Les bébés adorent jouer à faire coucou, quand on cache son visage derrière la main et qu'on apparaît soudain. Ils peuvent y jouer encore et encore sans jamais s'en lasser. Les adultes intéressés l'un par l'autre jouent à un jeu similaire : regarder quelqu'un, regarder ailleurs puis recommencer. Ils se servent également d'accessoires comme des menus derrière lesquels disparaître pour réapparaître.

Une conversation fluide

• Valoriser le bavardage. C'est un bon moyen de s'échauffer en vue d'une conversation plus intéressante et d'offrir un moment de détente pendant lequel on peut se faire une première impression. Dressez une liste de thèmes de départ qui ne sont pas sujets à polémique. Par exemple : la météo, les nouvelles récentes, la vie des célébrités et les programmes télé.

• Après les présentations ou le premier élan de conversation, comment faire en sorte qu'elle se poursuive sans gêne ? Le secret est d'offrir de petites bribes d'information révélatrices sur soi qui peuvent initier une conversation plus longue. Par exemple, ne dites pas simplement que vous êtes enseignant mais donnez l'âge des élèves et la matière que vous enseignez. (L'autre personne aura deux sujets à creuser en posant des questions, en faisant des observations ou en se révélant à son tour.)

• En lançant vos sujets de bavardage, ajoutez d'autres accroches à développer. Par exemple : « Au moins, la pluie va faire pousser ce que j'ai planté » ou « J'aime la chaleur, mais mes chiens préfèrent s'allonger à l'ombre ».

• Recherchez des domaines de conversation qui vous relient. Même si vous n'avez pas de jardin, vous pouvez vous intéresser au potager ou à la production biologique.

• Reprenez le langage de l'autre. Si c'est un enseignant et qu'il appelle ses élèves « les gosses », employez le même mot. Cela vous aidera à renforcer vos liens. Si c'est une femme d'affaires et qu'elle parle de sa « boîte », n'évoquez pas sa « société », car cela mettrait une barrière à la conversation.

• Ne fermez pas les sujets. Si vous rencontrez le propriétaire d'un chien, raconter que vous avez été mordu étant enfant ne va pas vous rapprocher. Tempêter contre les chiens qui salissent le trottoir n'aidera pas non plus. Préférez construire la conversation en posant des questions (« Quel genre de chien ? ») ou en dérivant vers un autre sujet (« Emmenez-vous votre chien en vacances avec vous ? », suivi par : « Où allez-vous cette année ? »).

• Ne sous-estimez jamais l'importance des questions que vous posez. Tout le monde aime parler de soi et de ses centres d'intérêt. Quelqu'un qui sait écouter sera toujours apprécié. Tout en offrant des bribes d'information sur vous-même, tenez-vous prêt à recevoir celles des autres.

Avoir confiance

• Comme nous aimons les gens confiants et ouverts, gardez la tête droite, littéralement et métaphoriquement. Si c'est difficile, faites une liste de trois choses sous chacun des titres suivants : les parties de mon corps que j'aime, les aspects positifs de ma personnalité, les réussites passées, les compliments reçus par le passé, mon potentiel.

• Surveillez votre vocabulaire au cas où vous auriez tendance à vous rabaisser sans le vouloir. Par exemple : « Ce n'est probablement pas une bonne idée… », « Ce n'est que moi » ou « Ce que je pense n'est pas important ». Écoutez vos amis pour voir s'ils commettent les mêmes erreurs, et faites une liste de phrases à éviter.

• Soyez optimiste. Par exemple, quand quelqu'un vous demande : « Que faites-vous dans la vie ? », ne gâchez pas cette occasion en répondant : « Je ne suis que… » Même si vous n'aimez pas votre métier, parlez des aspects qui vous plaisent : « Je suis représentant et j'ai la chance de voir de belles régions. » Quand vous êtes curieux et enthousiaste, les muscles de votre visage s'animent et deviennent plus attirants.

• Être confiant ne signifie pas être parfait. Cet état s'acquiert par la connaissance, l'expérience et la réalisation de buts modestes. La bonne nouvelle est qu'en poursuivant votre travail avec ce livre vous aurez déjà augmenté votre connaissance de vous-même et sur l'art de faire la cour. Adoptez les sept compétences permettant de se mélanger. L'exercice « Prendre un risque : une approche pas à pas » (p. 264) nourrira plus particulièrement votre expérience et fournira des buts modestes et réalisables.

Petit plus. Devenez un observateur des autres. Dans les soirées, les restaurants ou les bars, regardez comment les gens interagissent. Voici quelques points sur lesquels se concentrer : qu'est-ce qui encourage quelqu'un à traverser la pièce pour aller parler à quelqu'un d'autre ? Quels comportements ou postures repoussent au lieu d'attirer ? Quels gestes du langage corporel montrent que deux personnes sont absorbées ou s'ennuient ? Qu'est-il approprié de dévoiler ou quelle information vaut-il mieux garder pour soi ? Comment se comportent les gens qui ont confiance ? J'ajouterai une petit note de prudence : le but est d'inspecter votre propre technique et de vérifier si vous ne repoussez pas les autres sans le vouloir, au lieu de devenir un séducteur ou un charmeur. De telles astuces fournissent un rapide bien-être de l'ego, mais ne constituent en rien la base d'une relation solide.

5 Prendre un risque

En adoptant les sept compétences pour se mélanger, vous cumulez vos chances de trouver l'amour. Si vous avez été pris dans le flot, que vous avez pris en compte les chances de rencontres par réseaux des six degrés de séparation, fait de nouvelles rencontres avec un comportement ouvert et avez tenté le flirt, une ou plusieurs personnes vont sortir du lot. Vous commencerez à les regarder davantage qu'en collègue de travail, en connaissance ou en ami. Comment choisir les pistes à suivre et les opportunités à rejeter ? Quand on demande à des couples de longue date comment ils ont su que l'être aimé était quelqu'un de spécial, ils répondent souvent : « On le sait, c'est comme ça. » Le journaliste et écrivain Malcolm Gladwell dirait qu'il s'agit d'intuition. Dans son livre à succès *Blink : The Power of Thinking Without Thinking*, paru en 2005, il fête autant qu'il met en garde le « trancher fin » : juger une expérience entière à partir de quelques moments révélés. Il raconte l'histoire d'un expert qui a jeté un seul regard sur une statue antique avant de la déclarer fausse. Il n'a pas hésité un seul instant malgré la documentation et les tests scientifiques qui attestaient de son authenticité. Sa réponse instinctive était la répulsion, et il savait que quelque chose n'allait pas. Concernant le rendez-vous amoureux, beaucoup de gens décident s'ils sont intéressés par quelqu'un dès que cette personne passe la porte, avant même qu'elle ait ouvert la bouche ou enlevé son manteau. On gagne du temps et on réduit la foule à une dimension plus facile à appréhender.

Cependant, Gladwell cite des exemples où le « réduire en tranches fines » s'est très mal passé. Coca-Cola a décidé de changer la recette de son soda en se fondant sur des tests de goût dans lesquels la nouvelle formule plus sucrée était mieux appréciée que celle de la marque traditionnelle. Le lancement du nouveau produit a été un échec absolu et la marque a dû réintroduire l'ancienne recette, induisant des frais énormes pour l'entreprise. Que s'est-il passé ? Les participants au test s'étaient vu demander de boire cette nouvelle composition à petites gorgées parce qu'elle était censée avoir meilleur goût. Si on ne boit pas un soda d'un seul trait, nous en buvons un verre ou une cannette. C'est pourquoi, dans ces conditions, le nouveau Coca-Cola avait un goût trop sucré. Si l'on applique cela à la quête de l'amour, nous avons tendance à « trancher fin » et à imaginer que nous pouvons juger la compatibilité et l'amour durable simplement en se serrant la main et au bout de trente secondes de conversation. En d'autres termes, déguster une relation par petites gorgées est une expérience, mais vivre avec quelqu'un, ou boire les deux litres de la bouteille, en est une autre.

Si en tranchant fin nous risquons de rester sur la touche, quelle autre possibilité y a-t-il ? La réponse conventionnelle est : les faits et les chiffres. Coca-Cola a dépensé une fortune en études de marché, et le musée qui avait acheté la fausse statue détenait des analyses semblant prouver que la surface de l'œuvre n'avait pu vieillir que sur des centaines ou des centaines d'années. Gladwell cite l'un des conservateurs du musée : « J'ai toujours cru que les avis scientifiques étaient plus objectifs que les jugements esthétiques. » En matière de rendez-vous amoureux, cette approche revient à se dire : « Combien de cases va-t-il me faire cocher sur ma liste ? » En fait, Lydia, dont la liste a été insérée dans le chapitre précédent (p. 216), avait perdu toute confiance en son propre jugement et se demandait même si elle ne devrait pas céder à un mariage arrangé : « Je doute que mes parents puissent faire un plus mauvais choix que ceux que je fais pour moi. » Un autre exemple d'approche scientifique est celui d'Olivier, 39 ans, qui a dressé un questionnaire à emmener à une soirée de *speed-dating*. « J'ai rassemblé une énorme somme d'informations sur les femmes, mais à la fin de la soirée je n'avais que des listes d'âges, de métiers, de hobbies, d'acteurs préférés ou indiquant si chaque personne préférait le jour ou la nuit. En fait, j'étais plus confus que jamais. » Comment trouver l'équilibre entre le jugement hâtif à une extrémité et la masse d'informations qui vous dépasse à une autre ? C'est ici que « prendre un risque » entre en jeu.

En adoptant cette capacité à se mélanger, le premier travail est de reconsidérer les gens que vous connaissez déjà, mais que vous avez écartés des terrains spécieux. John T. Molloy, qui a interrogé des couples sortant des bureaux des mariages, s'est aperçu que 20 % des femmes n'avaient pas apprécié leur promis lors de la première rencontre. Quelque chose les a poussées à le reconsidérer et à prendre un risque. Voici un exemple extrait de mon expérience professionnelle, qui illustre les avantages de cette approche : « David était sorti avec l'une de mes amies proches. Je le connaissais donc bien pour l'avoir côtoyé dans des dîners et des sorties au théâtre », dit Caroline, une responsable en communication de 38 ans. « Sa séparation d'avec mon amie avait été difficile, mais amicale. Et, pour aider David dans ses moments de solitude, je l'invitais à mes soirées. Les gens disaient que nous irions bien ensemble, mais, pour être honnête, je le trouvais petit, un peu gros et il perdait ses cheveux. N'étant pas mon genre, il ne me plaisait pas. Que puis-je dire ? Pourtant, il savait écouter, il était amusant et nous avions des valeurs similaires. Un dimanche après-midi, il était assis dans la cour devant chez moi. J'avais organisé un barbecue, mais tout le monde était parti. Soudain, je me suis dit : "Comment ça serait d'aimer David ?" Presque instinctivement, j'ai commencé à lui caresser le bras. C'était agréable et il m'a embrassée. Vous imaginez la suite. » Caroline et David sont à présent mariés et ont deux enfants. « Le plus drôle est qu'aujourd'hui je le trouve très attirant », avoue Caroline. La seconde façon de prendre un risque est de suspendre son jugement sur une longue période et de donner à son inconscient le temps de respirer et de décider. Dans l'échantillon de Molloy, les femmes d'un autre groupe s'étaient montrées neutres en rencontrant leur futur mari et avaient cessé de le fréquenter après un ou deux rendez-vous. Cependant, ces hommes n'avaient pas laissé tomber et, environ six mois plus tard, ils avaient rappelé et les femmes avaient cédé. Elles avaient, effectivement, pris le risque de poser un regard neuf sur eux et d'apprécier ce qu'elles avaient vu.

Comment cette idée de « prendre un risque » fonctionne-t-elle dans le principe du mélange des personnes ? Si vous avez pensé à quelqu'un autrement, le moment est probablement venu de le voir plus souvent. Cette proposition peut être interprétée comme un rendez-vous galant officiel ou un simple prolongement à la routine : par exemple, aller prendre un verre ensemble après le travail ou un cours. Bien sûr, vous allez avoir envie de juger votre compatibilité afin de savoir si cette relation a des chances de se développer. Cependant, je vous suggère de suivre ces indications.

• *Pas d'introspection pendant le « rendez-vous »*. Un excès d'analyse nous paralyse bien trop souvent. Contentez-vous d'apprécier l'instant.

• *Laissez l'expérience mijoter*. Juste après, il est très bénéfique d'avoir une impression générale – « Ça s'est plutôt bien passé » –, mais essayez d'éviter un jugement de compatibilité et préférez compter sur la nuit qui porte conseil.

• *Laissez les souvenirs et les pensées jaillir pendant la nuit.* Souvenez-vous : quand vous regardez un bon film ou un bon programme télé, ou peut-être quand vous avez lu un livre intéressant, vous continuez à y penser des jours, voire des années après. Les idées ou les personnages reviennent d'eux-mêmes. En revanche, l'essentiel de ce que nous lisons ou regardons, même si nous l'apprécions énormément sur le moment, est presque instantanément oublié. Le même processus se produit avec les rendez-vous amoureux, et c'est un bon moyen de faire le tri entre ce qui relève du changement de vie et ce qui relève de simples moments agréables.

• *En fin de compte, votre inconscient finira par vous dire si vous allez bien ensemble*. Cependant, votre inconscient ne peut parler que si vous êtes prêt à l'écouter, et c'est impossible si vous êtes trop occupé à analyser. En attendant jusqu'au lendemain matin, vous éviterez les jugements hâtifs sans avoir eu le temps de vous laisser dépasser par l'information. Surtout, vous aurez pris un risque et aurez eu une vision plus large dans le processus servant à prendre une décision.

Petit plus. Ne soyez pas pressé de trouver le partenaire de votre vie. En fait, il y a beaucoup à dire sur la lenteur avec laquelle on tombe amoureux. Il y a moins de chances de projeter le partenaire idéal sur un pauvre homme ou une pauvre femme qui n'a rien demandé (qui vous mettra donc en colère en n'étant pas à la hauteur de vos attentes), ou de devenir la victime d'une imagination hyperactive (vous interprétez mal un geste neutre ou courtois que vous prenez pour une marque d'intérêt et vous tombez amoureux de la mauvaise personne). Surtout, ne vous laissez pas envahir par la première impression. Quand Ellie, 31 ans, a vu Kieran, 36 ans, pour la première fois, elle a failli s'éclipser. « Pour être honnête, il ne me plaisait pas du tout. Malgré tout, ça aurait été grossier de disparaître. Nous avons pris un café et avons décidé d'aller voir une exposition dans une galerie. J'ai tout de suite été surprise de le voir s'adapter immédiatement à mon rythme. Il s'y connaissait et, pendant que nous passions devant les peintures, il me guidait en m'effleurant dans le dos. Son geste était celui d'un gentleman mais, soudain, j'ai éprouvé une vague de désir. » Si vous vous sentez prêt à prendre un risque, et à accroître le nombre de personnes avec lesquelles vous mélanger, vous trouverez une approche pas à pas dans la partie Exercices.

6 Faire ce que vous aimeriez qu'on vous fasse

Sous prétexte de trouver l'amour, notre comportement est souvent tout sauf affectueux. Nous jugeons fréquemment sur les bases les plus superficielles, accusant des tranches entières de la population de mentir ou de distordre la vérité. Nous attendons des autres qu'ils examinent notre caractère et notre personnalité, et pas seulement notre allure, notre poids ou notre compte en banque. De plus, nous exigeons de l'honnêteté et de la transparence. Il y a une règle pour nous et une règle pour tous les autres. Comment l'amour, qui ne s'épanouit que sur une base d'égalité, pourrait-il avoir une chance ? C'est pour cela que la sixième capacité est tirée de la sagesse antique : « Tout ce que vous voudriez que les hommes fassent pour vous, vous aussi, faites-le de même pour eux car c'est ce qu'enseignent la loi et les prophètes » (*Nouveau Testament*, Matthieu, 7, 12) ; ou « Ne faites pas à autrui ce que vous ne voudriez pas qu'on vous fasse » (Confucius, philosophe chinois qui vécut entre 551 et 479 av. J.C.) ; et « Telle est la somme du devoir : ne fais pas aux autres ce qui, à toi, te causerait de la peine » (*Mahabharata* – texte en sanskrit ancien de mythologie et de philosophie hindoues). L'idée est développée dans l'exercice « Regardez dans le miroir » (p. 266).

L'un des domaines les plus importants de ce « faites ce que vous aimeriez qu'on vous fasse » est d'inviter quelqu'un à sortir. Les deux parties ont besoin d'être sur le même terrain afin de comprendre les contraintes spécifiques et les écueils du jeu de la demande et du refus. Si les hommes connaissaient les problèmes des femmes (qui sont traditionnellement censées attendre qu'on les invite), et si les femmes connaissaient les peurs des hommes (passer pour un idiot), nous serions plus gentils et nous traiterions les autres comme nous aimerions être traités. Concrètement, comment cela se passerait-il ? Voici les nouvelles règles pour « sortir avec quelqu'un » :

1 Les hommes et les femmes ont une chance égale de proposer à l'autre de se voir. Après tout, tout le monde aspire à des rapports égalitaires, et cette évidence devrait s'imposer dès le début.
2 Les deux sexes ayant le droit de lancer une invitation, chacun comprend donc la peur d'être rejeté. Dès lors, la règle devrait être, en général, d'accepter une invitation.
3 Les premières sorties devraient être relativement brèves : aller prendre un café ensemble au lieu de proposer des places de concert ou un dîner onéreux.
4 En maintenant le premier rendez-vous bref, il est plus facile de dire oui et les attentes restent raisonnables.
5 Après cela, si vous promettez d'appeler ou de prendre contact, votre responsabilité est engagée.
6 Payez chacun à tour de rôle. Celui qui propose de se voir paie, ce qui permet de contourner les divergences de salaire.

Petit plus. Vous avez enfin trouvé le courage de l'inviter à sortir, mais sa réponse a été : « C'est gentil mais non merci. » Comment vivre un refus ? Ce n'est pas grave ! Il y a des milliers de raisons pour lesquelles il ou elle a pu refuser votre invitation. Cette personne est peut-être déjà engagée (dans ce cas, la prochaine fois, pensez à vérifier la disponibilité), ou elle vous considère peut-être comme un ami (on n'a jamais trop d'amis), ou encore elle juge que vous n'êtes pas son genre. Dans de nombreux cas, le refus tient autant à la situation de votre cible, à sa personnalité ou à ses goûts qu'à ce que vous êtes. Restez positif (j'ai eu le courage de l'inviter et ça sera plus facile la prochaine fois), et sachez qu'on ne peut pas réussir à tous les coups (plus je fais d'invitations, plus j'ai de chances qu'on accepte). Que faire de ce moulin à paroles qui est en vous et qui n'arrête pas de vous rabaisser et d'ébranler votre confiance ? Plus vous l'écouterez et pire sera le rejet, jusqu'à ce que ce phénomène prenne des proportions catastrophiques. Au lieu de laisser cette voix parler sans la contrôler, notez tout. Ne censurez rien et écrivez tout sous sa dictée. Ensuite, reprenez tout et rayez ce qui ne va pas, ce qui n'est que pure supposition ou exagération inutile. Cela fera taire le moulin à paroles en vous aidant à garder le sens des proportions.

7 Devenir philosophe

Si vous avez assimilé les idées de la première partie de ce livre (travailler sur votre héritage affectif et décharger le bagage des anciennes histoires d'amour) et adopté les aptitudes permettant de se mélanger (et ainsi de changer votre façon de chercher l'amour), vos chances de trouver un partenaire se sont considérablement accrues. J'aimerais dire que vous pouvez être assuré de trouver la personne avec laquelle vivre une relation aimante et gratifiante. Or la vie n'est jamais aussi simple. Je souhaiterais qu'il en soit autrement. Comme ma partenaire vous le dirait, ma plus grande faute est de « vouloir tout, tout de suite ». Si c'est ce que vous ressentez en cherchant l'amour vrai, mais que le destin, votre dieu ou l'univers met des obstacles sur votre route, que faire ? Premièrement, vous devez vous demander : est-ce que je traîne encore des casseroles ? Deuxièmement, me suis-je sincèrement lancé dans l'art de se mélanger : est-ce que je sors assez souvent avec une attitude détendue et ouverte ?

Troisièmement, et c'est là que le dernier talent pour se mélanger intervient, vous devez être philosophe.

Même si nous voyons dans la philosophe une matière étudiée à l'université, le domaine d'hommes décédés et barbus, son but essentiel est de donner un sens à ce qui nous entoure. Elle vise la sagesse, la vérité et le bonheur. En d'autres termes, la philosophie n'est pas réservée uniquement aux universitaires. C'est également un outil pour mieux vivre au quotidien. Que ferait un philosophe du dilemme de ne pas réussir à trouver l'amour ? Avant tout, Socrate (470-399) vous applaudirait pour tout le travail que vous avez fait sur vous-même. Il croyait que « la vie non examinée ne vaut pas la peine d'être vécue ». Ensuite, nous devrions cesser de nous démener dans tous les sens en état de frustration. Comme Aristote (384-322) l'a dit : « Tout le monde peut se mettre en colère : c'est facile, mais être en colère après la bonne personne, au bon degré, et au bon moment, et pour la bonne raison et de la bonne manière, voilà qui n'est pas à la portée de tous et qui n'est pas facile. » Dans la quête de l'amour, nous devrions tenir compte de ce qu'a dit le philosophe français Blaise Pascal (1623-1662) : « Tout le malheur des hommes vient d'une seule chose qui est de ne savoir pas demeurer au repos dans une chambre. » Pascal pensait que notre peur d'être malheureux est si forte que nous nous précipitons sur la première chose qui offre une diversion. Mais peut-être que les philosophes stoïciens comme Épictète (55-135) ont la réponse fondamentale : « Faites tout ce que vous pouvez, et prenez le reste comme il vient. » L'idée a été développée par Prajnânpad (1891-1974), qui a introduit Freud et la psychanalyse en Inde : « Ce qui a été fait est devenu le passé, ça n'existe pas dans le présent. Ce qui arrivera est le futur et n'existe pas dans le présent. Alors ? Qu'est-ce qui existe ? Ce qui est ici et maintenant. Rien de plus… reste dans le présent : agir, agir, agir. » Comment prendre Épictète et Prajnânpad et se servir de leur sagesse pour faciliter notre apprentissage du mélange ? Nous devons accepter les choses sur lesquelles nous n'avons aucun contrôle et nous concentrer sur celles que nous pouvons influencer : notre propre comportement. Cela revient à adopter toutes les capacités qui servent à se mélanger, et en faisant, en particulier, l'exercice « Prendre un risque : une approche pas à pas ». Parfois, quand nous cessons de vouloir tout contrôler, et quand nous nous y attendons le moins, l'amour vient à nous.

Petit plus. Essayez de lire de la philosophie. André Comte-Sponville est un professeur de philosophie de la Sorbonne, à Paris. Il a écrit plusieurs bons livres pour le lecteur moyen. Alain de Botton est une autre porte pouvant amener à la philosophie. Son livre le plus connu est *Les Consolations de la philosophie*. Je recommanderais également de se documenter sur le bouddhisme, qui est affaire autant de philosophie que de foi. Essayez *Huit étapes vers le bonheur*, de Geshe Kelsang Gyatso.

En résumé

- *Se mélanger est une nouvelle approche pour trouver un partenaire. Au lieu de vivre d'intenses périodes de quête – comme dans une soirée ou sur Internet – suivies de longues périodes où l'on cesse d'agir et de vivre en général, se mélanger permet de faire des rencontres en permanence, mais de façon informelle, en cessant de juger. Ainsi, votre inconscient pourra vérifier si vous allez bien ensemble.*
- *L'allure n'est pas l'ingrédient le plus important pour trouver un partenaire. Le temps passé ensemble, les points communs et la personnalité sont les points clés.*
- *Prenez le temps d'apprendre à connaître quelqu'un au lieu de juger sur les premières impressions. Il ne s'agit pas de se poser, mais d'attendre la seconde impression afin de ne pas écarter quelqu'un trop rapidement. Autorisez-vous à vivre l'instant et laissez la magie opérer naturellement le moment venu.*

• *Chercher l'amour fait ressortir le philosophe qui sommeille en nous. À un bout de l'échelle, certains restent passifs et laissent faire le destin. À l'autre bout, ils prennent trop de responsabilités et considèrent le fait de ne pas avoir de partenaire comme un signe d'échec personnel. Se mélanger procure une voie médiane entre ces deux extrêmes.*

EXERCICES

Débloquez le flot

Il est très bien d'avoir des hobbies dévorants, des emplois présentant des défis ou une tendance à aider les autres. Et si vous trouvez votre travail inintéressant, si vous n'avez pas fait de sport depuis que vous avez quitté l'école et que vous n'êtes pas d'un tempérament créatif ? L'exercice suivant va vous aider à vous lancer.

1 *Souvenez-vous de votre enfance.* Les enfants aiment jouer. C'est ainsi qu'ils découvrent leurs talents et leur imagination. Malheureusement, en vieillissant, nous nous censurons. « Je ne jouerai jamais au foot pour Manchester United » ou « Je ne danserai jamais en solo pour le Royal Ballet ». Qu'auriez-vous fait si vous en aviez eu l'opportunité, les encouragements ou la conviction que vous en étiez capable ? Si vous avez du mal à vous en souvenir, demandez à vos parents ou visionnez les films de famille. Quand j'ai fait cet exercice, pendant une période de crise, je me suis souvenu de mon désir d'enfant d'avoir un chiot. J'ai fini par avoir un croisement colley-épagneul et par adhérer à un club d'entraînement canin.

2 *Qu'est-ce qui vous met en colère ?* La colère contient de la passion, mais aussi de la créativité. Elle peut venir du fait qu'il n'y a rien pour les jeunes dans votre région. La souffrance des animaux ou les malades du cancer

vous touchent peut-être. Dans ce cas, recherchez quelle œuvre de charité a besoin de bénévoles.

3 *Éteignez votre téléviseur trois soirs consécutifs.* Non seulement la télé avale les heures de votre temps libre, mais elle agit comme un tranquillisant et empêche de penser. Même si vous ne serez pas très bien le premier soir et présenterez des symptômes de manque, tenez bon. (Essayez de ne pas employer de tactiques de diversion comme aller sur des forums de discussion sur Internet.) Le deuxième soir, vous serez plus calme et d'autres moyens de vous occuper vous viendront à l'esprit. Et s'ils n'ont rien de prometteur, ne vous découragez pas. Une activité physique, comme frotter le sol de la cuisine, peut occuper le corps et permettre à l'inconscient de libérer quelques idées. Le troisième soir, vous aurez probablement de bonnes idées à creuser. Suivez ces pistes et voyez où elles vous mènent.

4 *Voyez large.* Ne vous laissez pas décourager par les grandes idées. Plus elles sont grandes, mieux c'est. Au stade du rêve, vous pouvez faire tout ce que vous voulez. Ne fermez pas un chemin potentiel en devenant trop pratique. Laissez votre imagination aller librement. Attendez que votre élan soit fermement établi avant de voir comment faire de l'idée une réalité. D'accord, vous ne jouerez pas pour Manchester United, mais vous pourriez vous former pour devenir arbitre ou entraîner une jeune équipe. Vous avez envie de faire du cinéma ? Même s'il y a peu de chances pour que vous fassiez de la concurrence à Nicole Kidman, vous pourriez vous inscrire dans une agence de figurants pour le cinéma ou la télévision.

5 *Qu'est-ce qui vous freine ?* Notez toutes les excuses et examinez-les de façon rationnelle. Sont-elles justifiées ? Exagérées ? Devraient-elles réellement m'empêcher d'avancer ?

Travailler les six degrés en votre faveur

Nous connaissons tous l'importance des amis. Un projet de recherche de Chicago a mis en avant la façon dont ils pouvaient affecter notre bien-être. Les participants ont cité cinq personnes ou plus avec lesquelles ils avaient discuté de sujets intimes les six derniers mois. Ils avaient 60 % de chances supplémentaires de se sentir « très heureux ». Premièrement, si tout va bien dans votre vie et que vous vous sentez bien avec vous-même, vous attirerez d'autres personnes positives et aurez moins de chances de céder à la tentation de sortir avec quelqu'un pour le simple réconfort. Secondement, vos amis ont des amis qui ont des amis : c'est un réseau d'opportunités.

- Effectuez un audit auprès de vos amis. Ces six derniers mois, calculez avec combien de personnes vous avez parlé de sujets intimes. Par cela j'entends : partager vos espoirs, vos déceptions et vos peurs. Écrivez les noms. Ils seront en première ligne de votre réseau de soutien.
- Y a-t-il quelqu'un d'autre avec qui vous vous sentiriez à l'aise pour parler de questions intimes ? Si la réponse est oui, dites à cet ami que vous recherchez un partenaire et comment vous le vivez. Il peut devenir un soutien affectif ou vous mettre en contact avec son capital social (retournez au chapitre I pour en savoir plus sur ce concept p. 13).
- Y a-t-il des amis qui pourraient vous soutenir ? Mais leur situation, le manque de temps ou une querelle ont fait que vous ne les avez pas vus et ne leur avez pas parlé depuis six mois. Comment pourriez-vous reprendre contact ?
- Ayant augmenté votre capital social, passez à votre capital relationnel. Ce sont généralement des gens avec lesquels vous avez moins de choses en commun mais, parce qu'elles sont très sociables, elles connaissent du monde. De cette façon, elles agissent comme un pont qui élargit le cercle de vos relations.
- Avez-vous d'autres personnes en tête qui correspondent à cette description ? Si c'est le cas, il vaut probablement la peine de renforcer vos liens. Par exemple, vous pouvez les inviter à votre prochain barbecue ou leur propo-

ser de sortir avec votre groupe d'amis un soir. Ne vous inquiétez pas si vous avez l'impression de « profiter d'eux » parce que les connecteurs sociaux aiment présenter des personnes entre elles.

- Du côté de vos amis proches, connaissent-ils quelqu'un qui connaît tout le monde ? En d'autres termes, quelqu'un qui a un fort capital de mise en relation. Si c'est le cas, demandez à ce qu'on vous présente à lui. Ces personnes sont vitales pour faire marcher rapidement en votre faveur les six degrés de séparation.

Le pouvoir de la reconnaissance

Vingt-cinq années à conseiller des couples m'ont montré qu'il n'y a rien de plus puissant pour retourner une situation difficile que le pouvoir de la reconnaissance. Il montre que vous avez le cœur ouvert, et en plus aide à ouvrir le cœur des autres. Quel en est le fonctionnement ? Depuis douze mois, Lizzie, 42 ans, sort avec Thomas, 45 ans. Ils sont venus me consulter parce qu'ils n'arrivent pas à se décider à vivre ensemble. Leur histoire est compliquée parce qu'ils ont tous les deux des enfants d'un premier mariage et que Lizzie a un enfant autiste de 12 ans. « Il a l'âge mental d'un enfant de trois ou quatre ans, ce qui veut dire que c'est beaucoup de travail et je ne peux pas donner à Thomas toute l'attention qu'il semble me demander. Je ne pense pas qu'il comprenne à quel point c'est épuisant pour moi, jour après jour. Il n'y a pas de répit. » Les yeux rivés au sol, Thomas murmure : « Je sais ce que c'est. » Pendant un moment, chacun ne fait que répéter les grands traits de sa situation, apportant de plus en plus de preuves. Je finis par lever les mains : qu'attendent-ils l'un de l'autre ? « Je veux juste que Lizzie comprenne que j'ai fait tout ce que j'ai pu », dit Thomas. Avec un peu d'encouragement, Lizzie finit par reconnaître que Thomas est patient, gentil et d'un grand soutien. Elle poursuit par une liste d'exemples et d'occasions où elle s'est sentie particulièrement reconnaissante. Thomas, à son tour, reconnaît tout ce que Lizzie a fait avec son fils. C'est évident, chacun sait au fond de lui que l'autre l'apprécie mais ils ont besoin de l'entendre ! Lizzie et Thomas sont enfin prêts à négocier sans retenue et ils trouvent rapidement une formule de vie commune. Voici les ingrédients de la reconnaissance.

- *Ça doit être neutre.* Et non pas dit avec de la colère, du sarcasme ou sous le coup d'un engagement.
- *Ça marche mieux avec des exemples.* Au lieu de dire simplement « Merci de m'aider », ce qui est un bon début, essayez de donner des détails : « J'ai vraiment apprécié ta façon de faire le tour quand j'ai perdu mon passeport. »
- *On l'entend souvent mieux quand on s'y attend le moins.* Par exemple, en voiture quelques semaines plus tard : « Je sais que tu détestes les hôpitaux alors c'était vraiment gentil de ta part de venir rendre visite à ma mère avec moi. » Cette attitude nous donne l'impression que notre gentillesse n'a pas été oubliée. Du coup, nous nous sentons doublement reconnus.
- *La reconnaissance identifie les sentiments qui n'ont pas été exprimés.* Dans des situations difficiles, la communication peut être améliorée en reconnaissant les sentiments qui figurent derrière les mots ou les humeurs. « On dirait que tu es en colère ? » ou « Es-tu triste ? ». Ne vous en faites pas si vous ne tombez pas juste parce que votre ami, votre petite amie ou votre collègue sera heureux de préciser son émotion au lieu de continuer à taire ces sentiments, lesquels seront alors reconnus.

Faites « comme si »

Ce conseil est le meilleur que j'aie jamais reçu. Avant toute chose, j'aimerais en resituer les origines. Un jour, j'ai reçu une femme dont la fille avait été retrouvée la tête la première dans la mare d'un voisin. L'enfant avait été réanimée. Mais son pouls ayant cessé de battre quarante minutes, elle en était restée gravement handicapée. Sa mère s'en voulait d'avoir confié sa fille à une nourrice. Il n'y a pas grand-chose de pire et je lui ai demandé comment elle tenait le coup. « Bien sûr, il y a des moments où j'ai envie de m'enfermer dans une petite pièce sombre pour hurler de toutes mes forces. Mais ma fille a besoin de moi et j'ai un autre enfant qui est robuste, un mari et mes affaires. Il y a des gens qui comptent sur moi. Quand j'ai l'impression que je n'en peux plus, je repense à cette femme merveilleuse qui a partagé un secret avec moi. “Faites comme si vous alliez y arriver. Au début, ce sera dur, vous ferez semblant. Mais au bout d'un moment, vous vous retrouverez à moins faire semblant et plus à être. Soudain, un jour, vous vous apercevrez que vous ne faites plus semblant et que vous êtes capable d'y arriver.” » Je me suis souvenu de ce conseil quand je me suis retrouvé à un carrefour important de ma vie.

Comme je l'ai expliqué plus haut, ma première partenaire est décédée alors que j'avais 35 ans. Cinq ans plus tard, je venais d'entamer une nouvelle histoire mais les souvenirs qui me hantaient m'empêchaient d'avancer. Bien que patiente, ma nouvelle partenaire a fini par en avoir assez d'être en compétition avec un fantôme. Elle m'a lancé un ultimatum en me disant de choisir : qui aimais-je le plus ? Elle n'avait plus envie d'être à la seconde place. Comment pouvais-je balayer les sept ans et demi que j'avais passés avec ma première partenaire ? Ce dilemme semblait impossible. C'est alors que je me suis souvenu de « faire comme si ». J'ai donc décidé de circuler dans la maison en faisant comme si ma seconde amie était celle que j'aimais le plus. Ce que j'ai découvert m'a étonné. Dans chaque pièce, derrière les toilettes et la salle de bains, il y avait des images de ma première partenaire et aucune de ma seconde. Pour être honnête, je n'avais jamais remarqué le déséquilibre. Toujours en faisant comme si, j'ai décroché la plupart des photos. Je n'en avais pas besoin pour me souvenir de ma première amie. L'étrange partie de cette histoire est que je me suis senti mieux, moins hanté.

Cet exercice est donc simple. La prochaine fois que vous vous retrouverez face à un obstacle, demandez-vous : « Comment me comporterais-je si j'avais confiance en mes capacités ? » Une fois que l'image sera fermement ancrée dans votre tête, imaginez le premier pas à effectuer et faites comme si...

Par exemple, lorsque vous désespérez de parvenir à trouver quelqu'un, imaginez-vous en train de marcher dans la rue, main dans la main avec votre partenaire. Comment vous comporteriez-vous si vous croyiez que cette personne existe ? Vous sortiriez de chez vous pour le ou la trouver ! En faisant comme si, vous trouverez l'être aimé, vous sortirez plus et accepterez des invitations pour des soirées entre amis que vous auriez refusées auparavant. En agissant avec confiance, vous vous comporterez comme quelqu'un de confiant et à un moment ou à un autre, vous finirez par avoir profondément confiance.

Prendre un risque : une approche pas à pas

Quand quelqu'un vous plaît, il est terriblement difficile d'entamer une conversation. En réalité, plus quelqu'un nous intéresse et plus il est difficile d'agir. Pour cela, cet exercice doit se faire lentement.

Première semaine : parlez à quelqu'un à qui vous ne parleriez habituellement.

- Il peut s'agir d'un collègue de travail, d'une connaissance éloignée (comme votre facteur) ou d'un inconnu dans la queue du bus.
- Ces gens ne vous attirent pas mais cet exercice vous donne l'occasion de vous entraîner à bavarder. De cette façon, quand quelqu'un de sincèrement intéressant surgira, vous ne resterez pas muet.
- Essayez de poser des questions ouvertes. Où faut-il que je change pour aller à... ? Comment allez-vous aujourd'hui ?
- Les questions ouvertes commencent par : « Qui, pourquoi, comment, où, quand ? »
- Parfois une question à laquelle la réponse serait oui ou non peut créer un lien avec les connaissances lointaines, à partir duquel construire autre chose. Préparez toujours d'autres questions à poser par la suite. Par exemple, à la question : « Avez-vous passé un bon week-end ? », on peut répondre par oui ou par non. Malgré tout, on peut poursuivre par : « Qu'avez-vous fait ? »
- Le but est de bavarder d'un ton léger pendant trente secondes.
- À la fin de chaque semaine, offrez-vous une récompense : votre plat préféré, une activité qui vous fait plaisir ou faites-vous un petit cadeau.

Deuxième semaine : partez cinq minutes plus tôt.

- Avec plus de temps pour faire les choses, vous aurez plus de chances de discuter avec quelqu'un.

• Prenez le temps de regarder autour de vous.

• Quand on est moins concentré sur ce qu'on s'attend à voir, on a plus de chances de remarquer les occasions.

Troisième semaine : saisissez une occasion que vous auriez refusée auparavant.

• Par exemple, si vous faites partie d'une chorale mais que vous partez rapidement parce que vous devez vous lever tôt le matin, allez prendre un verre avec les autres chanteurs.

• Un ami vous demande de l'accompagner à un pot au travail ? Acceptez ! Vous pouvez également emmener un ami à un pot où vous ne seriez pas allé parce que vous n'aimez pas y assister seul.

• Après coup, récompensez-vous.

Quatrième semaine : observez le profil des gens à qui vous parlez.

• Mes patients parlent souvent au même type de personnes. Par exemple, Graham, qui avait du mal à oublier sa petite amie qui l'avait quitté, se sentait plus à l'aise avec des femmes plus âgées.

• Ne parlez-vous aux gens que dans certaines circonstances ?

• Ajoutez d'autres types de personnes ou de lieux à votre profil.

Cinquième semaine : allez dans un endroit où vous n'êtes encore jamais allé.

Nous avons tendance à aller dans les mêmes bars ou à avoir les mêmes passe-temps avec nos amis.

• Suggérez un nouveau lieu.

• Les nouvelles situations font entrer de nouvelles personnes dans nos vies.

• N'oubliez pas de vous récompenser.

Sixième semaine : essayez quelque chose de nouveau.

• Inscrivez-vous à un cours.

• Essayez ce hobby que vous avez toujours voulu avoir.

• Faites du bénévolat.

Septième semaine : engagez-vous à continuer à chercher.

• De la même façon que les bons représentants sont toujours à la recherche d'une piste, vous devriez être toujours à la recherche d'occasions de vous mélanger.

• Continuez à élargir le cercle de vos relations pour qu'il devienne de plus en plus gros et pour y inclure de plus en plus de monde.

Il est important d'insister sur le fait qu'aucune de ces activités n'est, à l'origine, conçue pour rechercher un partenaire mais pour améliorer vos capacités à vous mélanger. D'une part, adresser la parole à quelqu'un qui pourrait par la suite devenir un partenaire éventuel vous détendra. D'autre part, vous sortirez pour faire des rencontres au lieu d'attendre que l'homme ou la femme de votre vie soit parachuté dans votre salon.

Regardez dans le miroir

Cet exercice a été spécifiquement conçu pour aider à se mélanger grâce au « faites ce que vous voudriez qu'on vous fasse ». Mais il vous aidera également à devenir plus ouvert d'esprit et moins enclin à juger les autres.

Quand on se plaint de son partenaire – il n'écoute jamais ou il me rabaisse –, on est souvent coupable de la même chose ! Des phrases telles que « Les célibataires sont des losers » ou « Les femmes de 30 ans sont pleines d'amertume » en disent autant, voire plus, sur le plaignant que sur ses cibles. Parce que les relations amoureuses sont comme des miroirs : nous voyons ce que nous n'aimons pas en nous dans le comportement de l'autre. Cela dit, au lieu d'admettre nos propres failles ou de faire preuve d'un peu de tolérance, nous préférons nous en prendre à l'autre. Simon, l'homme de 36 ans qui trouvait les femmes de son âge amères, avait plus qu'un soupçon d'amertume en lui : « Étant célibataire, je donne plus à mes amis et on m'a souvent laissé tomber. » Un autre exemple serait une conversation qu'il a eue avec une femme avec qui il a couché : « "Tu as quelques kilos en trop", avait-elle dit. "Me trouves-tu attirant malgré tout ?", ai-je demandé en blaguant. Elle a immédiatement rétorqué : “Je fais avec.” » (Il est intéressant de constater que les femmes ne s'arrêtent pas au poids des hommes alors qu'un homme serait horrifié de constater ces quelques kilos en trop.) De son côté, Charlotte, la femme de 38 ans qui pensait que tous les hommes célibataires étaient des losers, avait passé la première moitié de notre entretien à insister sur les longs voyages qu'elle avaient effectués, et c'était en effet impressionnant. Ce rappel suggérait, malgré tout, qu'au fond d'elle, elle pensait avoir toujours quelque chose à prouver.

- Sans cesser de réfléchir, notez vos trois critiques principales sur les hommes ou les femmes avec lesquels vous êtes sortis ou sur les célibataires en général.

  1

  2

  3

- À présent, imaginez que vous vous regardez dans le miroir. Ces critiques pourraient-elles s'appliquer à vous ? Même un peu ? Si c'est le cas, quels changements feriez-vous ?

Je sais que cet exercice donne à réfléchir. Quand j'avais une vingtaine d'années, je travaillais pour une entreprise de taille moyenne et je trouvais l'un des employés récemment embauchés agaçant, parce qu'il était insistant et assez imbu de sa personne. Un jour, alors qu'il m'avait particulièrement mis en colère, j'ai compté jusqu'à dix avant de me demander pourquoi j'avais eu une réaction aussi violente alors que mes collègues n'avaient pas ce genre de problème. C'est alors que j'ai compris à qui il me faisait penser : à moi. Ce fut un choc. Mais à partir de ce moment, j'ai été plus tolérant, allant jusqu'à le trouver plus facile à vivre. Si nous pouvons pardonner aux autres leurs fautes, nous pourrions peut-être étendre cette bienveillance à nous-même ? C'est difficile mais ça vaut la peine.

Être philosophe

Que nous en soyons conscient ou non, tout le monde a sa propre philosophie sur laquelle repose la quête de l'amour. Ces philosophies sont au cœur de notre vision du monde. En fait, elles sont tellement centrales qu'elles ne sont pas dites, ni examinées ni mises à l'épreuve. C'est regrettable puisqu'une philosophie personnelle bien équilibrée est la clé d'une vie heureuse et épanouissante. Quelle est la vôtre ?

1 Vous attendez des nouvelles de l'emploi idéal, mais ils prennent plus de temps que prévu pour vous informer. Que faites-vous ?

a) Vous téléphonez à tous vos contacts pour essayer de savoir ce qui se passe.

b) Vous ne faites rien : si ça ne doit pas arriver, ça n'arrivera pas.

c) Vous attendez patiemment : je saurai bien assez tôt.

2 Au travail, vous avez un nouveau responsable et le courant ne passe pas entre vous. Vous vous sentez harcelé, stressé et malheureux. Que faites-vous ?

a) Vous commencez à chercher un nouveau travail.

b) Vous espérez que ça s'arrangera tout seul.

c) Vous parlez à quelqu'un des ressources humaines.

3 Votre dernière histoire d'amour s'est terminée il y a trois mois et votre amour-propre est en miettes. Comment vous comportez-vous ?

a) Vous recommencez à sortir : je vais lui montrer que je suis mieux sans lui ou sans elle.

b) Comment a-t-il pu me faire ça ?

c) Je prends le temps de panser mes plaies mais j'y arriverai.

4 Vous êtes sorti avec un nouveau partenaire qui vous plaît. Il a promis d'appeler mais vous attendez depuis cinq jours et n'avez eu aucune nouvelle. Que faites-vous ?

a) Vous l'appelez.

b) Vous continuez à vérifier vos messages, vos SMS et vos mails toutes les heures.

c) Vous vous dites : j'ai mieux à faire.

5 Vous sortez avec quelqu'un depuis six à neuf mois. Si ça a bien commencé, vous rencontrez des problèmes et vous craignez que la relation ne soit près de la fin. Que faites-vous ?

a) Vous agissez rapidement pour quitter l'autre en premier.

b) Vous vous inquiétez et faites tout pour lui plaire.

c) Vous acceptez que ça puisse se terminer, puis vous cherchez ce que vous pouvez faire pour régler les problèmes.

6 Quand il est question de vacances dans un endroit exotique et inconnu, qu'est-ce qui décrit le mieux votre comportement ?

a) Vous vous apaisez en faisant des recherches avant de partir et en réglant tous les détails afin de savoir exactement à quoi vous attendre.

b) Vous laissez à vos amis avec qui vous partez en vacances le soin de tout organiser.

c) L'aventure fait partie du jeu.

MAJORITÉ DE A)

Contrôle maladif. Il n'y a rien de plus troublant pour vous que de ne pas savoir. Vous préféreriez faire quelque chose, n'importe quoi, même ce qu'il ne faut pas. Au fond de vous, vous avez l'impression que l'amour est un examen que vous obtenez ou que vous ratez. Cependant, vous devez comprendre qu'on ne peut pas contrôler tous les aspects de notre vie. Une fois que vous aurez réellement accepté cette vérité, à la fois intellectuellement et émotionnellement, vous serez libre de mieux profiter de l'existence. La prochaine fois que vous vous sentirez contraint à agir, mettez tout en attente pendant 48 heures. Dans la plupart des cas, vous vous apercevrez qu'il n'y avait pas lieu de faire quoi que ce soit.

MAJORITÉ DE B)

Acceptation passive. Vous détestez jouer les trouble-fête et préférerez ne rien faire que de prendre le risque de faire ce qu'il ne faut pas. Le côté positif : vous avez sincèrement accepté l'idée que vous ne pouviez pas contrôler tous les aspects de votre vie. Félicitations ! Cependant, vous vous cramponnez souvent à vos attentes avec une telle force que vous ne réussissez pas à remarquer d'autres occasions ou d'autres portes qui s'ouvrent. Pour finir, défendez vos positions. C'est souvent le premier pas vers la résolution des problèmes, au lieu de les éviter.

MAJORITÉ DE C)

Acceptez l'inconnu. Face à une incertitude, vous faites de votre mieux et renoncez au reste. En effet, vous avez appris à vivre avec les trois émotions humaines les plus difficiles à surmonter. Je les appelle les 3 A : angoisse, ambivalence, ambiguïté. C'est un parcours plein d'embûches et, si vous sentez la panique vous envahir, partagez vos problèmes avec un ami. Parfois, il suffit d'un regard extérieur pour voir la différence entre ce qui peut être changé et ce qui échappe au contrôle.

8

Le rythme dans le couple

Bonne nouvelle : vous êtes sorti pour vous mélanger aux autres ! Soit vous avez perçu quelqu'un sous un nouveau jour, soit vous avez rencontré quelqu'un de totalement nouveau. Vous êtes sortis ensemble à plusieurs reprises et ça semble prometteur. Mais comment savoir s'il s'agit « juste d'un ami » ou des débuts de l'histoire d'amour de votre vie ? Heureusement, il existe des recherches sur le sujet, ainsi qu'un travail utile sur la période de lune de miel et le rythme naturel dans un couple. Ces connaissances ne vous aideront pas à avancer au rythme approprié mais à décider si cette nouvelle rencontre est la personne qu'il vous faut.

LES PREMIÈRES ÉTAPES VERS LA FORMATION DU COUPLE

Qu'est-ce qui fait la différence entre l'amour naissant et florissant, et celui qui flétrit ? Les chercheurs John H. Berg et Ronald McQuinn de l'université du Mississippi ont sélectionné trente-huit couples d'étudiants qui s'étaient vus cinq fois et leur ont donné un questionnaire détaillé. Ils ont répété l'expérience quatre mois plus tard. Berg et McQuinn se sont en particulier intéressés aux différences entre ceux qui ont continué à se fréquenter et ceux qui ont rompu, et à la possibilité de prévoir dans quel groupe se rangerait un couple. En tant que psychologues, et n'étant pas des romantiques, ils les ont considérés d'un point de vue très fonctionnel : un rapport entre les avantages de la relation et les coûts.

Ils ont donc mesuré les sentiments d'amour et d'appréciation, mais aussi la gratitude dans la relation, ce qu'ils expliquent par « l'ampleur avec laquelle votre partenaire vous a aidé avec vos problèmes et vos projets, et le nombre de services rendus ».

Les résultats sont très intéressants : tous les couples se demandaient s'ils devaient continuer à sortir ensemble. Personne « ne savait s'ils étaient faits l'un pour l'autre ». Avec le recul, nous l'attribuons rétrospectivement à une histoire d'amour. La différence la plus importante entre les couples qui continuent et ceux qui ne continuent pas était la quantité de révélations personnelles faites au cinquième rendez-vous. En d'autres termes, ceux qui sont plus ouverts et plus honnêtes, au lieu de simplement mettre un masque et être sur la défensive, réussissent mieux en amour. Les êtres humains sont doués pour flairer les êtres faux et nous ne faisons pas confiance à quelqu'un de renfermé.

La deuxième différence révélée est une surprise. Les couples qui continuent à se voir se disputent plus que ceux qui rompent. Le bon sens dirait que le conflit tend à séparer. Cependant, en y réfléchissant, les découvertes sont fascinantes. La façon dont les couples de longue durée traitent les conflits est le meilleur indice du succès d'une union. De plus, il semblerait que la capacité à se quereller de façon constructive soit aussi importante au cinquième rendez-vous qu'à la cinquième année. Ceux qui ne continuent pas à sortir ensemble ont probablement tu ou ignoré les sujets de conflit, et ainsi accumulé les problèmes qui ont fini par les séparer.

La dernière trouvaille de Berg et McQuinn est de poids. Si les récompenses – ou la gratitude – dans une relation ne comptent pas pour tous au bout de cinq rendez-vous, elles ont pris de l'importance à quatre mois. Pourquoi cela ? Selon les théories de Berg et McQuinn, il faut du temps pour connaître les besoins de quelqu'un et plus ces besoins sont satisfaits, plus gratifiante est la relation.

Qu'apprendre de cette étude ?

• Si se dévoiler est bénéfique, assurez-vous que l'échange soit équilibré.

• Évitez de déballer tout ce que vous avez sur le cœur quand il ou elle vous écoute. Préférez partager une petite information qui l'encouragera à se dévoiler aussi.

• Souvenez-vous que cette recherche repose sur cinq rendez-vous et que se révéler prend du temps. Ne vous attendez donc pas à obtenir un résultat lors du premier rendez-vous.

• Berg et McQuinn illustrent qu'il est bon d'être en désaccord ou d'avoir des goûts différents. Par exemple, après un film, vous pouvez débattre de ses points forts et de ses points faibles au lieu d'avoir l'impression que vous devez tomber d'accord sur tout.

• Retenez-vous de proposer des voyages impressionnants ou de repeindre sa maison tant que vous ne vous connaissez pas mieux. Vous pourriez lui donner l'impression de vouloir l'acheter.

De même qu'il n'est pas productif de juger trop rapidement quand on se mélange aux autres, il est important d'avancer lentement dans les premières étapes de construction d'un couple. En effet, il existe trois types de sorties ou de rendez-vous : *apprendre à se connaître* (évaluer s'il y a une connexion), *prendre du bon temps* (apprécier la compagnie de l'autre et vérifier la compatibilité) et enfin *faire la cour* (les débuts d'une relation qui va durer). Il est impossible de sauter au troisième type sans passer par les deux premières étapes. Malheureusement, la plupart des couples potentiels sont bousculés parce que l'un des deux est trop pressé de séduire l'autre. Ingrid, 32 ans, explique : « J'aime juste savoir où j'en suis. Je n'ai pas de temps à perdre avec des hommes qui ne veulent pas s'engager. » Quand je lui ai demandé comment elle pouvait juger, elle est devenue plus réservée. Mais en insistant, elle a fini par admettre : « J'évoque le sujet du mariage, peut-être en parlant d'un ami qui vient de se fiancer et je vois sa réaction. Je ne demande jamais son avis sur le mariage directement. » Même si lancer ainsi le mot « mariage » peut sembler désinvolte, les choses viennent rarement de cette façon. Jérôme a aussi la trentaine et continue rarement à voir quelqu'un après le troisième ou le quatrième rendez-vous. « Parfois, je me dis que les femmes sont obsédées par l'engagement. Bien sûr, j'ai envie de me poser, d'avoir des enfants, et tout le grand jeu. Mais je veux que ça arrive avec quelqu'un qui m'aime, et pas avec une femme qui semble être prête à tout pour s'engager avec le premier venu, pour parler brutalement. Je peux pratiquement dire à quel moment de la conversation elle va aborder le sujet du couple, du mariage et des bébés. Ça refroidit vraiment. Je suis toujours en train de faire sa connaissance qu'elle est déjà en train de prendre mes mesures pour un costume. » Une fois, il a rencontré une fille au travail qui lui plaisait vraiment. Ils étaient sortis ensemble la veille au soir. Quand il est arrivé au bureau, Jérôme songeait à l'appeler. « Je me suis assis et j'ai ouvert ma boîte de courriels. J'ai trouvé deux messages d'elle. Elle avait laissé aussi un message vocal. J'envisageais toujours de l'appeler quand le téléphone a sonné. Elle voulait que je la rejoigne au troisième étage, immédiatement. Quand je suis arrivé, elle m'a glissé un bout de papier dans la main et a disparu. C'était un poème dédié "à mon âme sœur". »

De toute évidence, le temps nécessaire pour passer de « apprendre à se connaître » à « faire la cour » varie d'un couple à un autre. Mais en règle générale, il se situe entre cinq et dix rendez-vous. Vers le milieu de cette période, le sexe commence à peser lourdement. Savoir quand faire l'amour est une question difficile. D'un côté, bien faire l'amour est un ingrédient important d'un couple de longue durée et vous avez besoin de tester si vous êtes compatibles. Cependant, d'un autre côté, le sexe peut facilement submerger une relation naissante.

LE SEXE ET LE NOUVEAU COUPLE

La révolution sexuelle des années 1960 a permis aux femmes de profiter du sexe autant que les hommes, changement qui a considérablement amélioré les rapports amoureux. L'effet secondaire est que certaines femmes ont inversé la vapeur. Aujourd'hui, j'ai plus de chances de recevoir dans mon cabinet une femme qui voit dans le sexe le moyen de démarrer une relation que des femmes qui se refusent. Notre nouvelle connaissance du fonctionnement du cerveau, grâce au scanner, à l'IRM, aux progrès de l'endocrinologie et aux tests galvaniques de réaction cutanée, peut nous éclairer. Le niveau d'ocytocine des hommes (l'hormone de l'attachement) est plus bas que celui de la femme, sauf pendant un instant, celui de l'éjaculation. Cependant, il y a une grosse différence entre coucher avec quelqu'un et poser les bases d'une relation durable. Proposer comme repousser les premiers rapports sexuels marquent le début d'une relation en jouant un jeu nuisible à long terme. On peut tromper quelqu'un en faisant semblant d'être intéressé mais seulement temporairement. Cette personne finira par s'en apercevoir et se réveillera déçue. Pour savoir quand accepter de coucher avec quelqu'un et quand refuser, il faut atteindre une véritable compréhension de la façon dont deux personnes créent des liens et agir en fonction de ce processus.

QUELLES SONT LES NOUVELLES RÈGLES DU RAPPORT SEXUEL AU DÉBUT D'UNE HISTOIRE ?

1 Quand deux inconnus se rencontrent, leur subconscient commence à vérifier s'ils ont des besoins compatibles ou les capacités nécessaires à se compléter réciproquement. Donnez du temps à ce processus et ne vous précipitez pas au lit.
2 Le sexe est si puissant qu'il peut court-circuiter cette union délicate et lier deux personnes qui ne sont pas compatibles ou qui ont des ambitions différentes. Attendez au moins le cinquième ou le sixième rendez-vous.
3 Fiez-vous à votre instinct, au lieu de vous appuyer sur les opinions de vos amis : s'il existe, ce n'est pas pour rien !

4 Souvenez-vous que le sexe n'a pas le même sens pour tout le monde. Pour l'un, des ébats passionnés peuvent être le signe qu'il tombe amoureux pour toujours. Pour l'autre, avoir des rapports merveilleux peut être une fin en soi.
5 Si vous vous demandez si vous et votre partenaire avez des attitudes fondamentalement différentes, en particulier s'il arrive peu de temps avant de faire l'amour et qu'il repart peu de temps après, ou qu'il ne trouve pas le temps de la séduction, prenez la température en vous refusant une fois ou deux. Vous aurez rapidement une clarification et vous éviterez de la peine.
6 Ne parlez jamais de vos rapports sexuels avec un ancien partenaire, même s'il insiste pour savoir. Céder ne ferait qu'encourager la jalousie ou l'esprit de compétition sexuelle.

LA PEUR ET LES NOUVELLES RELATIONS AMOUREUSES

Comme je l'ai évoqué dans la première étape, certaines personnes se retrouvent piégées dans des schémas de drague qui handicapent leurs chances de construire un couple durable. Si vous vous reconnaissez dans ces exemples, vous allez probablement vous angoisser sur le sort de votre nouveau couple. C'est le bon moment pour retrouver un peu d'assurance. Si vous avez suivi mon programme et considéré ce que vous avez hérité de votre enfance, entrepris une purification affective et travaillé sur vous-même avant de chercher un nouveau partenaire, vous allez probablement faire de meilleurs choix et attirer des personnes plus prometteuses.

Même s'il y a de quoi se réjouir, vous devez également être conscient que les vieilles habitudes ne se changent pas en une nuit. Si vous avez l'impression de faire une erreur, la partie suivante vous donnera des conseils pour vous remettre en course.

Surengagé

Si, dans le passé, vous avez été celui qui a mis toute son énergie pour faire marcher le couple pendant que votre partenaire de longue date semblait plutôt nonchalant, voire désintéressé après le premier éclat, vous risquez d'avoir peur de retomber dans le même schéma. La liste suivante vous aidera à surveiller vos progrès.

• Je ne me suis pas mis en permanence « en service » pour satisfaire les besoins de la personne qui me plaît aujourd'hui.

• J'ai tenu compte de mes besoins autant que des siens (et n'ai considéré que les deux étaient une seule et unique chose).

• J'ai essayé de dominer mes rêves d'amour éternel et j'ai profité du jour présent au lieu de m'inquiéter du futur.

• Je ne me suis pas infligé de stress inutile en me disant : « C'est l'histoire d'amour la plus importante de ma vie » ou « C'est le bon ». De plus, il n'y a pas de contrainte artificielle ni de compte à rebours. Par exemple : « Je dois être avec quelqu'un pour mes 30 ans » ou « Je dois aller accompagné au mariage de ma sœur ».

• Face à un problème, je n'ai pas endossé toute la responsabilité en me disant : « Si seulement j'avais agi différemment. » En fin de compte, chacun doit prendre ses responsabilités pour le bonheur et le bien-être du couple.

Il y aura des fluctuations et d'étranges retours en arrière. Mais tant que vous ne perdrez pas de vue les buts décrits précédemment, votre couple grandira, et gagnera en puissance. Si votre nouveau partenaire semble apprécier de se détendre ou de se réserver du temps seul, ne paniquez pas. Prenez une profonde inspiration et faites le point. D'abord, acceptez que tout le monde ait besoin de son espace personnel, même vous. Comment pourriez-vous mettre à profit une soirée libre ? Ensuite, ayez à l'esprit l'idée que plus vous chercherez à lui courir après et plus il aura envie de courir.

À l'occasion, quand les gens cessent d'être surengagés, et échangent leur partenaire indisponible d'un point de vue affectif contre quelqu'un qui a un vrai potentiel, le choc de se voir aimé en retour est si grand qu'ils paniquent et aspirent à disparaître. Il est assez étonnant de constater que ce développement est positif. Trouver l'équilibre entre la liberté et l'engagement est une notion que partagent les couples qui fonctionnent, au lieu que l'un se batte pour son indépendance et l'autre pour l'union. Si, malgré ma volonté de vous rassurer, votre nouveau couple vous procure toujours un sentiment de claustrophobie, la partie suivante vous aidera.

La douche écossaise

Si vos histoires passées étaient brûlantes au tout début mais qu'elles tiédissaient une fois que vous aviez conquis la personne, comment rompre ce schéma ? Si vous avez suivi le processus de séduction avec lenteur sans écraser votre partenaire sous trop de marques d'attention, de cadeaux et d'engagements trop rapides, vous êtes en position de force. L'être aimé aura des attentes réalistes sur votre relation florissante et vous aurez moins de stress à subir. Cependant, il y aura toujours des moments de doute ou d'autres où vous aurez simplement envie d'être seul. Que faire alors ?

- Il est normal d'être anxieux et parfois accablé par ses sentiments ou la sensation d'étouffement. Après les premiers moments grisants où l'on tombe amoureux, aucun couple n'a envie d'être collé en permanence. Si vous passez vos week-ends ensemble, instaurez des pauses et des moments de solitude dans votre routine. Quand vous avez besoin d'être seul, il est généralement préférable de sortir de la maison. Vous renfermer en restant devant la télé ou l'ordinateur sera perçu comme une attitude de rejet. C'est pour cela que, traditionnellement, les ateliers, les jardins potagers, les chiens, le golf et la pêche sont si populaires. Ces domaines représentent tous une excuse acceptable pour échapper un moment à l'intimité du couple.

• Repensez à vos histoires passées et identifiez les moments où, sous la panique, vous avez fui. Avant d'atteindre ce stade, ayez une discussion avec votre partenaire actuel. Cette conversation n'a pas besoin d'être trop poussée mais vous devriez jouer cartes sur table.

• Donnez vos impressions sur votre couple, et quelques faits basiques sur vos problèmes en finissant par une brève mise en garde. Par exemple : « J'aime beaucoup apprendre à te connaître [il n'est pas nécessaire de vous lancer dans de grandes manifestations d'amour puisque vous n'êtes pas en train de le séduire]. Mais je pense que tu devrais savoir que, dans le passé, j'ai eu la frousse, souvent sans vraie raison [il n'est pas nécessaire d'entrer dans les détails de votre enfance, de parler d'abandon ou de mauvais traitements]. Alors, si parfois j'ai l'air distant, je te prierai d'être patient et de te sentir libre d'en parler avec moi. »

• Donnez vos impressions avec honnêteté et expliquez quel comportement précis contribue à votre sensation d'étouffement. « Ça me fait plaisir que tu proposes de faire la cuisine le dimanche soir, mais parfois j'aimerais rentrer chez moi et m'organiser pour la semaine à venir. »

• Soyez conscient que votre partenaire aura lui aussi probablement ses inquiétudes sur l'engagement. Alors, tenez-vous prêt à écouter ce qu'il aura à dire.

• Sachez à quel point le fait d'avouer un sentiment peut relâcher des tensions. Pour beaucoup de gens, c'est le moyen le plus important de faire taire leurs peurs. À l'avance, votre cœur battra sûrement la chamade. Après coup, vous vous sentirez étonnamment plus léger, voire libéré. De plus, l'honnêteté donne les pleins pouvoirs à votre partenaire. Il connaît les problèmes et ne prendra pas votre soudaine frousse pour quelque chose de plus grave qui le pousserait à laisser tomber ou, encore pire, à vous poursuivre.

• Il est temps de clarifier la situation entre vous. Si vous commencez à ruminer les défauts de votre nouveau partenaire, demandez-vous : « Suis-je en train de trop attendre de lui ? Est-ce que je me sers de ses défauts comme d'une excuse pour passer à une autre histoire ? » Même si nous rêvons du partenaire idéal qui va transformer notre vie et résoudre tous nos problèmes, sans conflit ni peine de cœur, ce n'est qu'un mythe. Comme Quentin Crisp (1908-1999), écrivain et être spirituel, l'a dit : « Il n'y a pas de grand homme sombre. » Cependant, il existe beaucoup de gens bien avec qui nous pouvons nous entendre sympathiquement, puis, au fur et à mesure, avec qui perdre de vue certains de nos points communs ou de ses finesses. Ne faites pas l'erreur de prendre l'inconfort passager né de votre évolution commune pour une faille fondamentale.

• Si votre partenaire semble avoir toujours envie de s'enfuir, prenez du recul pendant un petit moment. Quels sont les bons points de votre relation ? Quelles sont les qualités de cette personne ? Votre réaction a-t-elle été exagérée ? Souvenez-vous : vous allez décider de poursuivre la période de séduction et non de vous engager durablement.

Étant donné toutes les peurs portant sur l'engagement, la première ligne de défense est d'étaler les problèmes au grand jour. Comment le mettre en pratique ? James, 40 ans et Emma, 30 ans, ont rapidement rencontré un obstacle dans leur histoire. « Je me suis senti totalement surchargé. J'ai eu un passage difficile où je devais me battre pour tous mes contacts de freelance. En même temps, je sentais qu'Emma s'attendait à ce que je stimule sa carrière et que je sois également son mentor. Je me souviens avoir traversé Leicester Square un après-midi ensoleillé et il y avait tous ces gens qui passaient un bon moment. Ils n'avaient pas l'air de s'en faire. Je savais que je parviendrais à régler mes problèmes mais je ne pouvais pas m'occuper de ceux d'Emma en plus. Une chose en amenant une autre, je m'enfonçais de plus en plus jusqu'à ce que je finisse par me demander si on devait rester ensemble. » Fort heureusement, ils communiquaient facilement. Emma a remarqué que James était devenu maussade et James a été honnête sur ses sentiments. « Je ne pense pas pouvoir m'occuper de ta carrière tout en continuant la mienne. Je n'ai pas l'énergie suffisante », lui a-t-il dit. Emma était en colère et vexée : « Qu'est-ce qui te fait croire que c'est ce que je veux ? » En effet, avancer qu'il était là pour encourager Emma en permanence n'était que supposition. Il avait tort. Bien que le couple se soit disputé violemment, ils ont beaucoup appris l'un sur l'autre. Souvent, les besoins de notre nouvel amour, ses attentes et ses exigences en matière d'engagement n'existent que dans notre imagination débridée. La seule façon de découvrir la vérité est d'être ouvert et de parler.

Déjà-vu

Parfois, un nouveau partenaire peut commencer à se comporter comme vos anciens amoureux ou amoureuses. Il est déprimant de revivre les mêmes disputes, et cette répétition peut vous pousser à questionner la viabilité de votre jeune couple. Êtes-vous épris d'un autre partenaire *identikit* ou est-ce le « déjà-vu » qui exagère vos problèmes ? Philippa, 28 ans, est sortie avec un homme infidèle. « Il est devenu très amical avec une fille du bureau où nous travaillions tous les deux et il a fini par admettre qu'il avait des sentiments pour elle. Après m'être longuement interrogée, j'ai décidé de me battre pour lui. Même si l'autre fille s'est retirée du jeu, la magie s'était envolée et nous nous sommes éloignés l'un de l'autre. J'étais profondément blessée et je me sentais comme une idiote. Aucun homme ne valait ce coup porté à mon amour-propre. » Six mois plus tard, elle a commencé à sortir avec Darren. « Tout se passait très bien et nous passions tous nos week-ends ensemble. Cependant, un vendredi matin, il a téléphoné pour dire qu'il ne pensait pas pouvoir venir ce soir-là. Son boulot, une production télévisuelle dans le Sud, l'envahissait. Même si j'étais contrariée, il avait eu suffisamment de respect pour me prévenir, car je déteste les annulations de dernière minute. Nous nous sommes mis d'accord pour nous parler plus tard et pour voir à quelle heure nous aurions fini. Je n'ai pas eu de nouvelles. J'ai essayé d'appeler, mais son téléphone était coupé. Il devait être coincé dans la salle de montage. Après le travail, je suis passée au pub à côté de la maison, là où nous nous étions rencontrés. Mon frère aîné, qui tient le pub, m'a dit qu'il avait vu Darren. Je me suis dit : super, il est rentré et nous allons finalement pouvoir sortir. J'ai donc appelé sur son portable, mais il était toujours sur messagerie. J'ai continué toute la nuit et toujours rien. Je me sentais profondément trahie. Que pouvait-il y avoir d'autre qu'une femme ? » En fait, on avait offert à Darren une place pour un match de foot. Sachant quelle serait la réaction de Philippa, il avait fait comme s'il était toujours dans le Sud. Le « déjà-vu » avait poussé Philippa a imaginer le pire, au lieu d'attendre de connaître les faits. Ils ont parlé en profondeur de leurs gênes : Darren a accepté de ne pas se cacher derrière de pieux mensonges, et Philippa d'être plus souple sur les changements de projets, quand ils sont justifiés.

Lorsque, dans une situation, vous avez l'impression de réagir trop violemment à une attitude ou à un propos de votre ami(e), arrêtez pour vous demander : « Est-ce que j'en rajoute à cause de quelque chose qui m'est déjà arrivé dans le passé ? » Pour les questions intraitables, j'estime que 20 % sont liées au présent et 80 % remontent à l'enfance. Regardez en arrière et mettez de côté les aspects qui appartiennent au passé. Par exemple, Justine (que nous avons rencontrée dans le chapitre 4, avec sa propension à tomber amoureuse de mauvais garçons, p. 141) a décidé d'arrêter de faire la police sur la quantité d'alcool que boivent ses petits amis : « Je me sentais responsable du comportement de mon père quand j'étais petite, mais mon petit ami est adulte et il peut prendre ses propres décisions. Ça me rend la vie moins stressante. » Même si le problème n'a pas changé, sa façon de l'aborder a évolué, avec un effet notoire sur l'ambiance à la maison. « J'ai arrêté de paniquer à chaque fois qu'il ouvrait le frigo et, comme c'est moins un problème entre nous, il boit moins. J'ai également commencé à comprendre que même s'il lui arrive de boire trop, à l'inverse de mon père, il n'a pas de vrai problème. » Si le comportement de notre partenaire nous rend malheureux, la première réaction est toujours de vouloir le faire changer. Dans la hâte, nous oublions notre participation, notre vécu et la projection que nous faisons probablement de nos difficultés passées sur notre vie sentimentale actuelle. En se comportant différemment, il y a des chances pour que le partenaire se comporte autrement lui aussi. Si vous soupçonnez un « déjà-vu », prenez du recul et dites-vous : de quelles autres manières pourrais-je aborder cette situation ? Si vous ne trouvez rien d'autre, demandez à vos amis ou essayez la tactique inverse de celle que vous employez d'ordinaire. Tout ce qui peut rompre le cercle habituel, qui vous aide à voir votre partenaire comme un individu et à ne plus laisser planer l'ombre de vos histoires passées sur ce qui vous arrive aujourd'hui, est bénéfique.

L'autre clé dans la rupture des schémas récurrents est de s'accrocher. Souvent, pendant une dispute, nous pensons que le couple est en danger alors que la bagarre est en réalité un signe d'espoir. C'est en particulier le cas avec le « déjà-vu ». Si la plupart de nos gros problèmes puisent leurs racines dans le passé, les combats du moment sont un moyen de résoudre ces problèmes de longue date, par procuration. Même si vous pensez être face à un partenaire *identikit*, dans 90 % des cas il vaut mieux attendre et vous donner le temps de résoudre ces problèmes. Et ce certainement jusqu'à ce que votre couple ait atteint sa première étape cruciale.

LE TEST DES TROIS MOIS

D'un côté, essayer de définir une relation trop rapidement revient à arracher une bouture pour vérifier la pousse de ses racines. De l'autre, se contenter de souhaiter et d'espérer le meilleur peut conduire à une relation sans issue. Margi, 32 ans, est avec son petit ami depuis trois ans. « Il a eu un divorce difficile et sa devise c'est “chat échaudé craint l'eau froide”. Je le comprends pour le mariage, mais il ne veut même pas promettre qu'on restera toujours ensemble. Je me surprends à dire à des amis que “le mariage ne mérite pas qu'on en fasse tout un fromage“. Parfois je me dis que la seule personne à qui je mens, c'est moi. Une partie de moi se dit : “Je mérite d'être avec quelqu'un qui a envie de la même chose.” Mais je l'aime et nous avons partagé beaucoup de bons moments ensemble. Pourquoi jeter cela à la poubelle ? »

Si l'un de mes messages essentiels est « ne pas juger trop rapidement », le moment de vérité ne peut pas être repoussé indéfiniment. À mon avis, trois mois constituent une étape importante. Comment estimer votre couple ?

• Avez-vous tous deux accepté de ne pas sortir avec d'autres personnes ?

• Pouvez-vous ouvertement vous présenter comme étant ensemble ?

• La conversation est-elle fluide ?

• Parvenez-vous à vous détendre en présence de l'autre ?

• Vous plaisez-vous en compagnie de cette personne ?

• Les détails de la vie de l'autre vous intéressent-ils autant l'un que l'autre ?

• Qui investit le plus d'énergie pour développer votre couple ? Qui téléphone ? Qui propose les sorties ?

• Si vous avez l'impression d'être celui qui accomplit l'essentiel du travail, effacez-vous afin de lui laisser l'espace nécessaire pour prendre des initiatives. Parfois il vaut mieux laisser une histoire aller à l'échec que d'investir de l'énergie supplémentaire pour la préserver à tout prix.

• Si votre partenaire a fait l'essentiel des efforts, que se passe-t-il si vous laissez tomber vos défenses et suggérez quelque chose qui fasse avancer la relation ? Par exemple, rencontrer la famille ou faire une pause. (En espérant que la relation progresse dans le bon sens. Mais parfois les premiers signes d'engagement peuvent faire paniquer un partenaire éventuel qui, du coup, se repliera.)

COMMENT DÉTECTER SI VOTRE NOUVEL AMOUREUX EST « TROP BEAU POUR ÊTRE VRAI » ?

C'est aux environs du cap des trois mois que des failles commencent à apparaître dans ce qui, jusqu'alors, semblait correspondre à une relation parfaite. Il est tentant d'ignorer les signes d'avertissement et de profiter des élans passionnels et romantiques. Mais ce serait commettre une grave erreur parce que certaines personnes sont dangereuses à fréquenter.

Même si l'essentiel de mes conseils peut s'appliquer à tout le monde, le point suivant s'adresse spécifiquement aux femmes. Le syndrome de Stockholm, capitale de la Suède, a été nommé ainsi après le siège d'une banque qui se déroula en cette ville dans les années 1970. Les ravisseurs et les otages se lièrent au point que, par la suite, une femme se fiança à l'un des malfaiteurs, et qu'un autre lança une collecte légale destinée à payer les frais d'avocat des braqueurs. C'est un exemple extrême de ce qui est en train de devenir un phénomène de plus en plus courant : des femmes intelligentes se retrouvent volontairement piégées dans des relations avec des hommes mauvais, dangereux ou abusifs. Comment une telle situation peut-elle se produire, et pourquoi doit-on être sur ses gardes ?

En apparence, l'homme du syndrome de Stockholm est quelqu'un de merveilleux. Ses gestes sont extrêmement romantiques (offrir des cadeaux très chers, par exemple), il est impulsif (« Allons à Paris, je connais un merveilleux petit restaurant ») et il aime rompre les règles (« On s'en moque de ce que pensent les autres ! »). Si les hommes timides quand il s'agit d'engagement sont nombreux, celui-ci est à l'opposé. Michelle, 28 ans, l'a découvert avec Alex, qui approchait de la quarantaine : « Lors de notre deuxième rendez-vous, il a déclaré qu'il n'avait jamais rencontré quelqu'un comme moi, que j'étais l'amour de sa vie et il me taquinait sur le nom à donner à notre deuxième enfant », se souvient-elle. Naturellement, elle était flattée et a commencé à nourrir des sentiments identiques. « Il a continué en offrant des fleurs, un hippopotame en peluche et un week-end au bord de la mer. » Les hommes du syndrome de Stockholm ne kidnappent pas les femmes, ils prennent leurs sentiments en embuscade. « J'étais totalement dans les nuages, il semblait presque trop beau pour être vrai », explique Michelle. Il l'était, en effet. S'il est normal de tomber rapidement amoureux, la plupart des gens restent sur leur réserve tant qu'ils ne sont pas sûrs. À l'opposé, les hommes du syndrome de Stockholm n'ont pas peur de s'engager rapidement. Ils font des promesses irréalistes, ont tout un avenir programmé au bout de quelques rendez-vous, et certains viennent emménager pendant le premier mois. Les grandes attentions d'Alex ont donné à Michelle l'impression de se trouver dans un film romantique. Elle a donc ignoré un comportement qui l'aurait normalement mise en garde. « Sur le trajet pour les Cotswolds, il n'arrêtait pas de klaxonner en accusant le conducteur de la voiture de devant d'être un taré. À l'hôtel, la chambre n'était pas tout à fait prête et il a fait un scandale. Il s'est montré grossier avec la réceptionniste. Mais je n'ai rien osé dire parce qu'il faisait preuve d'une grande générosité. » Si Michelle a reconnu qu'Alex s'était emporté et qu'il n'aimait pas que tout ne se passe pas comme prévu, elle n'aurait jamais imaginé que sa fureur puisse se retourner contre elle. Après tout, il lui avait dit qu'elle était sa princesse et que rien n'était trop beau pour elle. Ce que Michelle n'avait pas compris, c'est qu'Alex avait initié un schéma classique du syndrome de Stockholm : peur et récompense.

Tous les hommes atteints de ce syndrome ne deviennent pas violents avec leur partenaire. Certains ne font que lancer des objets ou se bagarrer avec d'autres hommes. En l'occurrence, Alex a passé une nuit en prison après qu'un homme en boîte de nuit a regardé Michelle avec ce qu'il avait qualifié d'« air bizarre ». Le but ? Que la femme soit sur ses gardes et donc facile à contrôler. En fin de compte, tous les hommes du syndrome de Stockholm deviennent émotionnellement abusifs. Josie, 32 ans, explique : « Comme Mike m'aimait vraiment et voulait ce qu'il y a de mieux pour moi, il était honnête avec ce qu'il pensait. » Cependant, ce discours impliquait des insultes portant sur ses bras flasques, son petit bourrelet à l'estomac et ses goûts vestimentaires. Peu à peu, les remarques sont devenues plus personnelles et Josie s'est renfermée. « Je ne sais pas pourquoi on croit à la critique, mais on rabaisse les compliments à l'état de flatterie », dit-elle en repensant à la façon dont Mike a progressivement détruit sa confiance. « Il avait fait ses études dans une bonne université et aimait lancer des phrases puis les expliquer comme si j'avais 5 ans. » Encore pire, il a commencé à disséquer le comportement de Josie en public, à lui dire qu'elle était sotte ou qu'elle ne savait rien. Pourquoi Josie ne l'a-t-elle pas quitté ? « Lorsqu'il avait été trop loin, il devenait ensuite adorable : petit déjeuner au lit, surprise au bureau pour m'inviter à déjeuner dans un bon restaurant, des bijoux. J'avais l'impression que c'était le vrai Mike, et que si je faisais des efforts, il pourrait être comme ça tout le temps. » Mike présentait un autre signe classique du syndrome de Stockholm : alterner le shoot et le manque.

Le mauvais comportement en public commence à isoler la femme et, à l'image des otages dans la banque, elle se retrouve coupée du monde extérieur. Certes, Josie avait décidé qu'il était trop compliqué d'inviter Mike à des célébrations du bureau. Elle l'explique : « Il disait tout le temps que nous étions plus heureux rien que tous les deux. » Peu à peu, elle a abandonné toutes ses activités extérieures, comme l'équitation, puisque Mike insistait pour l'accompagner et restait là en faisant la tête, la privant de tout le plaisir de son moment de loisir. Il avait également des problèmes avec sa famille. Après un appel de sa mère, Mike se lançait dans une vingtaine de questions, piochant dans la conversation des sujets à critique, réels ou imaginaires. Josie n'appelait plus sa famille qu'en son absence. « Il trouvait que ma mère profitait de nous et ne comprenait pas la "nature unique de notre amour". » Mike avait mis en place un autre ingrédient clé de la relation du syndrome de Stockholm : l'ennemi. L'ennemi commun resserre les liens entre le geôlier et sa victime. Pire encore, n'ayant personne d'extérieur pour s'interroger sur ce qui est « normal » les femmes prises dans ce type de relations ramènent les problèmes à leur seul comportement. À ce propos, Michelle avait l'impression qu'Alex se comportait mal parce que « je n'en faisais pas suffisamment pour le rassurer, je ne faisais pas assez de sacrifices ». Elle avait même l'impression d'avoir de la chance d'être avec quelqu'un qui arrivait à la supporter, puisque à ce stade, elle se trouvait complexée et bonne à rien. « Si une petite voix intérieure me disait autre chose, il me ridiculisait en me traitant de folle. Personne d'autre ne voudrait jamais de moi. » Elle était bien la prisonnière d'Alex.

Qu'est-ce qui pousse ces hommes à agir ainsi ? Certes, ils sont peu nombreux à vouloir consciemment capturer des femmes. Mais la plupart pensent sincèrement qu'ils sont merveilleux. À leurs yeux, ils sont très romantiques et passionnés (mais ils peuvent perdre le contrôle et céder à la bagarre). Leur sens affirmé du droit n'est qu'une version extrême de notre égocentrisme social (je suis pressé alors ça ne fait rien si je suis mal garé et que ça bloque tout le monde). En fait, ces hommes ont une incapacité quasi pathologique à comprendre le point de vue des autres ou l'impact de leur attitude. Ce qui leur donne l'impression d'avoir toujours raison et que tout le monde a toujours tort.

Comment repérer un homme du syndrome de Stockholm ?

- Faites-lui passer le test de la serveuse. Se plaint-il, lui fait-il des histoires ou la traite-t-il globalement comme une moins que rien ?
- Qu'en est-il de son ex ? Parle-t-il d'une femme folle, colérique, idiote et ingrate ?

• Vous rassure-t-il sur des questions que vous n'avez pas abordées ? Par exemple, qu'il ne boit jamais trop ou qu'il ne battrait jamais une femme ?

• Est-il fier de ses mauvais agissements comme se vanter de « tous les écraser » au travail ou de faire des choses « dingues » comme s'attarder sous les fenêtres d'une fille toute une nuit ?

• Qu'en est-il de ses amis ? Les hommes du syndrome de Stockholm n'ont que des connaissances ou une poignée d'amis qui sont comme lui.

Je n'ai encore jamais rencontré de femmes employant les techniques du syndrome de Stockholm. Cependant, d'autres traits de caractère sont attirants, mais en surface, car ils sont mortels pour un couple. Ils sont présents chez les hommes et chez les femmes.

L'attrait du narcissisme

Le mythe grec raconte l'histoire de Narcisse, un joli garçon de 16 ans qui rejette l'amour de la nymphe Écho. Pour le punir de sa cruauté, Narcisse est condamné à tomber amoureux de son reflet dans un plan d'eau. Dans l'incapacité de consommer son amour, il se laisse dépérir jusqu'à la mort. Les mythes survivent parce qu'ils nous racontent quelque chose d'important sur nous et notre vie présente. Dans le cas de Narcisse, ils nous disent que trop s'aimer peut empêcher d'aimer quelqu'un d'autre. Dans les années 1970, la psychanalyste Heinz Kohut a poussé l'idée à un niveau supérieur en identifiant le trouble de la personnalité narcissique pour décrire les patients suffisants à l'excès et qui entrent dans de violentes colères à la moindre atteinte portée à leur amour-propre. Si ce comportement ressemble bizarrement à celui de n'importe quelle vedette trop gâtée, le narcissisme est un peu plus complexe. Freud, le fondateur de la psychanalyse, considérait que le narcissisme fait naturellement partie de chacun d'entre nous. Il a souligné la différence entre narcissisme primaire et secondaire. Le premier est un état naturel du développement de l'enfant : quand le bébé acquiert un sens clair de sa propre identité, il apprend à s'aimer, avant d'apprendre à aimer qui que ce soit d'autre. Quant au narcissisme secondaire, c'est l'amour de soi qui empêche d'entretenir des relations sérieuses avec les autres. L'American Psychiatric Association estime qu'entre 0,7 et 1 % de la population souffre du trouble de la personnalité narcissique et que la majorité de ces personnes sont des hommes. Selon son diagnostic, cinq ou plus des caractéristiques suivantes suggéreraient que l'homme que vous venez de rencontrer, ou éventuellement la femme, souffre de ce trouble.

1 Est d'une suffisance impressionnante.
2 Est obsédé par des rêves de succès, de pouvoir, d'éclat, de beauté illimitée ou d'amour idéalisé.
3 Se pense différent des autres et ne devrait être associé qu'à des gens différents et de haut niveau.
4 A besoin d'être admiré à l'excès.
5 A un sens de ce qui est droit.
6 Exploite les autres.
7 Manque de compassion.
8 Est envieux des autres ou pense qu'on l'envie.
9 Hautain, arrogant.

Les narcissiques dépensent beaucoup de temps et d'argent pour leur aspect. En apparence, ils ne manquent pas de confiance en eux et, comme je l'ai déjà dit, la confiance en soi est attirante. Les relations narcissiques, et tout ce qui les concerne, doivent être ce qu'il y a de mieux : plus intenses, plus passionnées et plus gratifiantes qu'à l'ordinaire. Pour cette raison, ils mettent toute leur énergie à conquérir leur futur partenaire et à le convaincre que c'est l'amour du siècle. Il n'est pas étonnant que les narcissiques n'aient pas de mal à attirer la compagne désirée. Mais ils sont incapables de donner un véritable amour et se servent de leurs histoires sentimentales pour gonfler leur ego. Au bout du compte, ce sont des hommes et des femmes creux qu'il vaut mieux éviter.

Quand vous évaluerez votre couple au cap des trois mois, assurez-vous de prendre en compte toutes les preuves et que vous n'êtes pas aveuglés par des traits superficiels, des gestes trop extravagants ou quelqu'un qui joue un rôle pour vous faire plaisir. Si quelqu'un a l'air trop beau pour être vrai, c'est en général qu'il l'est. Malheureusement, arrivé à ce stade, dans de nombreuses relations, une composante est souvent entrée en compte et rend toute pensée rationnelle très difficile.

ET L'AMOUR ?

Un livre sur la quête d'un partenaire ne serait pas complet sans une analyse sérieuse de l'amour et de son influence sur notre comportement. Or, peu de pères fondateurs de la psychologie ont examiné l'amour. Il existe cependant une exception honorable. À partir du milieu des années 1960, la psychologue expérimentale Dorothy Tennov s'est lancée dans une étude visant à comprendre en quoi tomber amoureux peut être à la fois une source de joie suprême et d'intense détresse. Elle a entrepris de mener cinq cents entretiens approfondis et a remarqué que les hommes et les femmes, toutes cultures confondues, décrivaient l'expérience de la même manière. Malgré les obstacles pour surmonter la peur de ne pas être aimé en retour, 95 % des personnes interrogées continuaient à appeler l'amour une « belle expérience » ; 83 % pensaient que « celui qui n'est jamais tombé amoureux passe à côté de l'une des expériences les plus agréables de la vie » ; 42 % se décrivaient « vivant sur un petit nuage ». Pour faire la distinction entre la magie qui existe quand on tombe amoureux et l'amour installé au quotidien que connaissent les couples de longue date, Tennov a inventé le mot « limerence ».

Même si les romanciers, les poètes et les compositeurs romantiques parlent d'amour, ce qu'ils décrivent est en réalité la *limerence*. Il existe des différences majeures entre l'amour et la *limerence*.

• Sous le coup de la *limerence*, tout ce qui a trait à l'être aimé est particulier. Tennov cite l'une des personnes interrogées, Terry : « Tout ce qui lui plaît me plaît. Tout ce qui lui appartient possède une certaine magie. Son sac à main, son carnet de notes, son stylo. J'abhorre les traces de morsure sur un crayon, ça me dégoûte. Mais pas les marques laissées par ses dents… Les siennes sont sacrées ! Sa merveilleuse bouche est passée par là. » Dans une relation de longue durée, le crayon marqué par le passage des dents finirait à la poubelle et pas en objet d'adoration.

• Malgré le pouvoir qu'a la *limerence* d'insuffler un éclat de romantisme sur tout, les deux tiers des hommes et les trois quarts des femmes parviendraient à reconnaître les défauts ou les mauvaises habitudes de leur partenaire. Cependant, ces problèmes sont gaiement ignorés ou sous-estimés. Tennov cite l'une des personnes interrogées : « Je savais qu'il jouait à des jeux d'argent, je savais qu'il lui arrivait de trop boire et je savais qu'il lisait moins d'un livre par an. Je le savais, mais je n'ai pas intégré cela à l'image générale. Je me suis attardée sur ses cheveux ondulés, sa façon de me regarder, sur l'idée qu'il me conduisait au travail le matin. » Ces sentiments sont très différents de ceux que connaissent les couples établis pour qui les cheveux ondulés ne trompent pas quand l'autre rentre ivre à la maison.

• Sous le charme de la *limerence*, il est impossible d'arrêter de penser à l'être aimé. Dans des cas extrêmes, certains étudiants laissent tomber des cours, et nous connaissons tous des collègues qui ne font rien parce qu'ils sont en train de rêvasser à l'être aimé, d'écrire des courriels coquins ou de papoter au téléphone. À l'opposé, les couples mariés sont tout à fait capables de travailler, de tenir un foyer ou d'avoir une vie sociale indépendamment ou ensemble.

• Il est impossible d'être *limerent* avec plus d'une personne à la fois, ou même de poser les yeux sur quelqu'un d'autre que l'être aimé. William, 28 ans, raconte : « J'ai participé à un week-end organisé par un ami et nous avons fini dans une boîte de strip-tease. Il y avait plein de jolies filles et tous mes amis les sifflaient en rigolant. J'ai admis qu'une fille avait de jolies jambes mais je les trouvais trop longues et ses chevilles affreuses. Je n'arrêtais pas de comparer toutes les filles à Holly et ce n'était pas en leur faveur. » À l'opposé, 90 % des couples établis fantasment régulièrement sur quelqu'un d'autre pendant l'acte sexuel, selon le psychiatre et auteur Brett Karr qui a rassemblé les réactions de 19 000 adultes anglais dans *Sex and the Psyche* (2007).

• Plus fort que tout, la *limerence* donne l'impression de pouvoir tout supporter. Les difficultés financières disparaissent dans le paysage. Qu'importe si l'on a un boulot sans intérêt et une mère dominatrice ! Main dans la main avec notre amoureux, nous sommes prêt à conquérir le monde. Les obstacles sont à accepter, une occasion de prouver ou de renforcer nos sentiments l'un envers l'autre.

La *limerence* est une force grisante, qui pourrait presque créer une dépendance. Il n'y a qu'un seul problème : ça ne dure pas. La *limerence* déclarée dure six mois environ. C'est normalement à ce stade que l'on s'aperçoit si l'amour est réciproque ou non. Voici l'exemple d'Owen, 48 ans, qui est tombé amoureux d'une collègue beaucoup plus jeune que lui. « Son allure, quand nous nous croisions dans le couloir, me plongeait dans l'extase : il est possible qu'elle ait ressenti la même chose. J'avais tellement envie d'elle que mon seul soulagement était de fantasmer sur une vie ensemble : partager des croissants et un café dans un jardin en longueur conduisant à une rivière, ou faire ensemble le tour des églises et des galeries de Venise. Malgré tout, le soulagement n'était que momentané parce que mon imagination ne faisait que renforcer mon envie d'elle. » Sa collègue était fiancée et Owen avait suffisamment de prise sur la réalité pour savoir qu'elle avait peu de chances d'aller visiter les galeries avec lui. Même si la collègue d'Owen n'a jamais rien su de ses émotions, les sentiments *limerents* d'Owen sont restés forts. Ils ont fini par se dissoudre d'eux-mêmes au bout d'un moment.

La limerence pose d'autant plus de difficultés quand elle s'est concrétisée pour l'un des partenaires mais qu'elle s'est évanouie pour l'autre. Ryan, 28 ans, regrette : « C'était vraiment le parfait amour. Nous étions tous deux en fin d'études, nous avions tellement de choses en commun et nous passions tout notre temps libre ensemble. Nous travaillions côte à côté à la bibliothèque. De cette façon nous savions si l'autre allait partir prendre un café et nous pouvions prendre nos pauses en même temps. » Leur rupture fut un choc pour Ryan. « Je ne l'ai pas vue venir mais, avec le recul, elle passait de plus en plus de temps à étudier seule. Je m'étais dit que c'était parce que les examens approchaient. Ensuite, elle rentrait chez elle le week-end. Sur le moment, je me suis dit que sa mère lui manquait. »

Malheureusement, la *limerence* nous fait sous-estimer les différences qui existent entre nous et l'être aimé (tant nous voulons réussir cette union). Cet état nous empêche de distinguer tous les conflits potentiels et nous fait voir la relation en rose, même si l'expérience quotidienne nous indique le contraire. C'est probablement pour cette raison que Ryan a mal interprété les signes et s'est senti abandonné. Après que sa petite amie l'a quitté, il a sombré dans la dépression. « Je n'arrivais plus à me concentrer. Je sautais des cours et je n'ai pas réussi à rendre une dissertation essentielle à temps. » Si vous souffrez aussi de la rupture qu'entraîne la *limerence*, reportez-vous à la partie Exercices où se trouvent des conseils (p. 309).

Si la *limerence* dure rarement moins de six mois, quelle est la durée maximale ? Selon mon expérience, la *limerence* dure entre dix-huit mois et trois ans. Heureusement, l'aveuglement s'atténue vers la seconde moitié de cette période et la réalité se fait jour. Doucement mais sûrement, un couple peut évaluer s'il y a un avenir commun. À ce stade, les couples commencent à développer ce que j'appelle l'« attachement amoureux » qui, à l'inverse de la *limerence*, peut durer toute la vie. (Pour savoir en détail comment nourrir et protéger l'attachement amoureux, voir mon livre *Je t'aime mais je ne suis plus amoureux*, Marabout, 2006.) Quand je donne des explications sur la *limerence*, certains de mes patients sont assez déçus. La *limerence* réciproque est merveilleuse, l'une des joies de l'existence. Pourquoi ne durerait-elle pas toute la vie ? D'abord, passer sa vie à rêvasser de l'être cher ne serait pas pratique. Nous n'arriverions jamais à élever nos enfants et l'humanité vivrait toujours dans des huttes de boue. Ensuite, sous l'influence de la *limerence*, nous faisons beaucoup de mauvais choix d'ordre sentimental. Nous parvenons à nous convaincre que des gens peu réalistes feraient de merveilleux partenaires ou nous fonçons dans des aventures douloureuses et sans espoir. Pourtant, sans ce jaillissement de la *limerence*, je doute que deux personnes se lancent jamais dans l'aventure de la vie en couple. Par quel autre biais pourrions-nous être suffisamment fous pour confier notre avenir à un total inconnu ? Si vous êtes actuellement sous l'influence de la *limerence*, succombez à l'expérience et profitez de chaque minute ! Le fait que ça ne dure pas éternellement devrait adoucir chaque moment de félicité.

LE TEST DES DIX-HUIT MOIS

Si, après trois mois, on passe d'une simple fréquentation à une relation déclarée, à dix-huit mois, la relation se transforme en couple engagé. Le pic incroyable de la *limerence*, quand on n'arrive plus à manger, à travailler ou à penser clairement, est révolu. Mais il reste suffisamment de bonheur pour adoucir les tensions induites par la vie à deux. Les preuves scientifiques confirment ma théorie selon laquelle il s'agit d'une ouverture cruciale sur la suite. Le suivi des relations de longue date effectué par l'université du Texas a appris que se faire la cour pendant une période allant de dix-huit mois à trois ans est la durée optimale pour un mariage heureux. Les biologistes sociaux ont découvert que la dopamine, la phényléthylamine et l'ocytocine, les trois hormones responsables de l'amour et des liens affectifs, sont à leur summum pendant dix-huit mois à trois ans. La dernière preuve provient des recherches effectuées par John T. Molloy sur les couples sortant du bureau des mariages américains. Il a également conclu qu'à dix-huit mois une relation amoureuse tend à s'engager plus sérieusement. À son avis, au vingt-deuxième mois, la chance d'être demandé en mariage commence à décliner. Ensuite, dans l'année et demie suivante, les chances diminuent progressivement. Après trois ans et demi passés ensemble, les chances qu'un couple se marie commencent à s'effondrer.

Répondez aux questions suivantes sur votre relation amoureuse.

1 Si quelqu'un d'attirant manifestait de l'intérêt à votre égard, lui diriez-vous que vous êtes déjà avec quelqu'un ?
2 Est-ce que votre petit(e) ami(e) ferait la même chose ?
3 Votre partenaire est-il ou elle la personne à qui vous racontez votre journée en détail ?
4 Aimez-vous passer du temps avec lui ou elle sans avoir prévu d'activités précises, comme aller au cinéma ou dîner au restaurant ?
5 Pourriez-vous évoquer et réserver vos prochaines vacances d'été ou évoquer vos projets pour Noël ?
6 La façon dont votre amoureux parle de votre relation correspond-elle à son comportement ?
7 Attendez-vous la même chose de la vie ?
8 Si vous aviez une urgence, par exemple si vous veniez de vous faire cambrioler, votre amoureux serait-il la première personne que vous appelleriez pour lui demander de l'aide et du soutien moral ?
9 Si vous aviez une bonne nouvelle, votre partenaire serait-il la première personne que vous appelleriez ?
10 En général, faites-vous passer l'autre en premier ?
11 Pouvez-vous lui confier vos secrets intimes, vos peurs et vos rêves ?
12 Votre partenaire vous protégerait-il contre une attaque personnelle provenant de sa famille ?

13 Pouvez-vous travailler ensemble à l'organisation d'un événement majeur, des vacances ou une grosse soirée, par exemple ?
14 Décririez-vous votre partenaire comme quelqu'un de bien ?

Il n'existe pas de bon ou de mauvais résultat. Il faut espérer pouvoir répondre « oui » au moins aux sept premières questions. À partir de la huitième, chaque question révèle progressivement des qualités importantes de votre couple. Quand je parle de ce test avec mes patients, ils s'attendent à ce que le soutien dans les moments difficiles soit la clé. Cependant, que votre partenaire puisse réellement partager vos réussites est plus important. Souvent, il craint que le succès nous éloigne de lui. J'ai placé la coopération à la fin de la liste parce des unions heureuses forment une sorte d'équipe. Et il s'agit d'une autre question décisive. Si l'on avance à la question 14, je m'inquiéterais que vous répondiez « oui » mais en ajoutant une nuance. Par exemple : « Tant qu'elle n'a pas trop bu » ou « Tant qu'il arrive à contrôler sa jalousie ». Est-ce plausible ? Quel est l'avis de ceux pour qui vous comptez réellement ?

Deux autres questions figurent dans le test des dix-huit mois.

15 Quel âge a l'être aimé ?
16 Combien de ses projets ont-ils abouti ?

Si vous voulez vous marier ou vous engager pour la vie, ces deux dernières questions sont de la plus haute importance. Je vais vous expliquer pourquoi. L'âge moyen pour un premier mariage est de 30,5 ans pour les hommes et de 28,2 ans pour les femmes. La trentaine est le meilleur âge pour se mettre en ménage parce qu'à 45 ans, seulement 6 % des femmes et 9 % des hommes ne se sont jamais mariés. L'âge est également un point déterminant pour les femmes qui veulent fonder une famille. Contrairement à ce que dit la sagesse populaire, les hommes ont eux aussi une horloge biologique, qui commence à faire tic-tac vers l'âge de 42 ans. Ils s'inquiètent moins de savoir s'ils seront pères un jour que de savoir s'ils auront assez d'énergie pour être un père dynamique.

Pour ce qui concerne l'ambition, à tort ou à raison, la plupart des hommes veulent toujours être le principal gagne-pain. Ils ne se mettront pas en couple ou ne fonderont pas de famille tant qu'ils ne seront pas installés dans leur carrière ou qu'ils n'auront pas réalisé leurs projets. Prenons Simon, le photographe de 36 ans qui a fini par se décider à chercher une partenaire (p. 243) : « Auparavant, je voulais la liberté de faire ce que je voulais, quand je voulais. » Il était dans une relation stable de l'âge de 19 à 21 ans, mais il trouvait l'amour de sa partenaire trop restrictif. « On ne faisait que faire les boutiques le samedi et dîner le dimanche avec ses parents. J'avais envie de voir des jungles, des volcans, et de faire de la voile dans l'hémisphère Sud. » Les hommes vont à l'université. De ce fait, il leur faut plus de temps pour grimper les échelons dans leur carrière, et ils se marient plus tard. Leur première ouverture se situe entre 30 et 36 ans (plutôt dans le haut de la fourchette s'ils font un doctorat ou suivent une formation complémentaire). En revanche, les hommes qui n'ont pas de diplôme universitaire se marient entre 28 et 33 ans.

Si une femme ou un homme décide de faire ses preuves, et s'inquiète que les exigences d'un partenaire collant l'empêchent d'avancer, il n'a pas fait pour autant vœu de célibat. Charlie, 32 ans, a une carrière brillante à la City qui lui impose de nombreux voyages d'affaires. Il avoue : « J'ai besoin de voyager léger. » Cela ne l'a pas empêché de tomber amoureux : « C'était merveilleux et horrible à la fois. Je me sentais malade. Je n'arrivais à penser qu'à elle. Elle déteignait sur tout ce que je faisais et tout était merveilleux. C'était magnétique. » Malheureusement, elle avait envie de fonder une famille et ils ont fini par se séparer. Charlie a donné ce résumé : « C'était la fille qu'il me fallait mais ce n'était pas le bon moment. » Il est facile de définir des hommes comme Charlie par « sales menteurs ». Pourtant, il insiste pour dire qu'il est franc en affirmant qu'il ne veut pas d'histoires sérieuses. « À chaque fois, j'ai l'impression d'avoir été clair mais ça finit toujours dans un bar, avec la fille en larmes qui gémit : "Mais je t'aime." » Les hommes ne sont pas les seuls à vouloir un peu d'affection sans complication. J'ai reçu des plaintes d'hommes divorcés d'âge mûr qui regrettaient la chaleur et la compagnie qu'offre le couple, mais qui n'arrivaient pas à trouver de femme ayant envie de s'engager. Prenons Greg, 48 ans, célibataire depuis trois ans : « Je suis étonné de voir toutes ces prédatrices de la cinquantaine. Ne me faites pas dire ce que je n'ai pas dit : elles sont belles et elles s'entretiennent vraiment bien mais elles ont tout ce qu'il faut dans la vie : un joli appartement, une voiture, un bon cercle d'amis, et elles ne veulent pas tout compliquer avec un homme à temps plein. Il y avait cette femme, nos rapports sexuels étaient merveilleux. Mais plus nous devenions proches et plus elle s'éloignait, jusqu'à ce qu'elle ne soit plus là. »

Un autre groupe de célibataires, qui fréquentent des partenaires sans être réellement disponibles, est constitué de personnes qui sont toujours appelées par leurs anciennes histoires. Amelia, une divorcée de 32 ans, est seule avec ses enfants. Elle « sort plus ou moins » avec Justin depuis deux ans. « J'aime le fait que Justin soit un merveilleux père pour ses deux jeunes enfants. Nous ne pouvons jamais rien prévoir. Son portable finira par sonner et il va accourir vers son "ex" pour une prétendue urgence. J'ai suggéré qu'elle appelle un plombier, comme tout le monde, et il ne m'a pas téléphoné pendant deux semaines. » Il est tout à fait possible de répondre « oui » à toutes les questions dans la première partie du test des dix-huit mois, tout en trouvant que la relation est en péril à cause d'une période de la vie, de la carrière ou d'autres engagements.

COMMENT PASSER D'UNE SIMPLE RELATION AMOUREUSE AU COUPLE ENGAGÉ ?

De nombreux couples passent le cap des dix-huit mois et s'aperçoivent qu'ils ne sont pas prêts à s'engager à long terme. Je leur envoie ce message : « Ne paniquez pas. » Le temps viendra de surmonter les obstacles et de changer les réponses négatives en phrases positives. C'est plus facile pour un homme amoureux. Il peut éviter la confusion grâce à une demande en mariage. C'est romantique et tous les problèmes surgissent au grand jour. Une femme amoureuse doit être plus tactique si elle veut amener une conversation sur l'avenir. Certes, un ultimatum tel que « épouse-moi, mettons-nous en ménage ou sinon je passe à autre chose » peut sembler franc et honnête : personne ne réagit bien à la menace. Il vaut mieux être clair en disant que vous êtes « du genre à vous marier » ou que vous avez « besoin d'un engagement clair » pour savoir où vous en êtes. Ce sera difficile. Mais, une fois atteint le cap des dix-huit mois, votre couple sera suffisamment robuste pour supporter un léger conflit. Avec un peu de chance, la conversation se déroulera dans le calme. Si des problèmes persistent ou que l'autre se montre blessant, prenez garde à ne pas réagir avec exagération. C'est important pour deux raisons. D'une part, votre avenir commun n'a pas envie de devenir un sujet délicat au point d'être difficile à soulever de nouveau. D'autre part, vous avez peut-être tellement peur d'être rejeté que vous avez projeté une défaite absolue sur une position plus nuancée. Au lieu de ramer, de bouder ou de claquer la porte, reprenez la conversation le lendemain ou quand votre compagnon sera de bonne humeur. Le but est de rechercher la clarification. « Je ne suis pas prêt » peut signifier « non » ou être plus ambigu. Prenons Charlie et son : « La bonne fille mais pas au bon moment. » « Je voulais avoir des enfants mais j'avais besoin de deux années de plus. » Malheureusement, il n'avait pas eu cette discussion avec son amie et elle l'a quitté sans avoir toutes les informations. Un autre mot courant peut avoir différentes significations selon les personnes. C'est « un jour ». Ce peut être une façon douce de dire « jamais », ou le renvoi à une date précise.

Parfois, en tentant de clarifier la position de l'être aimé, on ne fait que buter contre d'autres barrières. Si c'est le cas, tentez un vieux truc que j'ai appris en tant que journaliste face à la police, connue pour taire des faits : « Aller pêcher les renseignements. » Quand quelqu'un déclare : « Je ne sais pas », vous imaginez la réponse possible. Par exemple : « Entre douze et dix-huit mois. » En temps normal, la personne acquiescera ou vous corrigera. Si vous obtenez un autre : « Je ne sais pas », essayez de pêcher une autre information. Par exemple : « Plus ou moins longtemps ? » peut parfois déclencher une éventualité. Cependant, si votre partenaire ne sait sincèrement pas, laissez tomber le sujet ou vous risquez d'initier une dispute vaine. L'autre réponse utile à « je ne suis pas prêt » est tellement simple que beaucoup de gens passent à côté. Essayez de demander : pourquoi ? Il doit exister une raison tout à fait plausible : « Je m'inquiète pour mes dettes d'études » ou « J'économise de l'argent pour un dépôt de garantie ». Cependant, si vous êtes toujours fâché à cause de sa réponse, vous devez faire les choses suivantes.

- Rassurer. « Je t'aime, mais je suis déçu parce que j'espérais passer le restant de ma vie avec toi. »
- Expliquer. « Je suis blessée parce que je croyais que notre histoire allait quelque part. »
- Réaffirmation. « Les enfants/le mariage sont importants pour mon bonheur. »

Un repli tactique vaut mieux que de continuer à répéter la même chose. À dix-huit mois, il reste assez de temps. Parfois, c'est lorsqu'un des deux partenaires cesse d'insister que l'autre change d'avis. Ma première partenaire vivait en Allemagne et était réticente à l'idée d'aller vivre en Angleterre. À cette époque, je gagnais ma vie à la radio et je ne parlais pas bien l'allemand pour travailler dans ce pays. Un jour, je me suis lassé de l'enquiquiner et j'ai dit : « J'ai toujours envie que nous vivions ensemble mais je vais arrêter de t'en parler tout le temps. Ça ne veut pas dire que ça ne compte plus pour moi. » Neuf mois plus tard, elle est arrivée avec un camion de déménagement et ses cartons.

Parfois, quand on joue cartes sur table au bout de dix-huit mois, un couple se découvre deux agendas différents. Voici un exemple venant de cas rencontrés en consultation. « J'aime beaucoup sortir, et faire des trucs avec Ellis. Au lit, c'est très bien et il se pourrait qu'elle soit "la femme de ma vie", dit Martin, 34 ans. Sauf qu'elle a déjà des enfants et, pour être honnête, autant j'aime ses enfants, autant je ne voudrais pas être lésé. » Qu'en est-il d'Ellis ? A-t-elle des attentes ? Martin a baissé les yeux en marmonnant. Il était évident que Martin et Ellis avaient évité cette conversation. Martin voulait les avantages de la relation « au jour le jour » et même si Ellis semblait vouloir qu'ils s'engagent, elle craignait de le forcer. Ils ont fini par se séparer. En général, s'il n'y a pas d'engagement au bout de deux années passées ensemble, et que l'engagement est important à vos yeux, je suggérerais de vous rendre moins disponible ou d'arrêter d'imaginer votre couple fusionnel. (Voir « Redescendre des hauteurs de la *limerence* » dans la partie Exercices (p. 309).) Dans certains cas, un repli fera changer votre partenaire d'avis, mais prenez garde à ce qu'il ou elle ne disparaisse pas à son tour.

SUIVRE LE RYTHME NATUREL D'UNE HISTOIRE D'AMOUR

Quand deux personnes en couple s'entendent bien, il est tentant de profiter du moment sans penser au lendemain. Il y aurait beaucoup à dire en faveur de cette attitude. Nous ne pouvons pas vivre dans le futur ni dans le passé. Tout ce que nous avons, c'est le présent. Cependant, la plupart de ceux qui demandent : « Les choses ne peuvent-elles pas rester comme elles sont ? » ou « Pourquoi devons-nous toujours chercher à définir notre relation? », ont peur du changement. Une relation amoureuse est quelque chose de vivant qui, comme tout ce qui est vivant, a besoin d'être nourri, soigné ; elle doit grandir, sous peine de la voir mourir. La chanson des Byrds *Turn, turn, turn*, inspirée de la Bible (Ecclésiaste ou Qohélet 3, 1) résume très bien cette idée : « À toute chose, il y a une raison, un temps pour chaque but au paradis. » Cette formule peut aussi bien s'appliquer à une relation heureuse et durable qu'au fait de semer et de récolter. Quel est donc le rythme naturel d'une relation et comment se servir de cette connaissance ?

À la fin des années 1970, quand les relations homosexuelles sont devenues visibles pour la première fois, deux psychologues ont décidé de les étudier. Pendant cinq ans, David McWhirter et Andrew Mattison ont suivi 156 couples gays de Californie, de 20 à 69 ans. Et ils ont découvert que leurs rapports étaient passés par six étapes précises. À la lumière du travail que j'effectue depuis vingt-cinq ans avec des hétérosexuels, j'ai adapté les découvertes de McWhirter et Mattison pour mettre en lumière l'expérience universelle de tous les couples.

La première étape sur la route menant à une relation engagée s'appelle la « fusion ». La *limerence* est à son apogée et les deux amoureux ne veulent qu'une chose : être ensemble en permanence. S'ils sont séparés, ils éprouvent une douleur physique et pensent sans cesse à l'autre, soupirant, achetant des petits cadeaux ou embêtant leurs amis en leur parlant de l'être aimé. Certaines personnes s'attendent à ce que la *limerence* dure éternellement. Thomas, un coordinateur d'événements âgé de 32 ans, raconte : « Les premiers temps, je passais devant chez elle, même si je savais qu'elle n'était pas là, juste pour voir ses murs peints en orange par la fenêtre et l'imaginer en train de prendre son petit déjeuner à cet endroit pendant que nous bavardions au téléphone. Comme tout allait pour le mieux, quand elle avait envie de parler d'avenir, ma réponse était toujours : pourquoi changer les choses en risquant de tout abîmer ? Peu à peu la magie a disparu. Nous avons commencé à nous disputer jusqu'à ce qu'un jour j'aie l'impression que nous n'avions plus rien en commun. Mes amis me disaient de passer à autre chose. Mais nous avions été si bien ensemble. » Heureusement, en séance, Thomas et sa partenaire ont pu exposer leurs différences mais seulement après avoir accepté qu'ils ne pouvaient pas rester indéfiniment au stade de la fusion. Au cap des dix-huit mois, un couple devrait être prêt à passer à l'« installation », c'est-à-dire l'édification conjointe d'un foyer qui, dès lors, devient l'expression centrale de son amour. Cette phase dure environ un an et demi. La troisième étape s'appelle l'« affirmation de soi ». Chacun se souvient de ses besoins personnels qui ont été mis de côté pour laisser la priorité au couple en formation. C'est le moment où chaque partenaire se souvient qu'il existe un « je » autant qu'un « nous ». La quatrième étape est la « collaboration » : les couples s'appuient sur leur sentiment personnel d'identité et de sécurité venu de leur amour partagé pour lancer un projet commun, comme avoir un enfant. Les délais sont alors plus variables, en particulier pour ceux qui se rencontrent à un âge plus avancé. En général, « collaborer » commence vers la cinquième année. Il est possible d'avoir auparavant un enfant. Mais de nombreux couples qui devraient profiter du bonheur procuré par la « fusion » et l'« installation » s'inquiètent de questions qui ne devraient se poser que plus tard. Claire a 27 ans et est en couple depuis un an : « J'aime mon petit ami, mais je ne sais pas si nous avons un avenir commun. Aussi loin que je me souvienne, j'ai toujours voulu avoir des enfants et je croyais que nous en parlerions au moins dans le principe. À présent, il n'a plus l'air sûr de lui. Je veux me marier avant d'avoir 30 ans, puis attendre un ou deux ans avant d'essayer d'avoir un bébé. Cela me ferait déjà dépasser mes années les plus fertiles. Si mon petit ami ne veut pas s'engager, j'aurai besoin de temps pour trouver quelqu'un d'autre. Devrais-je lui lancer un ultimatum ? » Au lieu de suivre le rythme naturel de leur histoire, elle veut précipiter les choses. C'est pour cela qu'elle se sent confuse et qu'elle n'arrive pas à prendre une décision.

La cinquième étape, l'« adaptation », va de la quinzième à la vingt-cinquième année d'une relation. Ces couples sont occupés à s'adapter aux changements qui s'imposent à eux, plutôt que de gérer des questions internes à leur histoire. Ce peut être n'importe quoi, des enfants qui quittent la maison aux parents vieillissants. Vient enfin le « renouvellement », étape allant de vingt-cinq à cinquante ans et plus. La bonne nouvelle est que les couples plus âgés se rapprochent souvent. Au début d'une histoire, l'intimité repose sur la promesse d'un futur à deux. À présent, elle s'appuie sur la réalité d'une vie partagée. Le meilleur reste à venir. (Si vous voulez en savoir plus sur les six âges du couple, ils sont détaillés dans mon livre *Je t'aime mais je ne suis plus amoureux*.)

UNE FIN HEUREUSE

Quelles que soient les tensions émotionnelles et les déceptions rencontrées pendant la quête de l'amour, trouver un partenaire à long terme transformera votre vie dans le meilleur des sens. Hannah, 36 ans, a rencontré Paresh, 33 ans, quand il a été embauché dans l'entreprise où elle travaillait. Si elle lui a tout de suite plu, elle avoue avec honte ne pas se souvenir des impressions provoquées par leur première rencontre. « Il a fallu trois mois à Paresh pour trouver le courage de m'inviter à sortir. Pendant ce temps, j'ai appris à le connaître en tant que membre de mon équipe et comme quelqu'un de fabuleux. Je n'aurais jamais imaginé qu'il puisse être autre chose qu'un collègue jusqu'à ce qu'il devienne un peu dragueur, ce qui est tout de même un indice en y repensant ! Le moment déterminant a été la location d'un bateau pour une croisière d'un soir sur le fleuve. Je me suis surprise à avoir hâte de voir Paresh en dehors du bureau. J'étais consternée en le voyant remonter la passerelle avec une dame à ses côtés. Plus tard, j'ai appris que ce n'était qu'une amie qui venait d'emménager dans la région. Mais j'ai ressenti un pincement au cœur en me disant : “Ce n'est pas grave, mais c'est dommage.” »

Les choses ont suivi leur cours et Paresh a proposé à Hannah de prendre un verre. Mais elle avait déjà prévu autre chose. « Une semaine s'est écoulée et, la semaine suivante, il devait aller à Singapour pour le travail, et ensuite en Inde pour rendre visite à ses parents. Je me souviens d'avoir rassemblé tout mon courage pour l'inviter à sortir avant qu'il s'envole. Pendant ce premier rendez-vous, nous étions tellement à l'aise que le verre s'est prolongé par un dîner très chic. Après cela, dans le taxi, le chauffeur avait mis Kenny Gee tellement fort que nous n'arrêtions plus de rire. Il m'a fait une bise pour me souhaiter une bonne nuit puis il est parti en voyage. » Cependant, leur séparation forcée a tourné à leur avantage. « Pendant les trois semaines suivantes, nous avons échangé des courriels merveilleux, pleins d'histoires sur notre enfance et de récits familiaux. Quand il est rentré, j'étais excitée comme une enfant un soir de Noël. Nous sommes sortis ensemble à plusieurs reprises avant de partager le plus délicieux des baisers dans sa cuisine. » Au tout début de leur période de séduction, Hannah et Paresh avaient gardé la maison d'amis aux Bermudes, à la condition de promener un vieux chien et de s'occuper d'un perroquet. Hannah a raconté une histoire qui illustre leur amour, mais qui montre également comment l'amour peut aider à grandir. « Tous les jours, je m'occupais du perroquet, en l'appelant *sweet budgie*[1] et en essayant de l'attirer à l'extérieur de sa cage. En vain. Paresh a mis sa main dans la cage en tendant un doigt, mais l'oiseau sautait rapidement à l'autre bout du perchoir. Paresh disait que je lui faisais penser à ce perroquet. C'est une personne très tactile. J'ai d'abord été choquée, et je gardais une légère distance entre nous. » Ce qui explique qu'il a fallu du temps à Paresh avant d'obtenir le premier baiser. « Bref, en rentrant, Paresh a commencé à m'appeler *sweet budgie* et le nom est resté. Après qu'il m'a demandé en mariage, sur une montagne en Inde recouverte de plantations de thé, nous avons pris un pousse-pousse pour retourner en ville. Il avait un autocollant représentant deux perroquets sur le pare-brise. »

Le récit de leur histoire illustre à quel point l'amour peut être à la fois ordinaire et extraordinaire. Il offre également une fin heureuse à ce livre ainsi que, je l'espère, une source d'inspiration pour la suite de votre histoire. Il n'y a plus qu'à prendre votre temps, à croire en vous et à vous préparer à changer. L'amour est là, dehors, et n'attend plus que vous.

1 « *Budgie* » est le surnom donné au *budgerigar*, petit perroquet

En résumé

• *De la même manière que, pris par le jugement hâtif propre à la drague, on néglige une histoire à long terme potentielle, de nombreuses personnes courtisent à la hâte avant d'avoir donné à la relation le temps de se développer naturellement.*

• *Ayez une idée claire de ce que vous attendez du sexe dans une relation amoureuse. Si l'un comme l'autre vous ne faites que profiter des plaisirs physiques offerts, c'est très bien. Cependant, il arrive que l'un voie le sexe comme faisant partie de la route qui mène à une relation engagée alors que l'autre le considère comme une fin en soi.*

• *Si vous rencontrez des problèmes dans votre nouvelle histoire, parlez de vos peurs au lieu de les ignorer en espérant qu'elles disparaissent. L'autre solution est de patienter afin de pouvoir découvrir si ce ne sont que des peurs passagères ou s'il s'agit d'une réelle incompatibilité.*

• *Trois mois est un bon délai pour évaluer le potentiel de votre relation amoureuse. Cependant, assurez-vous que vous écoutez attentivement afin d'entendre ce qui est dit et non pas ce que vous avez envie d'entendre.*

• *L'extase de la* limerence *peut aveugler et empêcher de distinguer le vrai caractère de l'être aimé et de la relation. C'est seulement quand la* limerence *s'est apaisée, vers le dix-huitième mois, que vous pouvez commencer à juger s'il s'agit d'amour durable ou non.*

• *Le changement est inévitable, tout comme l'évolution des rapports amoureux. En fin de compte, il vaut mieux accepter le rythme naturel d'une histoire pour qu'il agisse en votre faveur.*

EXERCICES

Affronter les crises d'angoisse de la relation amoureuse

Pourquoi devrions-nous avoir peur quand celui ou celle qui nous aime veut notre bien ? Malheureusement, deux forces contradictoires sont en jeu : si nous avons un énorme désir d'affection, nous voulons aussi nous protéger car personne ne peut nous blesser plus que l'être que nous aimons. D'un côté, nous tirons notre partenaire vers nous. De l'autre, juste pour se sentir en sécurité, nous le tenons à distance. Nous espérons que cette drôle de danse nous préservera de la solitude, du rejet, de la vulnérabilité et du sentiment d'impuissance. Mais elle ne fait souvent que causer plus de peine. Dans ces conditions, quelle est la solution ?

1 Acceptez que les relations amoureuses fassent peur et qu'il arrive à tout le monde d'éprouver la même sensation.
2 Pensez à votre passé afin de comprendre d'où viennent vos peurs. Vos parents ont peut-être divorcé ou vous avez connu une histoire douloureuse très jeune ? Quels schémas votre enfance a-t-elle initiés et quelle influence cela a-t-il sur votre comportement actuel ?
3 Comprenez que le meilleur moyen de gérer la peur est de l'affronter. Plus vous vous tenez à l'écart de quelque chose et plus la peur grandit.
4 Expliquez à votre partenaire quelles situations font ressortir les nuages du passé. De cette façon, il saura quand être prudent.
5 Tenez un journal de vos peurs. Notez les moments où vous vous sentez mal à l'aise d'un côté de la page et donnez une explication rationnelle de l'autre côté. Par exemple, la peur = « il est en retard, il ne m'aime pas ». Explication rationnelle = « problèmes de circulation ». Écrire les peurs les empêche de se multiplier dans notre tête et permet d'accéder à la partie logique adulte de notre personnalité.
6 Rééquilibrez votre vie. Dessinez un graphique qui montre comment vous répartissez votre temps et votre énergie entre : la vie amoureuse, le travail,

les amis, vous-même. Ensuite, dessinez un second graphique qui montre ce que vous aimeriez être. Que pouvez-vous faire pour que ça arrive ?

Redescendre des hauteurs de la *limerence*

Il est impossible d'échapper à la *limerence* jusqu'à ce que l'une des conditions suivantes soit remplie.

a) Consommation : le délice de la réciprocité s'est transformé soit en amour durable, soit en sentiments moins positifs.

b) Famine : même sous le charme de la *limerence*, il est de plus en plus difficile d'interpréter de manière positive les actions de quelqu'un qui n'est pas intéressé. Il est finalement accepté que l'objet de *limerence* n'éprouve pas les mêmes sentiments.

c) Transformation : les attentions sont transférées vers une nouvelle personne. (Cette condition chevauche normalement la famine parce que quelqu'un qui est au sommet de la *limerence* est incapable d'envisager l'idée d'une rencontre.)

Si vous vous retrouvez bloqué dans la *limerence* avec quelqu'un qui ne partage pas vos sentiments, voici quelques astuces pour vous aider à surmonter la famine.

- Essayez de ne pas vous laisser aller aux fantasmes à propos de tout ce qui pourrait bien se passer. Même si ça peut donner lieu à des moments de plaisir, ça ne fait qu'accroître la peine.
- Si vous vous sentez faiblir, employez une technique de distraction, comme faire des exercices physiques ou appeler un ami.
- Ne vous torturez pas. Mettez toutes les photos et les souvenirs au grenier. Pour vous rendre au travail, trouvez d'autres trajets qui vous évitent de passer devant votre restaurant préféré où vous dîniez ensemble. Ne mettez pas son CD préféré et ne lisez pas de livres de son auteur préféré.
- Déconnectez vos pensées. Quand vous vous retrouvez à penser : « Je me demande si ce film lui aurait plu » ou « À quoi aurait-elle ressemblé dans

cette robe ? », dressez un STOP mental et pensez à quelque chose de terre à terre comme les courses que vous avez à faire.

- Coupez les liens. Si vous avez des amis communs, cessez de les voir pendant un moment. Si vous êtes honnête, vous avez probablement décidé de les voir dans l'espoir d'entendre parler de l'être cher ou d'obtenir des informations de leur part.
- Oubliez la fermeture. Il est tentant de se dire : « Si seulement j'arrivais à comprendre pourquoi ça ne l'intéresse pas » ou « Si seulement j'arrivais à lui tourner le dos je me sentirais mieux ». Ces pensées ne font que préserver les liens.
- Souvenez-vous que la famine prend du temps. Six mois à un régime strict devraient guérir la plupart des cas. Si vous êtes toujours coincé, demandez-vous : « Qu'est-ce que je gagne à rester comme je suis ? » La raison la plus courante de ne pas vouloir avancer est : se punir, punir l'autre (quand il apprendra dans quel état je suis il regrettera), la peur de se lancer dans une autre histoire.

Comment mettre un terme à une relation amoureuse sans changer d'avis ?

L'une des façons les plus difficiles de rompre est ce que j'appelle la « fin bégayante ». Au lieu d'une fin propre, le couple se donne une deuxième chance puis une troisième. Dans le pire des cas, j'ai rencontré des couples qui avaient passé des années à se séparer et à se réconcilier plusieurs fois de suite. À chacune de ces fausses aurores, les promesses que tout aille désormais mieux sont plus extravagantes, la déception plus profonde et l'amertume plus grande. Non seulement la fin est plus douloureuse mais il faut plus de temps pour s'en remettre. Quelle est la cause des fins bégayantes ? Le problème est que la personne qui est à l'origine de la rupture n'en a pas réellement envie. Dans certains cas, elle espère que le drame de la menace d'une fin réveillera l'autre, mais c'est une stratégie à haut risque. Il est préférable de se concentrer sur une question spécifique, par exemple le fait de ne pas passer assez de temps ensemble. Cependant, la cause principale de ces fins bégayantes est que l'initiateur envoie un message confus. Par exemple : « Même si je ne t'aime plus, je ne te déteste pas et nous pouvons peut-être avoir un avenir commun dans un, deux, voire cinq ans. » La plupart des gens interpréteraient cela comme un au revoir, mais une personne désespérée, en particulier si elle est sous le charme de la *limerence*, écartera les points négatifs pour s'appuyer sur les points positifs. De toute évidence, l'instigateur ne veut pas détruire l'autre. Néanmoins, le laisser tomber en douceur peut avoir l'effet inverse. Par exemple : « Tu seras toujours dans un coin de mon cœur. » Cette affirmation peut être vraie. Mais, sous l'effet de la *limerence*, on peut comprendre : « Je n'ai pas vraiment envie de rompre. » Dans ce cas, comment éviter d'avoir une fin bégayante ?

1 *N'ignorez pas les problèmes.* Ce conseil est utile à tout le monde, même pour les couples heureux. Il vaut mieux formuler les problèmes quand ils se présentent que de fermer les yeux en espérant que les choses changent par magie.

2 *Soyez réaliste avec vos désirs d'améliorer vos rapports.* Même si j'ai suivi beaucoup de couples qui sont retombés amoureux, ils sont en général ensemble depuis au moins cinq ans. Leur relation repose sur des bases solides et ils ont eu de bons moments auxquels se raccrocher. À l'opposé, les couples connaissant une fin bégayante ont passé des années à se séparer et à se remettre ensemble plusieurs fois de suite. Ils n'ont en général rien dans la « banque du bonheur » en dehors d'une vague de *limerence* au tout début.

3 *Une bonne séparation.* Séparez-vous *de visu* en laissant le temps à l'autre de poser des questions ou d'essayer de vous faire changer d'avis. Il peut sembler plus facile de rompre à distance, par courriel ou par téléphone, mais l'autre se sentirait trompé et insistera pour vous voir. Sous l'effet de la culpabilité, parce qu'il n'est pas juste de rompre ainsi, vous finirez par céder. Sans le vouloir, vous aurez initié un schéma qui permettra

à votre ex de se servir de la culpabilité pour imposer une série de concessions ou même de réconciliations.

4 *Envoyez un message clair.* Tenez-vous-en aux faits et faites attention à ne pas donner de faux espoirs avec des « peut-être », des « un jour » ou « à l'avenir ».

5 *Acceptez que votre ex soit en colère ou blessé.* Il va probablement rejeter toute la faute sur vous. Mais chercher à vous justifier ne ferait que prolonger l'agonie. L'un des intérêts d'une rupture est que vous n'avez plus à vous inquiéter de ce que pense votre partenaire.

6 *Tenez bon !* Il se pourrait qu'il vous manque, mais gardez vos doutes pour vous-même. N'appelez pas pour dire : « J'étais en train d'écouter le CD que tu m'as offert et je pensais à toi. »

7 *Restez poli mais distant.* Répondez par un message simple aux fleurs et aux cadeaux. Mais restez concentré sur votre message : c'est terminé. Si l'autre appelle, abrégez la conversation en restant gentil. « Je suis désolé mais je ne peux pas te parler pour l'instant. » S'il envoie des courriels pour prendre des nouvelles, répondez le strict minimum : « J'ai fait du shopping avec ma mère, rien de spécial. » Il se peut que votre ex soit pénible. Mais la colère et les disputes peuvent provoquer suffisamment de drames pour qu'il soit utile de soutenir un être qui se voit en amoureux tragiquement rejeté.

8 *Les promesses de changement sont-elles réalistes ?* Il est facile de promettre de « faire des efforts » ou de changer totalement de personnalité. Mais il est plus difficile d'y parvenir.

9 *Voyez-vous le passé à travers des lunettes roses ou imaginez-vous des « si seulement... » ?* Bien sûr, votre histoire d'amour aurait été plus facile si « on ne vivait pas à 750 km de distance » ou « si seulement elle n'adorait pas sa famille, ils n'auraient pas à se préoccuper de moi. » Y a-t-il des chances que cela change ?

10 *Vous pourrez devenir amis mais pas tout de suite.* Il est très bien d'aspirer à devenir amis avec un ex. Il pourrait même vous présenter quelqu'un de particulier. Simplement, laissez passer suffisamment de temps pour que votre

relation évolue dans ce sens. Durant cette période, une invitation à votre fête d'anniversaire pourrait être vue comme un message confus. Même si ça peut sembler cruel, c'est dans l'intérêt de tout le monde.

Six moyens de revitaliser votre couple

Cet exercice peut s'appliquer à tous les stades du développement d'une relation amoureuse. Mais il est particulièrement utile après une dispute ou un passage difficile provoqué par les bouleversements qu'engendre le passage d'une étape à la suivante.

1 *Regardez-vous plus souvent.* Les couples amoureux passent 70 % de leur temps à se regarder en se parlant, au lieu de l'habituel 30 à 60 %.
2 *Faites ce petit effort supplémentaire.* Nous considérons que les attentions du quotidien, comme faire la cuisine ou faire le plein de la voiture, vont de soi. Cependant, remarquer les gestes particuliers et être plus gentil que d'habitude encouragera l'autre à faire de même.
3 *Arrêtez de couper le récit de votre journée.* Nous imaginons que notre partenaire ne s'intéresse pas aux détails de notre vie. Or, moins nous en entendons et moins nous sommes intéressés. Notez les incidents pittoresques de votre journée pour les partager dans la soirée.
4 *Sachez apprécier les simples contacts physiques.* Se câliner sur le canapé, se caresser et s'embrasser devraient être pleinement appréciés au lieu de n'être que des préludes à l'acte sexuel.
5 *Riez ensemble.* Les blagues et les taquineries peuvent nourrir une relation. Vous pouvez également aller voir un spectacle ou un film comique ensemble.
6 *Faites comme si vous ne vous connaissiez pas.* Les psychologues de l'université de British Columbia et de Virginie ont découvert que nous traitons mieux les étrangers que nos partenaires, en espérant que ça leur donne envie de nous apprécier. Les chercheurs ont demandé aux couples de se comporter comme s'ils ne s'étaient jamais rencontrés auparavant. Et ces

couples se sont aperçus que leur bien-être augmentait de façon significative. Pourquoi ne pas donner rendez-vous à notre partenaire dans un bar ou un lieu public, et faire semblant de ne pas se connaître pour discuter ensemble ? Vous apprendrez probablement quelque chose sur lui et vous vous amuserez beaucoup.

Seconde étape : les sept leçons clés

1 *La façon dont une histoire débute en dit long sur la suite.* C'est pour cela qu'il est important d'être détendu et ouvert lors de la première rencontre.

2 *Jouer un jeu compromet la formation d'un lien solide.* Il est plus difficile de devenir franc et honnête par la suite.

3 *Prenez le temps d'évaluer et d'entretenir des relations éventuelles.* Les premières impressions ne sont pas toujours les bonnes, alors gardez l'esprit ouvert.

4 *C'est l'ère des pionniers des nouveaux rapports amoureux.* Nous sommes la première génération à pouvoir faire librement nos choix, selon nos propres valeurs.

5 *Si nous croyons sincèrement à l'égalité du couple, cela devrait se refléter dans les débuts de notre relation amoureuse.* Les hommes comme les femmes devraient être libres de s'inviter à sortir.

6 *Si le choix peut engendrer un passage délicat, il finira par être libérateur.* Si nous pouvons à l'occasion éprouver de la nostalgie pour les anciens types de relations amoureuses, le meilleur reste ce qui se passe de nos jours.

7 *Une aventure romantique bouleversante vous attend au coin de la rue.* Avancez avec optimisme et ne soyez pas trop pressé !

REMERCIEMENTS

Merci pour les conseils, l'aide et le soutien pendant l'écriture de ce livre à : Rachel Calder, Jenny Parrott, Richard Atkinson, Erica Jarnes, Ignacio Jarquin, Gail Louw, Chris Taylor, Jamie MacKay, Vanessa Gebbie, Catherine Grace. Merci à tous mes patients et à toutes les personnes interrogées qui ont contribué à mes recherches.

QUELQUES MOTS SUR L'AUTEUR

Andrew G. Marshall est conseiller conjugal pour RELATE, association anglaise phare en matière de conseil matrimonial. Il écrit régulièrement pour des journaux et des magazines dans le monde entier. Son livre *Je t'aime mais je ne suis pas amoureux : que faire quand la passion n'est plus au rendez-vous ?* a été traduit en quatorze langues.

IMPRIMÉ EN ESPAGNE PAR RODESA

Dépôt légal : mai 2009
ISBN : 978-2-501-06160-5

4051306 / 01